© CSP_meinzahn/Fotosearch LBRF/Age fotostock

Miami et ses environs 2023-2024

Cofondateurs : Philippe GLOAGUEN et Michel DUVAL

Directeur de collection et auteur
Philippe GLOAGUEN

Secrétaire général
Gavin's CLEMENTE-RUIZ

Rédacteurs en chef
Amanda KERAVEL (France)
Benoît LUCCHINI (Étranger)

Directrice administra
Bénédicte GLOAGU

Conseiller à la rédac
Pierre JOSSE

Responsable voyag
Carole BORDES

Direction éditoriale
Élise ERNEST

Rédaction
Isabelle AL SUBAIHI
Emmanuelle BAUQUIS
Mathilde de BOISGROLLIER
Marie BURIN des ROZIERS
Camille CAMPET
Véronique de CHARDON
TANT
ER
-BEAUVOIS
Alexia POULAIN

hachette

TABLE DES MATIÈRES

PRÉAMBULE

Pictogrammes du Routard

Établissements

- Hôtel, auberge, chambre d'hôtes
- Camping
- Restaurant
- Spécial burger
- Brunch
- Terrasse
- Pizzeria
- Boulangerie, sandwicherie
- Pâtisserie
- Glacier
- Café, salon de thé
- Café, bar
- Bar musical
- Club, boîte de nuit
- Salle de spectacle
- Boutique, magasin, marché

Infos pratiques

- Office de tourisme
- Poste
- Accès Internet
- Hôpital, urgences
- Adapté aux personnes handicapées

Sites

- Présente un intérêt touristique
- Point de vue
- Plage
- Spot de surf
- Site de plongée
- Recommandé pour les enfants
- Inscrit au Patrimoine mondial de l'Unesco
- Pas de côté

Transports

- Aéroport
- Gare ferroviaire
- Gare routière, arrêt de bus
- Station de métro
- Station de tramway
- Parking
- Taxi
- Taxi collectif
- Bateau
- Bateau fluvial
- Piste cyclable, parcours à vélo

« OSONS LE PAS DE CÔTÉ »

Le surtourisme ? Tous concernés. Et pourtant, à l'écart des grands flux touristiques, il existe plein de pépites méconnues, souvent oubliées des circuits trop encombrés. Ici un site ignoré ; là un quartier secret ; plus loin un village caché au charme discret, avec un troquet d'une autre époque. Il existe une infinité de lieux peinards que l'on a envie de mettre en avant avec ce pictogramme. Un vagabondage enfin calme favorisé aussi par les **visites aux heures creuses**. Vive le *slow trip* !

#osonslepasdecote

Important : dernière minute

Entre 2 parutions du *Routard,* des événements fortuits (conditions sanitaires, catastrophes naturelles mais aussi formalités, taux de change, conditions d'accès aux sites, fermetures inopinées, etc.) peuvent modifier vos projets de voyage. Pour éviter les déconvenues, nous vous recommandons de consulter la rubrique « Guide » par pays de notre site • **routard.com** • et plus particulièrement les dernières ***Actus voyageurs.***

Taxi vintage

MIAMI ET SES ENVIRONS

LA RÉDACTION DU ROUTARD

© R. Delalande et E. Dessons

La saga du *Routard* : en 1971, 2 étudiants, Philippe et Michel, avaient une furieuse envie de découvrir le monde. De retour du Népal germe l'idée d'un guide différent qui regrouperait tuyaux malins et itinéraires sympa, destiné aux jeunes fauchés en quête de liberté. 1973. Après 19 refus d'éditeurs et la faillite de leur 1re maison d'édition, l'aventure commence vraiment avec Hachette. Aujourd'hui, le *Routard*, c'est plus d'une cinquantaine d'enquêteurs impliqués et sincères. Ils parcourent le monde toute l'année dans l'anonymat et s'acharnent à restituer leurs coups de cœur en toute indépendance.

Merci à tous les Routards qui sont solidaires de nos convictions : liberté et indépendance d'esprit ; découverte et partage ; sincérité, tolérance et respect des autres.

NOS SPÉCIALISTES MIAMI

Fiona Debrabander : franco-britannique, passionnée d'histoire, de musique et de cinéma, elle apprécie autant prendre le thé après un trek qu'un café au comptoir, les bains de foule sur les marchés que les bains de minuit en bord de mer. Avide de rencontres et de nature, au coin de la rue ou au bout du monde, elle sillonne la planète avec l'envie de partager ses découvertes.

Laura Charlier : bercée par des récits de voyages depuis l'enfance, cette Marseillaise curieuse et observatrice aime les périples en sac à dos et les sentiers peu empruntés. Accompagnée de son appareil photo, elle immortalise ses rencontres et se nourrit des histoires qu'elle capte en chemin. Après avoir étudié les langues étrangères, elle a rejoint l'équipe du *Routard* pour partager ses trouvailles.

Guillaume Garnier : à 23 ans, ce Parisien pur jus s'envole pour un long périple vers l'Asie. Il revient atteint d'une sévère fièvre du voyage, le sac désormais greffé sur le dos ! Amoureux des mots et des langues écrites, orales ou chantées, il a trouvé au *Routard* la maison (de fous) idéale pour ne jamais guérir de ce virus. Pire, il s'efforce de le transmettre !

NOS ENQUÊTEURS-FURETEURS

Nous tenons à remercier tout particulièrement Loup-Maëlle Besançon, Thierry Bessou, François Chauvin, Grégory Dalex, Fabrice Doumergue, Cédric Fischer, Carole Fouque, Guillaume Garnier, Nicolas George, Michelle Georget, David Giason, Claude Hervé-Bazin, Emmanuel Juste, Fabrice de Lestang, Éric Milet, Pierre Mitrano, Louis Nagot, Olivier Page, Jean-Sébastien Petitdemange, André Poncelet, Thomas Rivallain et Jean Tiffon pour leur collaboration régulière.

Guillem Aurenche, Andrea Blin, Jean-Jacques Bordier-Chêne, Philippe Coupy, Agnès Debiage, Jérôme Denoix, Tovi et Ahmet Diler, Clélie Dudon, Agustina Ernesta, Alain Fisch, Hermine Frachon, Adrien et Clément Gloaguen, Simon Hafi, Chloé Iacono, Lawrence Lemoine, Maeva Libessart, Marine Lucas, Lise Machu, Elisa Moreau, Martine Partrat, Odile Paugam et Didier Jehanno, Orianne Pouchard, Marva Prevost, Alexia Rambaud, Prakit Saiporn, Lara Tantawi, Sarah Toson, Lucas Truffier-Blanc, Emma Vadillo Quesada.

DU CÔTÉ D'HACHETTE LIVRE

Direction : Sidonie Chollet

Direction éditoriale : Élise Ernest

Édition : Tony De Sousa et Julie Dupré

Cartographie : Frédéric Clémençon et Aurélie Huot

Fabrication : Nathalie Lautout et Liza Sacco

Relations presse : COM'PROD, Fred Papet et Laëtitia de Cerval. ☎ 01-70-69-04-69. • info@comprod.fr • Martine Levens (Belgique) ☎ +32-47-568-35-76.

Contact Partenariats : Jérôme Denoix • jeromedenoix@gmail.com •

Contact Partenariats et régie pub : Florence Brunel-Jars • fbrunel@hachette-livre.fr •

Silhouette du Routard : Clément Gloaguen (d'après Solé)

Couverture : le-bureau-des-affaires-graphiques.com ; **couverture :** le-bureau-des-affaires-graphiques.com ; **maquette intérieure :** le-bureau-des-affaires-graphiques.com, Thibault Reumaux et npeg.fr

Miami Beach, symbole de la ville

© Gavin Hellier/Alamy/Hemis

« Le nom même de Floride portait un message de chaleur, d'aisance et de confort. C'était irrésistible. »
John Steinbeck

Sous les sunlights des tropiques, Miami brille au hit-parade des cités multiculturelles. La ville n'a eu de cesse, au fil de son histoire, de connaître périodes d'essor et de déclin. Au boom immobilier initié dans les années 1920 succéda la lente décadence des années 1980. Les images de salsa, de dollars faciles, de villas grandioses, de limousines, Harley et autres top models n'y suffirent point. **Le pastel des immeubles Art déco de Miami Beach** s'affadit… pour renaître une fois encore dans les années 1990 avec l'arrivée des stars, dans les pas de Gianni Versace. Aujourd'hui plus que jamais, la métropole du Sunshine State entretient l'image d'une **Amérique à la fois glamour et flambeuse.** Pour toucher de près la « légende » de Miami, c'est à South Beach (SoBe pour intimes) qu'il est préférable de séjourner, même si – autant être prévenu – les prix cognent aussi fort que le soleil et le bling-bling tapageur qui y règne ne sera peut-être pas du goût de certains. La plage, elle, mettra tout le monde d'accord ! Idem pour les superbes façades des édifices du pittoresque **Art Deco District,** au cœur de South Beach. Au-delà de la baie de Biscayne, Miami « ville » offre un autre visage. Si le Financial District de **Brickell** est la zone la plus agréable pour poser ses valises, c'est à **Wynwood,** « petite capitale » du *street art,* que revient le titre de **quartier le plus cool de la « Magic City ».** On y trouve tous les attributs du parfait territoire hipster : bars et restos branchés, microbrasseries, friperies vintage, galeries d'art, marchés communautaires, sans oublier les milliers de graffitis qui tapissent les murs et les façades.

Dans un autre registre, **Design District** ravira les accrocs au shopping (de luxe) et les fanas de design, tandis que les danseurs et danseuses de salsa iront user leurs souliers à Little Havana, le quartier latino de la ville, réputé pour ses nuits festives. Aux portes de Miami, **le parc national des Everglades,** classé au Patrimoine mondial de l'Unesco, est un immense territoire de marécage, fragile écosystème de zones humides subtropicales peuplé d'alligators, de lamantins et de colonies d'oiseaux. Un espace naturel sauvage et protégé, qui reste un des joyaux du continent nord-américain. Encore un peu plus au sud, à l'extrémité de la Floride, on découvre un **archipel d'îlots d'origine corallienne, les Keys,** que l'on parcourt en voiture, sur une étonnante route panoramique au-dessus de l'eau, conduisant de Key Largo à **Key West,** sur quelque 170 km et 42 ponts ! Key West, l'île vedette hantée par le souvenir d'Hemingway, vous plonge dans une ambiance tropicale unique : **maisons en bois style Caraïbe** noyées dans la végétation, galeries d'art et bars d'anthologie, certains élevés au rang de monuments historiques !

NOS COUPS DE CŒUR

1 Admirer les façades couleur pastel des immeubles Art déco de South Beach.

Miami Beach, c'est la carte postale de Miami : une station balnéaire construite au début des années 1920 pour un tourisme haut de gamme, le long d'une immense plage s'étirant à l'infini vers le nord. Sa grande originalité, c'est cette architecture Art déco unique au monde, combinant éléments géométriques et motifs floraux spécifiques à la Floride. Plus de 800 édifices de ce style ont été recensés ! *p. 92*

Bon à savoir : *des visites guidées de l'Art Deco District sont proposées par des architectes ou historiens de la* Miami Design Preservation League. • *mdpl.org* •

2 Flâner le long de la plage si emblématique avec ses célèbres postes de secours en bois, rétro et colorés.

Le regard embrasse l'océan d'un côté et de l'autre l'arrière des hôtels de luxe, avec piscines de rêve et jardins tropicaux luxuriants. Une chouette balade consiste à arpenter la *beachwalk,* la promenade, tantôt en brique, tantôt en bois, qui longe la plage (même si on ne la voit pas tout le temps !) sur des kilomètres depuis la pointe sud de South Beach jusqu'au grand *hotel-resort Fontainebleau.* *p. 92*

© S.Borisov/Shutterstock

3 Faire la fête à South Beach, notamment sur Ocean Drive.

Déambuler le soir venu au milieu des limousines fait partie des clichés floridiens ! Les enseignes lumineuses des façades Art déco étincellent de mille accents rétro dans une ambiance bling-bling qui plaira ou pas… mais quel spectacle ! Autres options pour de folles nuits miamiesques : siroter un cocktail sur un *rooftop* au coucher du soleil, se prendre pour une star au bar d'un hôtel design ou danser jusqu'au bout de la nuit dans les clubs où les DJs de renommée mondiale défilent toutes les semaines. *p. 90*

Bon à savoir : les parties communes des grands hôtels design de Miami Beach sont souvent accessibles, même sans y résider. N'hésitez pas à y entrer pour vous faire une petite idée du luxe démesuré qui y règne !

© John Kellerman/Alamy/Hemis

4 Comprendre l'évolution du design au Wolfsonian Museum. Une visite incontournable pour les passionnés de design et de période Art déco, en écho justement au style architectural de Miami Beach. Un musée d'une grande richesse, dont la vocation est aussi de montrer les relations entre l'art et les contextes socio-politico-culturels. *p. 94*

5 Passer de l'autre côté du mur à Wynwood, quartier branché devenu La Mecque du *street art*.

Entrepôts et usines désaffectés ont été investis par les galeristes et les artistes, qui en ont fait un véritable musée à ciel ouvert. La marque de fabrique de Wynwood, ce sont ses *murals* (murs peints), à découvrir le nez en l'air, en profitant aussi des bonnes petites adresses de bars et restos à l'image d'une Miami *arty*. *p. 96*

Bon à savoir : *dans la foulée, faire un tour dans le Design District, à quelques blocs au nord.*

6 **Sauter à bord du métro aérien (Metromover) pour admirer la diversité urbaine de Miami Downtown.**

Un moyen de transport gratuit pour un point de vue en hauteur sur le centre « historique » de la ville, entre gratte-ciel, architecture Art déco et mer turquoise. Les passionnés d'art contemporain en profiteront pour faire un arrêt au ***Pérez Art Museum,*** avec sa façade végétalisée qui fait face à la baie de Biscayne. *p. 105*

Bon à savoir : on conseille de le prendre plutôt en journée le week-end, car Downtown n'est pas vraiment glamour une fois la nuit tombée.

7 **Danser la salsa jusqu'au bout de la nuit dans les bars de Little Havana.**
Si la Little Havana de Miami n'a ni le charme ni l'atmosphère de La Havane, ce quartier est un bastion latino-américain qui a le mérite d'être hyper animé en soirée, quel que soit le jour de la semaine ! Beaucoup de bars, de musique, quelques bons restos et surtout, une ambiance *muy caliente* sur les *dance floor*. Mieux vaut prévoir le taxi pour le retour… *p. 108*

8 **À Coconut Grove, visiter la fastueuse villa Vizcaya.**
Elle fut construite en 1914, dans un style Renaissance italienne, par un riche industriel passionné d'art. Malgré son « jeune âge », on a l'impression d'entrer dans une maison vieille de plus de 4 siècles ! En sortant, ne pas manquer d'aller voir l'impressionnant ***galion de pierre*** à moitié immergé dans les eaux, face à la terrasse de la villa. *p. 110*

9 Flâner dans le quartier résidentiel et verdoyant de Coral Gables,
Se balader le long des larges avenues bordées de villas luxueuses cachées sous les banians, piquer une tête dans la *Venetian Pool*, une étonnante piscine datant des années 1920, creusée dans une ancienne carrière sur un thème… vénitien ! Et terminer la journée par un *long drink* au bar de celle du dément et historique *Biltmore Hotel*, qui fut un temps la plus grande du monde. Johnny Weissmuller (alias Tarzan) y fut même maître-nageur ! *p. 112*

10 Profiter des soldes (toute l'année !) en passant quelques heures dans un *outlet*.
Les *outlets*, ce sont des *malls* (centre commerciaux) regroupant des magasins d'usine de grandes marques. Vêtements, chaussures, accessoires… y sont vendus à des prix défiant toute concurrence. Les Américains y passent volontiers un après-midi. Le plus grand *outlet* de Floride, *Sawgrass Mills*, se trouve aux environs de Fort Lauderdale. *p. 125*

11 Filer vers l'ouest pour une journée dans les hautes herbes des Everglades, à observer (sans mal) les alligators et les myriades d'échassiers.

Couvrant tout le sud de la Floride, le parc national des Everglades (classé réserve de biosphère par l'Unesco) est un immense marécage subtropical, où la flore et la faune règnent encore en maîtres, notamment les alligators. Randonnées à pied, à vélo ou en canoë, tour en *air boat*… les possibilités sont variées pour explorer le territoire. Souvenirs inoubliables assurés ! *p. 131*

© M. Timothy O'Keefe/Alamy/Hemis

12 **Rouler sur l'Overseas Highway, « l'autoroute au-dessus de la mer », entre golfe du Mexique et mer des Caraïbes...**

Situés à l'extrême sud des États-Unis, les Keys forment un archipel d'îlots coralliens que l'on parcourt en voiture, sur une route panoramique étonnante conduisant de Key Largo à Key West, sur 175 km et 42 ponts. Le plus long survole sur 11 km le bleu profond du golfe du Mexique. Impressionnant ! *p. 141*

***Bon à savoir :** compter au moins 3h de route entre Miami et Key West.*

13 Profiter de la nature sauvage des Lower Keys, les îlots les plus préservés de l'archipel.

Moins construites et verdoyantes, ces îles offrent un visage naturel et authentique. Très pittoresque avec ses maisons de bois bordant pontons et canaux, Big Pine Key accueille une colonie unique de petits cerfs locaux aux airs de daims, les *Key deers*, qui viennent souvent batifoler dans les jardins en fin de journée. Et le Bahia Honda State Park, non loin, permet de se baigner dans un environnement préservé. *p. 155*

***Bon à savoir :** possibilité d'explorer la mangrove en kayak de mer, idéalement au coucher du soleil.*

© incamerastock/Alamy/Hemis

14 Plonger sur le Florida Reef, la 3e plus grande barrière de corail au monde.

Les Keys abritent un véritable paradis sous-marin, avec près de 500 épaves qui émaillent la barrière de corail. Certains gros navires ont été coulés volontairement au large des côtes pour créer des récifs artificiels, un must pour les plongeurs de bon niveau. Mais même avec un simple masque et un tuba, les amateurs de snorkelling auront des myriades de poissons colorés à observer, parfois aussi des conques et des langoustes ! *p. 141*

***Bon à savoir :** nombreuses activités sous-marines, dont un festival de musique sous-marin tous les ans à Big Pine Key (mi-juillet).*

© Image Source/hemis.fr

© Purcell Pictures, Inc./Alamy/Hemis

15 **Humer l'ambiance caraïbe de Key West et faire la tournée des vieux rades hantés par Hemingway.**

Avec ses charmantes maisons victoriennes en bois noyées dans des jardins tropicaux (les constructions neuves sont interdites !), la légendaire Key West entretient le souvenir d'Hemingway dans un climat chaud toute l'année. Il faut y flâner 2-3 jours, se balader à vélo et prendre du bon temps le soir, dans les vieux bars historiques (et touristiques…) où la *live music* pulse toute la journée et jusque tard dans la nuit en pleine saison. *p. 158*

***Bon à savoir :** la vie à Key West est très chère, surtout le week-end et en saison, de Noël à Pâques.*

16 **Se régaler des spécialités des Keys.**
Fruits de mer et poissons sont à l'honneur, forcément. Délicieux quand ils sont simplement grillés. Les pinces de *stone crab* (d'octobre à mai), elles, sont servies avec du beurre fondu, un régal. Tout comme la *conch chowder* (soupe de fruits de mer façon chaudrée) et la *Key lime pie* (tarte au citron vert, parfois meringuée), les 2 grandes spécialités du coin. À déguster sans modération ! *p. 141*

© Hendrik Holler/Look/Age fotostock

© Aurora Photos/Alamy/Hemis

17 **Rejouer *Le Vieil Homme et la Mer* au large de Key West lors d'une sortie de pêche en mer.**

Une expérience sportive inoubliable, d'autant que les eaux des Keys abritent les poissons les plus recherchés : tarpon, daurade coryphène, *bonefish,* sans parler des grosses pointures comme le marlin… Si les formules en bateau privé sont absolument hors de prix, celles en bateau collectif *(party boats)* sont bien plus abordables. Dans la plupart des cas, c'est du *catch & release* : une fois les mensurations relevées et la photo prise, on relâche la bestiole ! *p. 154*

18 Sauter dans un hydravion ou un bateau et rejoindre les Dry Tortugas, un archipel de rêve baigné par des eaux turquoise.

Ce petit chapelet d'îlots paradisiaques, situé à une centaine de kilomètres à l'ouest de Key West et dominé par l'énorme fort Jefferson (pénitencier perdu au milieu de la mer), est classé parc national. On peut même planter la tente face à une superbe plage de sable blanc, avant de s'offrir une séance de snorkelling. *p. 177*

Bon à savoir : *1er arrivé, 1er servi (une dizaine d'emplacements seulement, à bon entendeur) !*

© Daniel Dempster Photography/Alamy/Hemis

Grande aigrette dans les Everglades

© Meritzo/Alamy/Hemis

Soirée sur Lincoln Road, Miami Beach

ITINÉRAIRES CONSEILLÉS

Miami en 1 jour

Une escale de quelques heures à Miami entre 2 avions ? Filez à la **plage (1)** ! De l'aéroport, demandez à un taxi qu'il vous dépose au niveau de 3rd Street, vous y serez en 20 mn. De là, remontez **Ocean Drive (2)** en direction du nord en longeant South Beach et son front de mer bordé d'**immeubles Art déco (3)** version tropicale. Avec son *beachwalk* piqué de cocotiers, les roller-skaters et les retraités toujours bronzés qui pratiquent le *running* du matin au soir, vous serez tout de suite en Floride ! Terminez par une petite virée sur **Lincoln Road (4),** l'artère la plus commerçante de Miami Beach. Branché art et *street art* ? Faites ensuite un tour à **Wynwood (5),** véritable musée en plein air qui affiche chaque année toujours plus de *murals* (graffitis) à découvrir au gré d'une balade de rue en rue. Rentrez quand même avant la nuit, ce serait dommage de rater le coucher de soleil depuis le *rooftop* d'un palace design de **South Beach (6),** un cocktail à la main, face à l'océan.

Miami en 3-4 jours

Voilà qui vous permettra de véritablement prendre le pouls de la ville en découvrant ses multiples facettes : plage, frime et Art déco à Miami Beach ; ambiance tropicale et villas de luxe à Coconut Grove, Coral Gables et Key Biscayne ; atmosphère *arty* et mode à Wynwood et dans le Design District. Et même une grande bouffée de nature sauvage avec les Everglades, à seulement 1h de route !

Jour 1 : l'incontournable **Miami Beach (1)** demande bien que vous lui consacriez une journée entière à prendre du bon temps, à la plage bien sûr, mais aussi à la découverte de ses **fleurons Art déco (2)** et, pourquoi pas, des boutiques de **Lincoln Road (3).** Les fêtards enchaîneront sur les folles nuits de SoBe.

Jour 2 : la **villa Vizcaya (4)** séduira les amateurs d'art et d'architecture. Propriété d'un milliardaire, elle abrite une riche collection de vaisselle de Quimper, porcelaine de Chine et autres tapisseries d'Aubusson, le tout au cœur d'un jardin à l'italienne (bluffant !). En repartant, longer la baie de Biscayne jusqu'à **Coconut Grove (5),** pique-niquer dans le **Barnacle Historic State Park (6).** L'après-midi, baladez-vous dans le Kampong Garden ou poussez jusqu'au **Fairchild Tropical Garden (7),** le plus grand jardin tropical des États-Unis, avant de vous offrir un cocktail au bar du chiquissime ***Biltmore Hotel* de Coral Gables (8).** Ou encore, allez prendre le soleil sur la plage sauvage du **Bill Baggs Cape Florida State Park (9),** à la pointe extrême de l'île de Key Biscayne.

Jour 3 : architecture, culture et art au programme, avec pour commencer une approche de Downtown en métro aérien, pourquoi pas le **Pérez Art Museum (10)** – dont le bâtiment, réalisé par les architectes suisses Herzog et De Meuron, est à lui seul une œuvre d'art – et si vous êtes en famille, le **Patricia & Philipp Frost Museum of Science (11).** Cap ensuite sur **Wynwood (12),** capitale floridienne du *street art* (voir plus haut « Miami en 1 jour »), où l'on profitera des restos et bars branchés pour passer la soirée.

Jour 4 : pourquoi pas une excursion dans l'**Everglades National Park (13),** aux portes de la ville ? Cet immense marais entouré de mangrove est classé réserve de biosphère et au Patrimoine mondial de l'Unesco. L'occasion de se retrouver nez à nez avec des alligators et de s'émerveiller des rassemblements d'ibis blancs, spatules roses, hérons bleus et autres zoziaux.

Miami et le sud de la Floride en 8-10 jours

La durée idéale pour explorer tranquillement le sud de la Floride : 4 jours pleins à **Miami (1),** 1 jour à **Fort Lauderdale (2),** 1 jour dans les **Everglades (3),** 1 jour dans les **Upper** et **Middle Keys** (**4** ; Key Largo, Islamorada et Marathon) et 2 jours à **Key West (5).**

SI VOUS ÊTES...

En famille : la **plage** bien sûr avec, pourquoi pas, une session de **surf,** de **rollers** ou de ***long board*** sur le *beachwalk* à Miami Beach. Pour changer de la mer, un plongeon à la **Venetian Pool** de **Coral Gables,** une piscine rétro aux eaux émeraude, avec grottes et ponts des soupirs... Si vous êtes « parcs animaliers », pourquoi pas **Jungle Island** ou **Zoo Miami** ? Ou mieux : les **Everglades,** pour observer alligators et consorts dans leur milieu naturel. Avec des petits, impossible de rater le **Children's Museum,** un musée ludique comme les Américains savent si bien les faire. Avec des plus grands, l'amusant et interactif **Patricia & Phillip Frost Museum of Science** dans Downtown.

En amoureux : siroter un cocktail au *pool bar* ou bruncher sur le *rooftop* d'un hôtel design dominant l'océan, face à la plage de SoBe, à Miami Beach ; découvrir le remarquable World Erotic Museum avant de plonger dans les nuits *caliente* d'Ocean Drive... Et pour s'échapper du tumulte de Miami, pourquoi pas un court séjour à Key West, pour profiter de son atmosphère caraïbéenne, de ses plages et bars historiques en soirée.

Branché mode, design et art : le Wolfsonian et l'Art Deco District à South Beach, le Pérez Art Museum à Museum Park (Downtown), les quartiers *trendy* de Wynwood et Design District, où sont rassemblés artistes et créateurs.

Tendance nature : le Fairchild Tropical Garden à Coral Gables, un petit tour en bateau autour des îles pour une vision panoramique de Miami (départ de Bayside Market Place), la réserve naturelle de Key Biscayne et sa plage sauvage. En option : une excursion dans les Everglades, aux portes de la ville, une balade dans les zones préservées des Keys ou une sortie en kayak dans la mangrove.

Fresque dans Wynwood Art District

© Alamy/hemis.fr

Interview #experienceroutard

Par la rédaction du *Routard*

En quoi cette destination est-elle unique ?

Miami c'est d'abord de longues plages de sable bordées de cocotiers, mais aussi une porte ouverte sur les Caraïbes, bénéficiant d'un climat et d'un environnement exceptionnels. Un lieu de fête et de frime, célèbre pour ses façades Art déco le long de South Beach et ses murs couverts de *street art* à Wynwood. C'est aussi une terre d'accueil pour les Cubains et Portoricains et l'empreinte latine y est très présente ; ici, on parle autant l'anglais que l'espanol !

Une activité à ne pas manquer ?

Amateur de culture urbaine, il faut sans hésiter parcourir à pied ou à vélo le très branché quartier de Wynwood, à Miami. Véritable musée à ciel ouvert, les plus grands noms du *street art* s'y expriment dans un festival de styles et de couleurs ! On y mesure toute l'énergie créatrice de la Floride.

Que faire dans les environs ?

À 2h de route, c'est l'occasion d'une magnifique excursion dans le parc national des Everglades. Faire la boucle de *Shark Valley* à vélo, site naturel aménagé avec une petite piste bitumée, permet d'explorer le parc librement, dans un environnement peuplé d'innombrables oiseaux et alligators que l'on voit de très près. Et dans un autre registre, s'offrir une escapade toute tropicale dans l'archipel des Keys, petit paradis relié au continent par la bien nommée *Overseas Highway*.

La spécialité locale à goûter absolument ?

Beaucoup de poissons et de fruits de mer, mais aussi de l'alligator... car il abonde dans la région et sa viande (d'élevage) est consommée. Influence cubaine oblige, on trouve aussi toute la variété de *street food* latino et plats populaires à base de poulet ou de porc grillé. Dans les Keys, goûter aux pinces de crabe et conques, mais aussi aux huîtres en saison. Pour finir sur une note sucrée, la *Key Lime Pie,* tarte au citron meringuée, est un must !

Une anecdote ?

En avril 1982, l'archipel des Keys a tenté une « sécession » pour s'opposer aux barrages routiers mis en place par le gouvernement fédéral dans sa lutte contre le trafic de drogue, qui décourageaient les touristes de venir. Arguant du fait que les îles étaient traitées comme une nation étrangère, le maire de Key West proclama l'indépendance du comté sous le nom de *Conch Republic* – une allusion au surnom des insulaires... Depuis, on célèbre la fête de l'indépendance chaque 23 avril !

LES QUESTIONS QU'ON SE POSE AVANT LE DÉPART

➢ Quels sont les papiers nécessaires ?

Passeport biométrique ou électronique valide (enfants compris), billet aller-retour ou de continuation, et une ***autorisation de voyage ESTA*** à remplir sur Internet (21 $), valable 2 ans. Visa nécessaire pour un séjour de plus de 3 mois.

Important : les conditions d'entrée aux États-Unis peuvent être adaptées selon l'actualité (notamment en cas d'épidémie). Pensez à vérifier sur • *fr.usembassy.gov/fr* • et • *interieur.gouv.fr* • la nature des mesures mises en place.

➢ Quelle est la meilleure saison ?

La ***haute saison*** s'étend ***de décembre à avril,*** avec un pic en février-mars. Le climat est doux et sec, mais les prix sont plus élevés. ***L'été est très chaud et humide,*** mais le soleil brille généreusement et ***les tarifs des hôtels chutent presque de moitié !*** À vous de voir selon vos priorités.

➢ Quel budget prévoir ?

Un budget conséquent, surtout en ce qui concerne l'***hébergement,*** très cher notamment en saison. Réservez vos nuitées en amont pour éviter les coups de bambou de dernière minute. Guettez aussi les promos sur les sites internet des hôtels. Aux prix affichés, ***ajouter les taxes*** (jusqu'à 15 %) ***et le pourboire*** dans les restos (environ 20 % !). Prévoir aussi un solide budget ***loisirs,*** particulièrement si vous programmez des ***activités nautiques*** (plongée, sortie en mer, etc.).

➢ Comment se déplacer ?

À pied, à vélo et ***à rollers*** à Miami Beach (les distances sont raisonnables et le climat s'y prête). Les transports en commun (bus, métro) permettent de rallier la majorité des quartiers de la ville. Mais comme souvent aux États-Unis, la ***voiture*** s'impose dès que l'on s'éloigne (pour aller aux Everglades et dans les Keys, par exemple) ; locations et essence sont heureusement très abordables. Un ***GPS*** ou une bonne ***appli de navigation*** sur smartphone vous seront utiles.

➢ Y a-t-il des problèmes de sécurité ?

Certains quartiers de Miami sont à éviter la nuit tombée. Mais il suffit de respecter quelques règles de bon sens, valables partout.

➢ Quel est le décalage horaire ?

6h de moins par rapport à l'heure française. Quand il est 12h à Paris ou Bruxelles, il est 6h du matin à Miami.

➢ Quel est le temps de vol ?

Depuis Paris, compter environ ***9h30*** pour Miami à l'aller, 45 mn de moins au retour.

➢ Côté santé, quelles précautions à prendre ?

Hors période de pandémie, être à jour de ses ***vaccinations universelles*** et prévoir un bon ***répulsif anti-moustiques*** pour les Everglades. De nombreux médicaments sont délivrés sans ordonnance dans les drugstores-pharmacies.

➢ Peut-on y aller avec des enfants ?

Soleil toute l'année, ***plages*** bordées de cocotiers, ***activités nautiques,***

musées spécifiquement destinés aux enfants, ***parcs animaliers,*** etc., Miami et ses environs sont une destination familiale par excellence, même s'il faut prévoir un gros budget !

➢ Quel est le taux de change ? Comment payer sur place ?

1 $ = 0,90 € mi-2022. Le cash a toujours la cote aux USA, mais comme dans beaucoup de pays, le paiement « sans contact » (donc par carte) s'est généralisé, au point de devenir la seule option de paiement dans certains établissements. Mieux vaut donc toujours avoir une CB avec soi.

➢ Quelle langue parle-t-on ?

L'***anglais,*** mais aussi beaucoup l'***espagnol*** à Miami et dans les Keys.

➢ Combien de jours faut-il prévoir sur place ?

Pour la ville de Miami, 3-4 jours est le minimum. En une dizaine de jours, on a le temps de visiter les Keys en passant par les Everglades.

➢ Que mange-t-on à Miami et autour ?

Le caractère multiculturel et métissé de Miami donne à sa cuisine des couleurs très caraïbéenne et latino. Entre les sandwichs cubains au porc épicé, les *ceviche* péruviens ou les *gator bites* (alligator frit), les spécialités « exotiques » ne manquent pas ! Les amateurs de poissons et de crustacés seront également bien servis, notamment dans les Keys.

➢ Peut-on vraiment voir des alligators ?

Bien sûr ! Des sentiers aménagés dans les Everglades permettent d'observer de très près ces sacrées bestioles, en toute liberté. Il n'est pas rare non plus d'apercevoir des dauphins si l'on part en balade en mer, et des oiseaux par milliers, surtout en hiver, avec en tête les pélicans et flamants roses.

COMMENT Y ALLER ?

LES LIGNES RÉGULIÈRES

▲ **AIR FRANCE**
Infos et résas : ☎ 09-69-39-36-54 (appel non surtaxé), sur • airfrance.fr • et en agences de voyages.
➢ Toute l'année, Air France dessert ***Miami*** avec 1 vol direct/j. au départ de Paris-CDG. La compagnie dessert aussi, en partenariat avec Delta Airlines, de nombreuses destinations en Floride (avec correspondance), parmi lesquelles ***Key West.***

▲ **AMERICAN AIRLINES**
☎ 0821-980-999 (0,12 €/mn ; service en français lun-ven 8h-21h, w-e 9h-17h, en anglais 24h/24). • americanairlines.fr •
➢ American Airlines propose, au départ de Paris-CDG, 1 vol/j. pour ***Miami.***

▲ **DELTA AIRLINES**
☎ 0892-702-609 (0,35 €/mn ; lun-ven 9h-17h). • fr.delta.com •
➢ Delta dessert la Floride en partenariat avec Air France, avec 1 vol direct/j. Paris-***Miami,*** ainsi qu'une dizaine d'autres villes en Floride (dont ***Key West***) avec escale.

▲ **UNITED AIRLINES**
☎ 01-71-23-03-35. • united.com •
➢ Au départ de Paris-CDG, la compagnie et ses partenaires desservent quotidiennement ***Miami*** et d'autres villes de Floride, en vols directs ou avec connexion.

LES ORGANISMES DE VOYAGES

En France

▲ **CERCLE DES VOYAGES**
– Paris : 4, rue Gomboust (angle 31, av. de l'Opéra), 75001. ☎ 01-40-15-15-05. • cercledesvoyages.com • Lun-ven 9h-20h, sam 10h-18h30.
Le vrai voyage sur mesure, à destination des États-Unis (l'Est et New York, le Sud et la Floride, l'Ouest et la Californie) et du Canada (voyages d'hiver et d'été, d'est en ouest).
Cercle des Voyages propose un large choix de voyages adaptés à chaque client : séjours *city break,* randonnées et séjours ski, voyages au volant d'une voiture de location, croisières, circuits en petits groupes, combinés, voyages de noces... Les experts Cercle des Voyages partagent leurs conseils et leurs petits secrets pour faire de chaque voyage une expérience inoubliable. Cercle des Voyages offre également un service liste de mariage gratuit. Les petits plus qui font la différence : une excursion en motoneige ou en traîneau à chiens, une balade à cheval au petit matin dans le désert de l'Ouest, un survol du Grand Canyon en hélicoptère, ou encore un parc d'attractions avec un grand huit spectaculaire en Floride.

▲ **COMPTOIR DES VOYAGES**
• comptoir.fr • Agences ouv lun-sam 9h30-18h30.
– Paris : 2-18, rue Saint-Victor, 75005. ☎ 01-53-10-30-15.
– Bordeaux : 26, cours du Chapeau-Rouge, 33800. ☎ 05-35-54-31-40.
– Lille : 76, rue Nationale, 59160. ☎ 03-28-04-68-20.
– Lyon : 10, quai Tilsitt, 69002. ☎ 04-72-44-13-40.
– Marseille : 12, rue Breteuil, 13001. ☎ 04-84-25-21-80.
– Nice : 62, rue Giofreddo, 06000. ☎ 04-97-03-64-80.
– Toulouse : 43, rue Peyrolières, 31000. ☎ 05-62-30-15-00.
En plus de 30 ans, Comptoir des Voyages s'est imposé comme la

référence incontournable du voyage sur mesure en immersion, avec plus de 90 destinations sur les 5 continents. Ses conseillers-spécialistes construisent des voyages uniques en s'adaptant à votre budget, vos goûts et vos envies. Pour favoriser les rencontres et l'immersion dans la vie locale, ils privilégient des hébergements typiques et des expériences authentiques. Sur place, des *greeters* francophones partagent avec vous conseils et bonnes adresses le temps d'un café. Sur votre smartphone, l'application mobile *Luciole* vous informe sur le déroulé de votre voyage et vous guide grâce à un GPS hors connexion.
Comptoir des Voyages est membre d'Agir pour un tourisme responsable depuis 2009, labellisation ATR renouvelée par Écocert Environnement en 2019.

▲ ÉQUINOXIALES

– Paris : 249, rue de Crimée, 75019. ☎ 01-77-48-81-00. • equinoxiales.fr •
Véritable voyagiste spécialiste du sur mesure depuis plus de 30 ans. Son équipe de conseillers commence par vous écouter et est là pour vous accompagner et concrétiser vos envies en voyage, adapté à votre personnalité et à vos passions. Les destinations fortes d'Équinoxiales : toutes les Amériques (Canada, États-Unis, Mexique, Amérique centrale, Amérique du Sud), l'Australie et la Nouvelle-Zélande, l'Afrique australe, mais aussi les Caraïbes grâce à leur partenariat avec Sandals, collection d'hôtels-*resorts* de luxe *all inclusive*. Du circuit accompagné au séjour à la carte, tous les types de voyages sont proposés sur chaque destination. Petit plus : la garantie assistance April offerte à tous les voyageurs.

▲ TERRE VOYAGES

– Paris : 28, bd de la Bastille, 75012. ☎ 01-44-32-12-81. • terre-voyages.com • Lun-ven 8h-18h30, sam 10h-18h.
Les créateurs de voyages de Terre Voyages sont de fins connaisseurs, des experts des pays proposés, car tous natifs ou passionnés de leur destination. Ils sauront écouter vos attentes pour créer une offre de voyages sur mesure qui réponde à vos envies de découverte, et ils vous proposeront une approche authentique des cultures et des peuples dans le respect de leur environnement naturel et au juste prix. Seul, à 2 ou en famille, laissez-vous séduire par le soleil de la Floride, les Everglades et les parcs à thème qui raviront petits et grands.
Pour tous les voyageurs qui attendent d'une échappée lointaine plus qu'une simple visite, mais aussi une véritable connaissance et un apprentissage responsable des différentes cultures des États-Unis, Terre Voyages est le spécialiste qu'il vous faut.

▲ TERRES LOINTAINES

• terres-lointaines.com • Sur rdv seulement, lun-ven 9h-19h et sam 10h-18h.
– Paris : 21, bd des Batignolles, 75008. ☎ 01-75-60-63-50.
– Bordeaux : 4, rue Esprit-des-Lois, 33000. ☎ 05-33-09-09-10.
– Lyon : 39, rue de la République, 69002. ☎ 04-65-07-02-70.
– Lille : 6, rue Jean-Roisin, 59800. ☎ 03-59-61-59-40.
Spécialiste du voyage sur mesure et en petits groupes (jusqu'à 12 personnes). Terres Lointaines a pour ambition de démocratiser le voyage sur mesure au prix le plus juste. Convaincu qu'un voyage réussi est un voyage qui dépasse les attentes du client, c'est en visant l'excellence que Terres Lointaines met le monde à votre portée, avec près de 50 destinations en Afrique, Amériques, Asie, Europe et Océanie. La palette de destinations proposée est vaste, avec des conseillers à l'écoute de vos envies. Grâce à leur expertise et à des partenaires locaux de confiance, Terres Lointaines crée des voyages de qualité pour vous offrir des découvertes exceptionnelles et de merveilleux souvenirs.

▲ USA CONSEIL

Infos : ☎ 01-45-46-51-75. • usaconseil.com • Devis et brochures sur demande, accueil sur rdv (agence à Paris 16e).

Spécialiste des voyages en Amérique du Nord, USA Conseil s'adresse particulièrement aux familles ainsi qu'à toutes les personnes désireuses de visiter et de découvrir les États-Unis et le Canada en maintenant un bon rapport qualité-prix. USA Conseil propose une gamme complète de prestations adaptées à chaque demande et en rapport avec le budget de chacun : vols, voitures, hôtels, motels, bungalows, circuits individuels et accompagnés, itinéraires adaptés aux familles, excursions, motor-homes, motos, bureau d'assistance téléphonique francophone tout l'été avec nº Vert USA et Canada. Sur demande, devis gratuit et détaillé pour tout projet de voyage.

▲ **VOYAGEURS DU MONDE**

• voyageursdumonde.fr •

*– **Voyageurs aux États-Unis, au Canada et aux Bahamas** (Alaska, Bahamas, Canada, Québec, Hawaii) : ☎ 01-42-86-17-30.*

– Paris : La Cité des Voyageurs, 55, rue Sainte-Anne, 75002. ☎ 01-42-86-16-00. Lun-sam 9h30-19h. Avec une librairie spécialisée sur les voyages.

– Également des agences à Bordeaux, Grenoble, Lille, Lyon, Marseille, Montpellier, Nantes, Nice, Rennes, Rouen, Strasbourg et Toulouse.

Parce que chaque voyageur est différent, que chacun a ses rêves et ses idées pour les réaliser, Voyageurs du Monde conçoit, depuis plus de 30 ans, des projets sur mesure. Les séjours proposés sur 120 destinations sont élaborés par leurs 180 conseillers voyageurs. Spécialistes par pays et même par régions, ils vous aideront à personnaliser les voyages présentés à travers une trentaine de brochures d'un nouveau type et sur le site internet, où vous pourrez également découvrir les hébergements exclusifs et consulter votre espace personnalisé. Au cours de votre séjour, vous bénéficiez des services personnalisés Voyageurs du Monde, dont la possibilité de modifier à tout moment votre voyage, l'assistance d'un concierge local, la mise en place de rencontres et de visites privées, et l'accès à votre carnet de voyage via une application iPhone et Android.

Voyageurs du Monde est membre de l'association ATR (Agir pour un tourisme responsable) et a obtenu sa certification Tourisme responsable AFAQ AFNOR.

Comment aller à Roissy et à Orly ?

Toutes les infos sur notre site *• routard.com •* à l'adresse suivante : *• bit.ly/aeroports-routard •*

En Belgique

▲ **CONNECTIONS**

☎ 070-233-313. • connections.be •

Fort d'une expérience de plus de 20 ans dans le domaine du voyage, Connections dispose d'un réseau de 32 *travel shops,* dont un à Brussels Airport. Connections propose des vols dans le monde entier à des tarifs avantageux et des voyages destinés à des personnes désireuses de découvrir la planète de façon autonome. Connections propose une gamme complète de produits : vols, hébergements, locations de voitures, autotours, vacances sportives, excursions, etc.

▲ **VOYAGEURS DU MONDE**

• voyageursdumonde.com •

– Bruxelles : chaussée de Charleroi, 23, 1060. ☎ 02-543-95-50.

Voir le texte dans la partie « En France ».

En Suisse

▲ **VOYAGEURS DU MONDE**

• voyageursdumonde.com •

– Genève : 19, rue de la Rôtisserie, 1204. ☎ 022-514-12-10. Lun-ven 9h30-19h, sam 9h30-18h30.

– Lausanne : 6, rue du Bourg (2e étage), 1003. ☎ 021-519-10-65. Lun-ven 9h-18h30, sam sur rdv seulement.

Voir le texte dans la partie « En France ».

Au Canada (Québec)

▲ **TOURS CHANTECLERC**

• tourschanteclerc.com •

Tours Chanteclerc est un tour-opérateur qui publie différentes brochures de voyages : Europe, Amérique du Nord,

Amérique du Sud, Asie et Pacifique sud, Afrique et le Bassin méditerranéen en circuits ou en séjours. Il s'adresse aux voyageurs indépendants qui réservent un billet d'avion, un hébergement (dans toute l'Europe), des excursions ou une location de voitures. Également spécialiste de Paris, le tour-opérateur offre une vaste sélection d'hôtels et d'appartements dans la capitale française.

Voir aussi au sein de chaque ville les agences locales que nous avons sélectionnées.

MIAMI UTILE

ABC de Miami

- ***Surnoms :*** *Magic City, Capital of Latin America* et *The Gateway to the Americas* (la porte des Amériques).
- ***Statut :*** siège du comté de Miami-Dade, le plus peuplé de l'État de Floride.
- ***Superficie :*** 141,3 km² (3 055 pour le comté ; 151 670 pour la Floride).
- ***Population :*** 44ᵉ plus grande ville des États-Unis et 2ᵉ de Floride avec environ 430 000 habitants (2,7 millions pour le comté ; 22 millions pour l'État).
- ***Densité :*** 4 700 hab./km² (moyenne de la Floride : 136,4).
- ***Maire :*** Francis X. Suarez, Parti républicain ; élu en 2017.

AVANT LE DÉPART

Adresses et infos utiles

En France

Office de tourisme des États-Unis *(c/o Visit USA Committee) :* *☎ 0899-702-470 (3 € l'appel + 0,34 €/mn ; non surtaxé depuis un mobile). • office-tourisme-usa.com • Fermé au public, mais infos sur Internet et par tél.* Nombreuses infos sur la plupart des États, les conditions d'entrée aux États-Unis et l'ESTA (autorisation de voyage), ainsi que des dossiers thématiques.

Office de tourisme des Bahamas : *113-115, rue du Cherche-Midi, 75006 Paris. ☎ 01-45-26-62-62. • bahamas.fr • Ⓜ Falguière, Duroc ou Montparnasse-Bienvenüe. Rens par tél et sur Internet, ou sur place en ayant pris rdv.* Cet archipel de rêve est planté devant la Floride, à seulement 2h de bateau de Fort Lauderdale. Brochures et prospectus sur place.

■ ***Ambassade des États-Unis, section consulaire :*** *2, av. Gabriel, 75008 Paris. ☎ 01-43-12-22-22. Rens sur les formalités d'entrée dans le pays : • fr.usembassy.gov/fr •, puis cliquer sur « Visas ». Ⓜ Concorde.*

En Belgique

■ ***Ambassade des États-Unis :*** *bd du Régent, 27, Bruxelles 1000. ☎ 32-2-811-4000. • be.usembassy.gov •*

En Suisse

■ ***Ambassade des États-Unis :*** *19, Sulgeneckstrasse, 3007 Berne. ☎ 031-357-70-11. • ch.usembassy.gov •*

Au Canada

■ ***Ambassade des États-Unis :*** *490, chemin Sussex, Ottawa (Ontario). ☎ 613-688-5335. • ca.usembassy.gov •*

■ ***Consulat général des États-Unis :*** *1134, rue Sainte-Catherine Ouest, Montréal (Québec). ☎ 514-398-9695. • ca.usembassy.gov •*

■ ***Consulat général des États-Unis :*** *2, rue de la Terrasse-Dufferin, Québec (Québec). ☎ 418-692-2095. • ca.usembassy.gov •*

Formalités d'entrée

En période de ***Covid,*** les conditions d'entrée aux États-Unis peuvent être adaptées pour limiter les déplacements des voyageurs et la circulation du virus. Pensez à vérifier sur • *fr.usembassy.gov/fr* • et • *interieur.gouv.fr* • la nature des mesures mises en place (tests, vaccin, quarantaine, etc.).

ATTENTION : les mesures de sécurité concernant les formalités d'entrée sur le sol américain n'ont cessé de se renforcer depuis le 11 septembre 2001. ***Avant d'entreprendre votre voyage, consultez impérativement le site de l'ambassade des États-Unis,*** très détaillé et constamment mis à jour, pour connaître les toutes dernières mesures : • *fr.usembassy.gov/fr* •, rubrique « Visas ».

– ***Passeport biométrique ou électronique obligatoire.*** Les ***enfants*** de tous âges doivent impérativement posséder leur propre passeport, bébés inclus. S'ils ne sont pas accompagnés par un de leurs parents, les ***mineurs*** doivent être munis d'une ***autorisation de sortie du territoire (formalité rétablie en France depuis 2017).*** Formulaire téléchargeable (complété et signé par un des parents) à remettre au mineur voyageant seul, avec la photocopie de la pièce d'identité du parent signataire. Infos sur • *service-public.fr* •

– Les voyageurs (enfants compris) doivent aussi être en possession d'une ***autorisation électronique de voyage ESTA,*** à demander obligatoirement en ligne et ***exclusivement sur le site internet officiel*** • *https://esta.cbp.dhs.gov/esta* • ***Coût : 21 $, pour une validité de 2 ans (sauf si le passeport expire avant).***

Méfiez-vous des sites commerciaux d'ESTA (sur lesquels on tombe malheureusement très facilement en « googlisant » le mot ESTA), qui sont, eux, beaucoup plus chers.

La demande ESTA doit être faite ***au moins 72h avant le départ,*** le plus tôt étant le mieux. La réponse est généralement immédiate. En cas de mise en attente d'une demande, il faut aller consulter son dossier sur le site officiel (on ne reçoit rien par mail). Lors de la saisie en ligne, c'est le numéro officiel du passeport à 9 caractères qui doit être inscrit. Les femmes mariées doivent se faire enregistrer sous leur nom complet (nom de jeune fille et d'épouse).

– ***Attention, en cas de refus d'ESTA, aucun recours n'est possible.*** Il faut passer par une procédure d'obtention de visa, coûteuse et parfois longue. Ce refus est quasi automatique, entre autres, si vous avez visité un pays classé « à risques » par les autorités américaines (Afghanistan, Iran, Irak, Libye, Somalie, Soudan, Syrie, Yémen). Vérifiez avant !

– Obligation de présenter un ***billet d'avion aller-retour*** ou un billet attestant l'intention de quitter les États-Unis. Lors du passage de l'immigration, on prendra vos empreintes digitales et une photo.

– Le ***visa*** n'est pas nécessaire pour les ***Français*** qui se rendent aux États-Unis pour tourisme. Cependant, le séjour ne doit pas dépasser 90 jours et n'est pas prolongeable.

Attention : le visa reste indispensable pour les diplomates, les stagiaires, les jeunes filles/garçons au pair, les journalistes en mission, et ceux dont l'ESTA aura été refusée. La procédure nécessite un entretien personnel du demandeur à l'ambassade des États-Unis à Paris (avis aux provinciaux !).

– Les conditions d'admission pour les ***Belges*** et les ***Suisses*** sont similaires à celles des Français. Quant aux ***Canadiens,*** ils doivent être munis eux aussi d'un passeport valide.

– Si vous entrez ***aux États-Unis depuis le Mexique ou le Canada*** par voie terrestre, les conditions sont les mêmes – à ceci près qu'il n'est pas, pour l'heure, nécessaire de faire de demande ESTA et qu'une taxe de 6 $, payable en espèces, vous sera demandée.

– ***Pour conduire sur le sol américain : le permis de conduire national suffit.***
– ***Interdiction d'emporter des denrées périssables non stérilisées*** (charcuterie, fromage, biscuits...) ***et des végétaux.*** Seules les conserves sont tolérées, à condition de les déclarer à l'entrée : faites-le, au risque, sinon, d'une forte amende si vous êtes contrôlé. Les adultes de plus de 21 ans peuvent importer 1 l d'alcool par personne, en soute.
– ***Les bagages enregistrés en soute sont inspectés*** par les services de sécurité (surtout s'il y a des liquides). Mieux vaut donc avoir une valise avec système de fermeture intégré et agréé *TSA*, ce qui permet à la *Transportation Security Administration* de les ouvrir sans les endommager, ou tout simplement un cadenas *TSA approved*.

Pensez à ***scanner*** passeport, carte de paiement, billet d'avion et *vouchers* d'hôtel. Ensuite, adressez-les-vous par e-mail, en pièce jointe. En cas de perte ou de vol, rien de plus facile pour les récupérer. Les démarches administratives en seront bien plus rapides.

Assurances voyage

■ ***Routard Assurance par AVI International :*** *Le Colisée Gardens, 10, av. de l'Arche, CS 70126, 92419 Courbevoie Cedex.* ☎ *01-44-63-51-00.* • *avi-international.com* • Enrichie au fil des années par les retours des lecteurs, Routard Assurance reste l'assurance voyage référence des globe-trotters. Tout y est inclus, même pendant la Covid : frais médicaux, assistance rapatriement, bagages, responsabilité civile... Avant votre départ, appelez AVI pour un conseil personnalisé. Besoin d'une attestation Covid, d'un avis médical, d'une prise en charge dans un hôpital ? Téléchargez l'appli mobile *AVI International* pour garder le contact avec AVI Assistance et disposer d'un vaste réseau médical à travers le monde. AVI Assistance est disponible 24h/24 pour une réponse en temps réel. De simples frais de santé en voyage ? Envoyez les factures à votre retour, AVI vous rembourse sous 1 semaine.

■ ***AVA Assurance Voyages et Assistance :*** *25, rue de Maubeuge, 75009 Paris.* ☎ *01-53-20-44-20.* • *ava.fr* • Un autre courtier fiable pour ceux qui souhaitent s'assurer en cas de décès-invalidité-accident lors d'un voyage à l'étranger, mais surtout pour bénéficier d'une assistance rapatriement, perte de bagages et annulation. Attention, franchises pour leurs contrats d'assurance voyage.

■ ***Pixel Assur :*** *18, rue des Plantes, BP 35, 78601 Maisons-Laffitte.* ☎ *01-39-62-28-63.* • *pixel-assur.com* • Assurance de matériel photo et vidéo tous risques (casse, vol, immersion) dans le monde entier. Devis en ligne basé sur le prix d'achat de votre matériel. Avantage : garantie à l'année.

ARGENT, BANQUES, CHANGE

La monnaie américaine

Au printemps 2022, le dollar ($) valait environ 0,90 €.
– ***Les pièces :*** 1 cent *(penny)*, 5 cents *(nickel)*, 10 cents (*dime*, plus petite que la pièce de 5 cents), 25 cents *(quarter)* et 1 dollar (moins courante que le billet équivalent). Avis aux numismates, les *quarters* font l'objet de séries spéciales.
– ***Les billets :*** sur chaque billet, le visage d'une figure politique : 1 $ (Washington), 5 $ (Lincoln), 10 $ (Hamilton, secrétaire du Trésor et non président), 20 $ (Andrew Jackson, qui devait être remplacé par l'abolitionniste et ancienne esclave

Harriet Tubman, mais le projet est repoussé), 50 $ (Grant), 100 $ (Franklin).
Pour l'anecdote, ***en argot, un dollar se dit « a buck ».*** L'origine de ce mot remonte au temps des trappeurs, lorsqu'ils échangeaient leurs peaux de daims *(bucks)* contre des dollars. C'est en 1957 qu'apparut la mention obligatoire *In God we trust* (*Others pay cash,* ironisent certains commerçants).

UN BILLET PLUS VERT QUE VERT

Nul besoin de décimer des forêts pour fabriquer les dollars. Contrairement aux apparences, le célèbre billet vert n'est pas fabriqué à base de papier mais de tissu : 75 % de coton et 25 % de lin. Avant la Première Guerre mondiale, des fibres de soie entraient même dans sa composition. Et, depuis 1991, un fil de polyester le renforce.

Argent liquide et change

Avertissement

Si vous comptez effectuer des retraits d'argent aux distributeurs, il est très vivement conseillé d'***avertir votre banque avant votre départ*** (pays visités et dates). En effet, ***votre carte peut être bloquée dès le 1er retrait*** pour suspicion de fraude. Vous pouvez aussi leur demander de ***relever le plafond*** de retrait aux distributeurs et pour les paiements par carte, quitte à le faire rebaisser à votre retour. Utile surtout pour les cautions des locations de voitures.

Pour un retrait, utilisez de préférence les ***distributeurs attenants à une agence bancaire.*** En cas de pépin avec votre carte (carte avalée, erreur de code secret...), vous aurez un interlocuteur dans l'agence, pendant les heures ouvrables.

- On trouve des ***distributeurs automatiques de billets*** partout (appelés *ATM* pour *Automated Teller Machine* ou *cash machine*), jusque dans certaines petites épiceries ! Cela dit, évitez de retirer de petites sommes à tout bout de champ, car une commission fixe (3-7 $) est prélevée à chaque transaction en plus de celle appliquée par votre banque.
- En dernier ressort, si vous devez quand même ***changer de l'argent,*** adressez-vous aux ***petits bureaux de change en ville.*** Évitez ceux des aéroports, qui appliquent une commission encore plus élevée et des taux carrément défavorables...

Les cartes de paiement

Aux États-Unis, on parle de « *plastic money* », ou « *plastic* » tout court. ***C'est le moyen le plus simple et a priori le plus économique de payer.*** Les paiements par carte sont acceptés quasi partout, souvent ***sans montant minimum.*** Gardez juste en tête les ***commissions*** fixes de votre propre banque... et sachez que votre ***passeport*** (*ID* en anglais, prononcer « aïdi ») est parfois demandé lors des achats. Les cartes les plus répandues sont la *MasterCard,* la *Visa* et, bien sûr, l'*American Express,* qui applique les commissions les plus faibles.
Afin d'éviter les frais lors de chaque paiement ou retrait en dehors de la zone euro, ***certaines banques offrent la gratuité des retraits*** dans leurs propres distributeurs *(DAB)* dans le monde entier (comme *HSBC*) ou dans les banques avec lesquelles elles ont un accord selon les pays (se renseigner avant le départ). Les banques en ligne comme *Revolut, N26* ou *Boursorama* proposent des cartes gratuites qui ne facturent aucune commission pour les paiements et retraits.
Aux États-Unis, ***une carte de paiement est un outil indispensable, pour ne pas dire obligatoire,*** ne serait-ce que pour louer une voiture ou réserver une chambre

d'hôtel. Même si vous avez tout réglé avant le départ par l'intermédiaire d'une agence, on prendra systématiquement l'empreinte de votre carte, au cas où vous auriez l'idée saugrenue de partir sans payer les prestations supplémentaires *(incidentals)* genre parking, petit déj, téléphone, minibar...
Dans certains drugstores ou supermarchés, dès que vous présenterez une carte de paiement, on vous demandera généralement : « ***debit or credit ?*** ». Si vous n'avez pas de compte aux États-Unis, la réponse est « *credit* ».
Outre la possibilité de régler sans contact, de plus en plus les additions se font sur ***iPad,*** avec facture envoyée par e-mail sur demande.

En cas de perte ou de vol

Avant de partir, bien ***noter le numéro d'opposition propre à votre banque*** (il figure souvent au dos des tickets de retrait, sur votre contrat ou à côté des distributeurs de billets), ainsi que le numéro à 16 chiffres de votre carte. Bien entendu, conservez ces informations en lieu sûr et séparément de votre carte.

N'oubliez pas de vérifier la date d'expiration de votre carte bancaire avant votre départ.

En cas de perte, de vol ou de fraude, quelle que soit la carte que vous possédez, chaque banque gère elle-même le processus d'opposition et le numéro de téléphone correspondant. Le plus simple est de faire opposition en ligne via le site de votre agence bancaire ou leur application mobile, ou en les appelant directement. Voir aussi la rubrique « Urgences ».

ACHATS

ATTENTION : ***les prix affichés sont toujours hors taxes (ajouter 6 à 7,5 % selon le type d'achat et le comté).*** Certains achats restent intéressants aux États-Unis, même si le taux de change est moins favorable depuis quelques années. Voici donc quelques idées d'articles à rapporter dans vos bagages.
– ***Les maillots de bain, tenues de plage et lunettes de soleil :*** choix énorme et excellent rapport qualité-prix. Même principe pour les ***vêtements et accessoires de surf et de skateboard.***
– Les ***jeans,*** bien sûr. Les ***Levi's*** coûtent bien moins cher qu'en France (jusqu'à moitié prix hors soldes), même si vous les achetez dans un *Levi's Store* officiel. On trouve encore ici des jeans *unwashed* (pas prélavés), en matière brute, bien plus résistants que les autres. Ils sont bon marché et rarement exportés.
– Le ***prêt-à-porter,*** particulièrement les T-shirts, sweats à capuche *(hoodies)* et baskets *(sneakers),* notamment *New Balance, Converse* et compagnie. Mais aussi les marques que l'on retrouve à peu près dans tous les *malls* : *Urban Outfitters, American Eagle Outfitters, J. Crew...*
– Les ***chaussures et vêtements de sport et de loisirs*** (yoga et Pilates, mais aussi *outdoor*).
– Les ***produits cosmétiques*** coûtent moitié moins cher qu'en France. On les trouve dans les drugstores. Beaucoup de choix aussi dans les gammes ***bio et végane.***

HAMILTON FOR EVER

Les montres Hamilton sont mythiques aux États-Unis. Créée en 1892, la marque cessa, pendant la Seconde Guerre mondiale, la vente aux particuliers et ne fabriqua plus que pour les soldats. La légende était née. Depuis, elle apparaît au poignet de la majorité des acteurs américains, dans plus de 300 films. Le jour de son assassinat, Kennedy portait le modèle Linwood Viewmatic.

– ***De la « bouffe » typiquement américaine :*** des friandises en tout genre (*M&M's*, entre autres), des chewing-gums aux parfums insolites, des mélanges d'amandes et autres graines pour l'apéro, des sachets de *beef jerky* (snack de bœuf séché aromatisé très protéiné), des épices pour BBQ, pléthore de produits bio et encore plein d'idées à glaner dans les rayons des supermarchés.

Soldes et magasins d'usine

Les ***factory outlets*** sont d'énormes centres commerciaux situés généralement à la périphérie des villes, accessibles depuis les autoroutes. Très nombreux en Floride, ils regroupent les ***magasins d'usines de grandes marques*** de vêtements et chaussures : *Ralph Lauren, Timberland, Converse, Reebok, Nike, Gap, Levi's, Tommy Hilfiger, J. Crew,* mais aussi des marques étrangères comme *Adidas* ou *Zara*... Les articles sont souvent écoulés toute l'année à des prix défiant toute concurrence (parfois jusqu'à 75 % de réduction en période de soldes). Ils présentent parfois des défauts mineurs (mention *irregular* sur l'étiquette).
Le plus grand « temple des soldes » de Floride, le ***Sawgrass Mills Factory Outlet Mall,*** se trouve à Sunrise, à proximité de Fort Lauderdale. Sinon, la chaîne ***Premium*** quadrille aussi stratégiquement la Floride.

Les tailles US

Les tailles américaines, que ce soit pour les vêtements, les chaussures et même la lingerie, n'ont rien à voir avec nos références. Voici donc un petit ***tableau d'équivalences*** pour vous aider à vous y retrouver.

Femme

Pantalon/Jupe/Robe

France	USA	
34	2	XS
36	4	S
38	6	
40	8	M
42	10	
43	11	
44	12	L
46	14	
48	16	XL

Chemise/Top

France	USA	
34	2	XS
36	4	S
38	6	M
40	8	L
42	10	XL
44	12	XXL
46	14	
48	16	

Chaussures

France	USA	France	USA
35	4	39	7,5
35,5	4,5	39,5	7,5
36	5	40	8
36,5	5,5	40,5	8,5
37	5,5	41	9
37,5	6	41,5	9,5
38	6,5	42	9,5
38,5	7		

Soutien-gorge

France	USA	France	USA
85A	32A	95B	36B
85B	32B	95C	36C
85C	32C	95D	36D
85D	32D	95E	36DD
90A	34A	95F	36E
90B	34B	100A	38A
90C	34C	100B	38B
90D	34D	100C	38C
90E	34DD	100D	38D
90F	34E	100E	38DD
95A	36A	100F	38E

Homme

Pantalon			Chemise			Chaussures	
France	USA		France	USA		France	USA
34	24	XS	36	26	XS	39	6
36	26		38	28		39,5	6,5
37	27	S	40	30	S	40	7
38	28		42	32		40,5	7,5
40	30	M	44	34		41	8
42	32		46	36	M	41,5	8
43	33	L	48	38		42	8,5
44	34		50	40	L	42,5	9
46	36	XL	52	42		43	9,5
48	38		54	44	XL	43,5	9,5
49	39	XXL				44	10

BUDGET

Miami compte ***parmi les villes les plus chères des États-Unis,*** autant le savoir. Si certains postes comme l'essence sont moins onéreux, l'hébergement atteint ici des sommets en saison... Ne vous attendez pas à des vacances bon marché ! D'où la nécessité ***d'anticiper en évitant les périodes trop chargées,*** telles que les vacances des Américains, les grands événements, etc. Et surtout ***s'y prendre à l'avance !***

Très important : ***les prix affichés (dans les restos, hôtels, boutiques...) s'entendent toujours SANS LA TAXE,*** qui varie de 8 à 14,5 % dans l'hôtellerie, et parfois jusqu'à 10 % dans les autres secteurs (restauration, magasins). Il en va de même pour les parcs d'attractions. Seuls les musées échappent à cette règle. Dans les hôtels, il faudra ajouter la ***taxe de séjour*** et parfois le ***resort fee*** (de 10 à... 50 $!), et dans les restos, le *tip,* c'est-à-dire le pourboire. Bref, gardez en tête qu'à la caisse, ce sera toujours plus cher que le prix marqué.

Véhicule de location et parkings

Si vous prévoyez de circuler un tant soit peu à Miami et dans ses alentours, ***la voiture reste le moyen de transport le plus pratique,*** et certainement le plus rentable (même à 2) en considérant le temps gagné. Elle s'avère par ailleurs indispensable pour explorer les Keys et emprunter l'Overseas Highway jusqu'à Key West.

– ***Essence :*** plutôt bon marché, autour de 2,80-3 $ le *gallon* (3,8 l) d'essence sans plomb *(unleaded)* au printemps 2022.

– ***Stationnement :*** les ***parcmètres*** poussent comme les cocotiers, il y en a partout ! Souvent limités à 2h, ils coûtent entre 1 et 5 $/h. La plupart acceptent les cartes de paiement. Pratique pour rallonger sa durée de stationnement à distance, l'application ***Paybyphone*** est utilisable dans une bonne partie des villes de Floride, dont Miami. Avant de vous garer, vérifiez bien ce qui est indiqué sur le parcmètre ou sur les panneaux installés dans la rue.

Si vous restez une journée au même endroit, utilisez les ***parkings publics*** de préférence, à l'heure (environ 1-3 $) ou à la journée (environ 10-25 $). Assurez-vous que, pour le prix, vous aurez le droit de ressortir et de revenir *(in-and-out privileges),* sinon il vous faudra repayer à chaque fois ! Les parkings privés sont encore plus chers. Les emplacements gratuits sont rares.

Dans la plupart des ***hôtels,*** surtout les grands établissements, le parking coûte dans les 20-30 $ les 24h (voire 45 $ et plus à Miami Beach), selon que l'on gare soi-même sa voiture *(self-parking)* ou qu'un portier s'en charge *(valet only).* De même, les **parkings des administrations** sont parfois payants (y compris ceux des postes et des *Visitor Centers* !) et généralement limités à quelques dizaines de minutes. Ne vous amusez pas à y stationner après la fermeture de ces établissements, votre véhicule partirait automatiquement à la fourrière et il vous en coûterait minimum 300 $ et une perte de temps considérable !

– ***Amendes :*** un vrai business ! Si vous écopez d'une amende avec une voiture de location, lisez le paragraphe consacré aux PV dans la rubrique « Transports ». En Floride, le montant des PV pour horaire dépassé de stationnement tourne autour de 25 $ et va jusqu'à 300 $ pour un stationnement illicite. Soyez particulièrement vigilant en ce qui concerne les panneaux « ***No red turn*** », qui vous interdisent de tourner à droite quand le feu est rouge alors que d'ordinaire vous pouvez le faire. Il y a des caméras vidéo sur les feux et des capteurs sur la ligne blanche. En cas d'infraction, l'amende est salée (de l'ordre de 150 $). Pour payer votre contravention, vous avez généralement 1 mois, parfois moins. Bref, autant régler le problème fissa !

Hébergement

À Miami, ***la haute saison s'étend de novembre à mars,*** avec une pointe lors des fêtes de fin d'année et en février-mars, lors des vacances scolaires universitaires *(spring break),* période où les prix flambent. Le week-end (nuits des vendredi et samedi) est toujours plus cher que la semaine. Et les week-ends fériés, le tarif peut se voir multiplié par 2, 3 ou même 4 ! Attention aussi aux cas particuliers : lorsque de grandes manifestations ont lieu en ville, par exemple l'Art Basel début décembre, même les AJ et les *B & B* appliquent une politique de l'offre et de la demande !

La basse saison s'étale d'avril à octobre, et là, les prix chutent de manière sensible, atteignant en général un minimum vers mai-juin et septembre-octobre. Il vous sera alors souvent possible de trouver de belles promos sur les sites internet des hébergements. À défaut, n'hésitez pas à tenter de marchander ; ça marche souvent si vous restez plusieurs nuits de suite.

Nous indiquons les ***tarifs pour 2 personnes, du prix le plus bas en basse saison au prix le plus haut en haute saison*** – exception faite, naturellement, des lits en dortoir des AJ (prix par personne) et des campings (prix par emplacement). Tous les prix sont mentionnés ***hors taxes,*** il faut donc toujours ***ajouter entre 8 et 14,5 % + la taxe de séjour*** (environ 5 $/j. par personne) et de plus en plus souvent en zone balnéaire un ***resort fee,*** qui peut varier entre 4-5 $ (pour un lit en AJ) et jusqu'à 50 $/j. par chambre dans un hôtel haut de gamme (hors taxes, à ajouter bien sûr...) ! ***Les prix des nuitées varient selon le confort bien sûr, mais surtout selon le taux de remplissage.***

Voici nos fourchettes indicatives :

– ***Bon marché :*** moins de 80 $ (concerne surtout les AJ et campings, très rarement les motels ou seulement en basse saison).
– ***Prix moyens :*** 80-150 $.
– ***Chic :*** 150-220 $.
– ***Plus chic :*** 220-300 $.
– ***Très chic :*** plus de 300 $.

Le petit déj continental (léger, donc) est parfois inclus dans le prix de la chambre (nous le précisons dans le texte). Mais il s'agit alors généralement de café jus de chaussette servi dans le *lobby* avec quelques muffins sous plastique et des céréales (parfois aussi œufs, bacon et gaufres, mais qualité bas de gamme). Sinon, compter 9-15 $ pour le prendre à l'extérieur.

De même, ***le parking n'est souvent compris que dans les motels*** (voir la rubrique « Hébergement »).

Restos

On peut manger pour pas cher aux États-Unis, mais bon marché rime rarement avec nourriture saine ! Dès lors que vous souhaitez manger un peu plus fin et

surtout plus équilibré, ***l'addition grimpe vite,*** surtout le soir. Dans ce guide, nous indiquons les ***prix du déjeuner*** (cuisine plus simple et légère) ***et ceux du dîner*** (plus travaillé et copieux), qui varient souvent du simple au double. Les fourchettes suivantes correspondent à un simple plat, généralement assez copieux pour pouvoir se passer d'autre chose, sauf dans les restos chics ou gourmets, où les quantités sont plus légères. ***Ne pas oublier d'ajouter la taxe et le pourboire***, donc 25-35 % en plus... Si vous mangez dans un lieu où vous commandez ***au comptoir*** (cafétéria, fast-food ou autre), le pourboire n'a rien d'obligatoire (même s'il y a toujours un bocal pour les *tips* !).
– ***Bon marché :*** moins de 10 $ (surtout des snacks à emporter, parfois un burger ou un sandwich dans les *diners* les plus modestes).
– ***Prix moyens :*** 10-25 $.
– ***Chic :*** 25-40 $.
– ***Plus chic :*** plus de 40 $.

Taxes...

On le rappelle, dans tous les États-Unis, ***les prix affichés dans les magasins, les hôtels, les restos, etc., s'entendent HORS TAXE(S).*** Celle-ci est ajoutée au moment de payer et varie selon l'État, le comté et le type d'achat. Dans les hôtels, en Floride, elle oscille, en gros, entre 8 et 14,5 % ; pour tout ce qui est restos, vêtements, voitures de location, etc., elle varie entre 6 et 8 %. Seuls les produits alimentaires vendus en magasin et la pharmacie sont exemptés.

... et pourboires (*tip* ou *gratuity*)

Dans les ***restos,*** les serveurs ayant un salaire fixe ridicule, l'essentiel de leur revenu vient des pourboires. Voilà tout le génie du capitalisme : laisser aux clients, selon leur degré de satisfaction, le soin de payer le salaire des serveurs pour les motiver ! L'avantage, c'est qu'il est plutôt rare d'être mal servi. Bref, ***le tip est une institution à laquelle vous ne devez pas déroger*** (sauf dans les fast-foods et endroits self-service où vous pouvez ne laisser que 1 ou 2 $). Un oubli vous fera passer pour un plouc total ! ***La tradition (disons, l'obligation !) est de laisser 15-20 %*** du montant brut de la note, les Américains, d'un naturel généreux, donnant facilement 20-25 %. Gardez donc en tête qu'avec la taxe de vente plus le pourboire, vous voilà à 25-30 % de plus que le prix affiché...

L'ORIGINE DU *TIP*

Au XVIIIe s, le patron d'un café outre-Manche eut l'idée de disposer sur son comptoir un pot portant l'inscription To Insure Promptness *(littéralement, « Pour assurer la promptitude »). Les clients pressés y glissaient quelques pièces pour être servis plus vite. Les initiales formèrent le mot tip, devenu un incontournable du savoir-vivre américain.*

Si vous payez par carte, n'oubliez pas de remplir vous-même la case *Gratuity* (un faux ami !) qui figure sur la facturette, ou de bien la barrer si vous laissez un pourboire en liquide. Sinon, le serveur pourrait s'en charger lui-même, ce que vous ne verrez qu'à votre retour, en épluchant votre relevé de compte bancaire (au fait, aux États-Unis, *1* s'écrit *I*, sans « tête », donc attention à ce que votre *1* ne soit pas pris pour un 7 qui, lui, s'écrit sans barre horizontale !). Il arrive aussi – ***en particulier à Miami et à Key West*** – que le service soit ajouté d'office au total, après la taxe. Mais attention, des restaurateurs malins vous donnent une facturette où figure quand même la case « *Gratuity* » à remplir, soyez vigilant pour ne pas le payer une 2de fois. Dans les ***bars,*** le barman s'attend à ce que vous lui laissiez un petit quelque chose, par exemple 1 $ par bière, même prise au comptoir.

Concernant les ***taxis*** : il est de coutume de laisser 15 à 20 % en plus de la somme au compteur. Là, gare aux jurons d'un chauffeur mécontent ; il ne se gênera pas pour vous faire remarquer vertement votre oubli.
Enfin, ***prévoir des billets de 1 ou 5 $*** pour tous les petits boulots de service où le pourboire est attendu (bagagiste dans un hôtel un peu chic par exemple).

Loisirs

Prévoyez un budget conséquent si vous envisagez de pratiquer quelques ***activités nautiques*** : sortie en mer, plongée, snorkelling... La Floride est la destination idéale pour ce type de loisirs, mais ça chiffre vite !

CLIMAT

Cas à part aux États-Unis, Miami (et le sud de la Floride en général) bénéficie d'un ***climat subtropical*** : c'est le seul État du pays où l'on se baigne toute l'année. L'été y est chaud et humide, marqué par de courtes et fortes pluies (parfois bienvenues, ouf !). L'hiver est sec et plus frais. À cette époque débarque une importante clientèle de retraités fuyant le froid du reste des États-Unis et du Canada. Au printemps et en automne, douceur et humidité sont au rendez-vous.

UN BONUS POUR CELSIUS

En 1724, le physicien allemand Gabriel Fahrenheit crée une échelle de température qui voit l'eau geler à 32 °F et bouillir à 212 °F. Pas pratique. Fahrenheit prit comme 0 la température la plus basse de sa ville de Dantzig durant l'hiver 1708-1709 et comme point le plus haut celle du sang de cheval ! À se demander pourquoi les Américains utilisent encore cette échelle de fou. En 1742, le Suédois Celsius remporte la mise en étalonnant ces 2 phénomènes physiques universels sur des chiffres ronds : quand l'eau gèle, il fera 0 °C ; quand elle bout, ce sera 100 °C. Personne n'a trouvé mieux !

Spécial cyclones *(hurricanes)*

L'***automne,*** plutôt agréable, est la ***saison des cyclones.*** Sans être fréquents, ils sont récurrents et peuvent se montrer ravageurs. À chaque ouragan, on relève quelques morts, victimes de chutes d'arbres ou frappés par des objets emportés par le vent. La facture est souvent lourde : celle de Michael, qui a frappé le nord-ouest de la Floride en 2018, a atteint 25 milliards de dollars ! Et Miami a été identifiée par un groupe de scientifiques comme la ville la plus vulnérable face aux cyclones, en raison de sa situation géographique et de la faible élévation de ses côtes.
Si vous êtes ***en camping,*** au moindre signe suspect, on conseille de ranger le matériel et de se réfugier à l'hôtel, le personnel étant au courant des manœuvres à suivre en cas d'urgence. Les alertes passent du stade de *hurricane watch* (danger d'ouragan dans les 36h) à celui de *hurricane warning* (arrivée dans les 24h). À ce degré, les autorités décrètent, dans les cas les plus graves, l'ordre d'évacuation des côtes. On vous suggère de reporter vos vols intérieurs en cas de mauvais temps, car les compagnies n'hésitent pas à partir, même dans des conditions météo ahurissantes.
Au cas où vous seriez pris dans un cyclone, le mieux est de vous mettre à l'abri dans un sous-sol (éloignez-vous des fenêtres, qui peuvent exploser lorsqu'elles sont frappées par des projectiles).
– ***Infos sur la météo :*** • *weather.com* • C'est le site de la chaîne TV *The Weather Channel,* que l'on capte dans tous les hôtels.
– ***Pour suivre les ouragans en temps réel :*** • *nhc.noaa.gov* • C'est le site du National Hurricane Center. Ou branchez la radio : 91,3 FM ou 162,55 MHz.

Tableau d'équivalences des températures

Fahrenheit	Celsius	Fahrenheit	Celsius
108	42,2	**60**	15,6
104	40	**56**	13,3
100	37,8	**52**	11,1
96	35,6	**48**	8,9
92	33,3	**44**	6,7
88	31,1	**40**	4,4
84	28,9	**36**	2,2
80	26,7	**32**	0
76	24,4	**28**	- 2,2
72	22,2	**24**	- 4,4
68	20	**20**	- 6,7
64	17,8	**16**	- 8,9

DANGERS ET ENQUIQUINEMENTS

– Mieux vaut éviter certains quartiers nord comme ***Opa-locka, Overtown*** ou ***Liberty City*** (mais qu'y feriez-vous ?). Ailleurs, le bon sens est de rigueur : évitez de traîner la nuit tombée dans les rues désertes situées à l'***est de Little Havana,*** de même que dans le ***nord de Downtown,*** à ***Little Haiti*** et ***en périphérie de Wynwood.*** Ne perdez pas de vue que la Terre promise n'a pas tenu ses promesses pour tout le monde et que Miami est une plaque tournante du trafic de drogue. On vous conseille de lire également le paragraphe « Sécurité » dans la rubrique « Adresses et infos utiles. Santé, sécurité » au début du chapitre « Miami ».
– Autre nuisance (sans transition) : les ***moustiques,*** redoutables, surtout le soir en été. Eh oui, difficile d'oublier que la Floride était autrefois couverte de marécages... Ce n'est pas pour rien que certains campings des Everglades sont gratuits pendant la saison chaude et humide !
– Dans un autre registre, les ***sévères lois antitabac*** en vigueur un peu partout aux États-Unis sont désormais à peu près aussi strictes en Floride. S'il est ***interdit de fumer dans tous les lieux publics*** (*e-cigarettes* comprises), il reste toutefois possible de le faire dans les zones extérieures aérées de certains bars (hormis ceux des restos). Pour les irréductibles, les cigarettes sont en vente dans les stations-service, les drugstores type *CVS, Rite Aid, Walgreens* ou *Duane Reade,* et les boutiques d'alcool *(liquor stores).* Il faut avoir au moins 21 ans, même pour les cigarettes électroniques.
– ***En cas d'urgence,*** composez le ☎ *911.*

DÉCALAGE HORAIRE

Les États-Unis sont traversés par ***4 fuseaux horaires*** (6 avec l'Alaska et Hawaii). Une grande partie de la Floride observe l'*Eastern Time,* en ***retard de 6h*** sur l'Europe de l'Ouest. Quand il est 12h à Paris, il est 6h du matin à Miami.
– ***À noter :*** comme en Grande-Bretagne, quand on vous donne rendez-vous à 8.30 p.m. *(post meridiem),* cela veut dire 20h30. À l'inverse, 8.30 a.m. *(ante meridiem)* désigne le matin. Enfin, notez que 12 a.m., c'est minuit, et 12 p.m., midi... et non l'inverse.

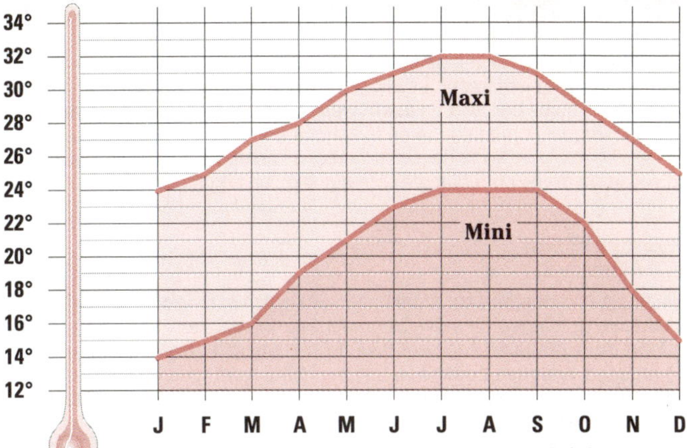

Moyenne des températures atmosphériques

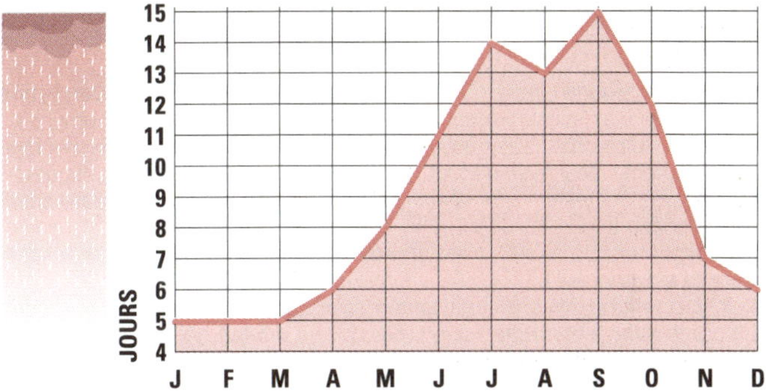

Nombre de jours de pluie

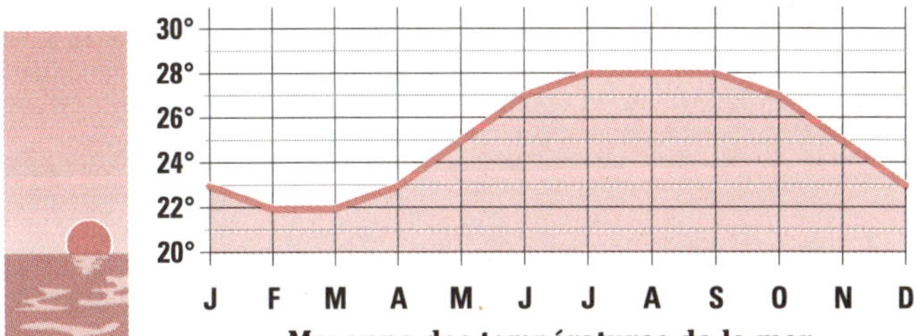

Moyenne des températures de la mer

FLORIDE (Miami)

ÉLECTRICITÉ

Les prises délivrent généralement du 110 volts. Les appareils se chargent quand même, mais plus lentement. Les fiches électriques américaines sont à 2 broches plates. Vous aurez besoin d'un ***adaptateur*** pour recharger la batterie de vos appareils numériques, ordi, tablette ou téléphone portable, ainsi que d'une multiprise. En cas d'oubli, possibilité de s'en procurer à l'aéroport, à la réception de certains hôtels ou dans une boutique d'électronique ou un drugstore.

ENFANTS

Miami est une ***destination idéale*** avec des enfants. Du ***soleil*** toute l'année, des kilomètres de ***plages*** de sable blanc ourlées de cocotiers, une ***piste aménagée le long de la plage*** où l'on peut faire du vélo, du roller ou du skate, une poignée de ***musées ludiques*** comme le *Children's Museum,* des ***parcs aquatiques et animaliers*** *(Jungle Island, Zoo Miami),* un métro aérien qui sillonne Downtown en passant entre les buildings, sans oublier les ***activités nautiques*** et un petit safari-photo à vélo pour découvrir les *murals* de Wynwood Art District... Et si vous êtes prêt à affronter quelques heures de voiture, place aux démentiels parcs d'attractions d'Orlando (voir le *Routard Floride*).

Conseils pratiques

– ***Saison :*** la période idéale, c'est l'hiver (vacances de février). Mais, en famille, ça risque de coincer niveau budget. En revanche, en juillet et août, les prix sont bien plus accessibles côté hébergement, mais le climat est vraiment chaud et humide, pas forcément l'idéal avec de tout jeunes enfants (à cause des moustiques), sauf si vous vous contentez d'un séjour plage. Avec des grands, ça passe très bien toute l'année.

– ***Hébergement :*** à Miami, c'est vrai que la plupart des ***hôtels*** paraissent être destinés aux couples plutôt qu'aux familles. Certains d'entre eux leur sont même exclusivement réservés. Heureusement, certains établissements proposent des chambres avec 2 lits *queen size* (160 cm), ce qui fait qu'on peut y dormir à 4 (avec ou sans supplément de prix, ça dépend des hôtels). OK, ce n'est pas très glamour pour les parents, mais ça évite de louer 2 chambres et le budget s'en ressent.

La plupart des hôtels possèdent une ***piscine,*** mais à Miami Beach, ce sont souvent les plus chers. Si vous êtes motorisé et si vous venez surtout pour la plage, vous pouvez aussi poser vos valises à Sunny Isles, l'extension balnéaire de Miami Beach. L'ambiance y est plus calme, beaucoup moins festive, plus adaptée à un séjour en famille. En plus, on y trouve quelques hôtels de chaîne moyenne gamme (avec piscine) d'un meilleur rapport qualité-prix.

Un bémol maintenant : certains hébergements, en particulier les *B & B* des Keys, refusent les enfants de moins de 10, 12, 14 ou même parfois 18 ans – pour ne pas déranger le sacro-saint calme des *guests.* Un détail qui n'en est pas un !

La ***location d'appartement*** est une solution plus pratique en famille, mais pour avoir un appart bien situé et à prix raisonnables, il faut penser à ***réserver très à l'avance.***

– ***Plage :*** est-il besoin de rappeler que dans Miami Beach, il y a *beach* ? Longue et large, bordée de cocotiers, elle est un terrain de jeux idéal pour les enfants.

– Les ***restos américains*** demeurent des paradis pour enfants (on parle de l'accueil, pas forcément de la nourriture !). En dehors des restos chics (où il se peut qu'on vous jette un regard de travers), ils seront toujours bien accueillis, le plus souvent avec des coloriages, jeux et crayons de couleur. La plupart des restos servent des ***menus-enfants très bon marché*** (même au petit déj).

– Les sites plus particulièrement destinés aux enfants sont désignés par le ***picto-gramme spécial*** 🚸. Voici quelques pistes qui devraient leur laisser des souvenirs impérissables.

Miami Beach

La plage, le soleil, une ville qui se visite à pied, à rollers, à trottinette, sur un skate ou à vélo, et les immeubles de l'***Art Deco District*** qui ressemblent à de gros gâteaux colorés, les enfants sont à coup sûr séduits par le coin. En plus, on y voit passer des limousines longues comme des autobus et de belles Harley à chaque coin de rue. Dans les environs, plusieurs parcs et musées, comme le Miami Children's Museum, s'adressent plus particulièrement aux enfants.

Le parc national des Everglades

Randonnées à pied, à vélo, en canoë, sorties en mer pour aller voir les dauphins, visite des fermes d'alligators, tour en *air boat* sont autant d'activités à faire en famille. Un must : le tour de ***Shark Valley,*** où abondent *gators* (alligators) peu farouches et oiseaux. Dépaysement assuré et souvenirs inoubliables.

Key West

À l'extrémité sud de l'archipel des Keys, il faut bien 3-4h de route pour y arriver depuis Miami, et il y a de fortes chances pour que vos bambins trouvent le trajet encore plus long que vous ! Mieux vaut à notre avis réserver cette étape aux plus grands, d'autant que les plages ne sont pas légion ici – et, en plus, elles sont artificielles. Cela dit, les ***balades à vélo*** pour découvrir les vieilles maisons coloniales, les activités sportives (dont le snorkelling) et les musées consacrés aux trésors retrouvés dans des épaves de vieux galions espagnols peuvent susciter l'enthousiasme des enfants. De même que les adorables daims des Keys.

FÊTES ET JOURS FÉRIÉS

Voici les jours fériés américains valables pour l'ensemble du territoire (presque toutes les boutiques sont fermées ces jours-là). Pour une liste des festivités locales, reportez-vous aux sections concernées de chaque chapitre.

– ***New Year's Day :*** *le 1er janv.*

– ***Martin Luther King Jr's Birthday :*** *le 3e lun de janv, celui le plus proche de son anniversaire, le 15 janv.* Un jour très important pour la communauté noire américaine.

– ***President's Day :*** *le 3e lun de fév.* Pour honorer la naissance du président Washington, le 22 février 1732.

– ***Easter*** *(Pâques)* **:** ce n'est pas une fête officielle, mais les boutiques sont souvent fermées le dimanche et certaines aussi le lundi.

– ***Memorial Day :*** *le dernier lun de mai.* En souvenir de tous les morts au combat. Correspond au début de la saison touristique.

– ***Independence Day :*** *le 4 juil.* Fête nationale commémorant l'adoption de la Déclaration d'indépendance en 1776.

– ***Labor Day :*** *le 1er lun de sept.* La fête du Travail. Marque la fin de la saison touristique.

TRAVAILLEURS DE TOUS LES PAYS...

Dans le monde entier, la fête internationale des Travailleurs se tient le 1er mai, jour commémorant une grève massive des ouvriers... américains, débutée le 1er mai 1886 et réprimée dans le sang à Chicago. Dans le monde entier sauf... aux États-Unis (et au Canada), qui la célèbrent bizarrement le 1er lundi de septembre !

– ***Columbus Day :*** *le 2e lun d'oct.* En souvenir de la « découverte » de l'Amérique par Christophe Colomb.
– ***Halloween :*** *la nuit du 31 oct au 1er nov.* Cette tradition celte, importée par les Écossais et les Irlandais, est célébrée avec une grande ferveur aux États-Unis. Sorcières ébouriffées, fantômes et morts-vivants envahissent les rues, tandis que les enfants, déguisés eux aussi, font du porte-à-porte chez les voisins en demandant : « *Trick or treat ?* » (Farce ou friandise ?), et repartent les poches pleines de bonbecs.
– ***Veteran's Day :*** *le 11 nov.*
– ***Thanksgiving :*** *le 4e jeu de nov.* Cette fête typiquement américaine, chômée par à peu près tout le monde, commémore le repas donné par les 1ers immigrants (les Pères pèlerins) en remerciement à Dieu et accessoirement aux Indiens pour leur avoir permis de survivre à leur 1er hiver au Nouveau Monde. L'occasion de dévorer une dinde rôtie gigantesque avec sa farce et sa sauce aux canneberges, puis une part de tarte au potiron *(pumpkin pie)* en dessert !
– ***Christmas Day :*** *le 25 déc.*

Festivals à Miami

Pour une liste complète, penser à consulter le *Time Out (● timeout.com/miami ●).*
– ***Art Deco Weekend :*** *2e ou 3e w-e de janv. ● artdecoweekend.com ●* La Miami Design Preservation League organise dans l'Art Deco Historic District des conférences, balades accompagnées, séances de cinéma et concerts sur la plage.
– ***Wynwood Life Festival :*** *3 j. fin janv. ● wynwoodlife.com ●* Art, mode, design, musique live et cuisine *(food trucks)* à l'honneur dans le quartier branché de Wynwood.
– ***Coconut Grove Arts Festival :*** *2e ou 3e w-e de fév. ● cgaf.com ●* Programmation très éclectique et complète pour cette célébration des arts, visuels, culinaires ou encore scéniques.
– ***Miami International Boat Show :*** *mi-fév. ● miamiboatshow.com ●* Avez-vous jamais rêvé de voguer à bord d'un yacht de 10 millions de dollars ? Si vous avez le cash, c'est le moment de faire vos emplettes... Il y a aussi des coques de noix et des *street performers* !
– ***South Beach Wine & Food Festival (SOBEWFF) :*** *4-5 j. fin fév.* Dégustations, conférences et rencontres avec les meilleurs chefs du moment.
– ***Ultra Music Festival :*** *le dernier w-e de mars. ● ultramusicfestival.com ●* Inspiré de l'album *Ultra,* du groupe Depeche Mode, c'est l'un des plus grands festivals de musique électronique du monde. 3 jours de concerts en plein air à Bayfront Park, en plein cœur de Downtown.
– ***Winter Party Festival :*** *début mars. ● winterparty.com ●* Le rendez-vous de la communauté LGBT de Miami. Une semaine de festivités dans les hôtels et discothèques de SoBe.
– ***Miami Film Festival :*** *env 10 j. début mars. ● miamifilmfestival.com ●* Festival de cinéma international, plutôt orienté vers les productions latino-américaines, organisé par le *Miami Dade College.* Diverses projections dans Downtown.
– ***Carnaval Miami et Calle Ocho :*** *10 j. début mars. ● carnavalmiami.com ●* Le carnaval de la communauté latino de Miami fête le début du printemps dans Little Havana : défilé sur la très longue Calle Ocho, concours de beauté, concerts, salsa, merengue et dégustations.
– ***Masters de Miami (Miami Open) :*** *pdt env 12 j. entre mi-mars et début avr. ● miamiopen.com ●* Les meilleurs tennismen s'affrontent sur les terrains de Key Biscayne.
– ***Miami Beach Gay Pride :*** *3 j. fin mars ou début avr. ● miamibeachgaypride.com ●* Festival, défilé traditionnel sur Ocean Drive et quelques jours de célébration dans la ville.
– ***Design Miami :*** *5 j. mi-juin. ● designmiami.com ●* Version design de la foire d'Art Basel, l'événement réunit là encore créateurs, galeristes et passionnés venus du monde entier.

– ***Miami Spice :*** *août et sept.* De nombreux restos de Miami proposent des menus 3 plats à environ 25 $ au déjeuner et 40 $ au dîner. L'occasion de se faire une bonne table.
– ***White Party Week :*** *fin nov-début déc à SoBe.* • *whiteparty.org* • Une semaine de soirées dont les bénéfices vont à la recherche sur le sida. Vêtu de blanc, venez danser sur des rythmes techno enivrants. Très fréquenté par la communauté gay du coin.
– ***Art Basel Miami Beach :*** *en général la 1re sem de déc.* • *artbasel.com* • La plus grande foire américaine d'art contemporain et de design réunit plus de 200 des galeristes les plus réputés, artistes et marchands du monde entier. Expos, conférences et soirées sont alors au rendez-vous. La manifestation surfe sur une vague d'engouement sans précédent, mais « sur un créneau mode plutôt que présentant un art qui s'inscrit dans l'histoire de l'art », modèrent les spécialistes...
– ***Art Miami :*** *au même moment que l'Art Basel Miami Beach.* • *art-miami.com* • Cette foire d'art contemporain, avec un accent mis sur l'art américain, expose les œuvres de plus de 120 galeries juste au nord de Downtown.

HÉBERGEMENT

Plusieurs types d'hébergements, de l'***auberge de jeunesse*** au ***palace design*** en passant par les ***B & B*** et l'incontournable ***motel,*** si emblématique des *road trips* américains. Quel que soit le type d'hébergement choisi, ***il est fortement conseillé de réserver*** le plus longtemps possible à l'avance. On vous demandera systématiquement votre numéro de carte de paiement. Attention, si vous changez d'avis et si vous n'en informez pas l'hôtel bien à l'avance (plusieurs jours, voire plusieurs semaines, vérifiez !), vous serez débité quand même, en général au moins du montant de la 1re nuit.
Aux États-Unis, ***les prix varient selon le taux de remplissage*** (système du *yield management*). Les différences sont parfois notables du jour au lendemain et les tarifs peuvent même varier selon le moment de la journée où l'on effectue la réservation ! Pour plus d'informations, reportez-vous à la rubrique « Budget » plus haut.

Les auberges de jeunesse *(youth hostels)*

Voilà un type d'hébergement en voie de disparition aux États-Unis, les jeunes Américains préférant le ***couchsurfing*** (logement gratuit chez des particuliers via le site • *couchsurfing.com* •), la location d'apparts en bandes, ou ***Airbnb.*** Il n'y a plus que quelques ***AJ privées en Floride,*** principalement à Miami Beach. Comme tout est plus cher, elles le sont aussi. Même les lits individuels en dortoir peuvent voir leurs tarifs (environ 25-45 $ en temps normal) s'envoler les jours fériés (jusqu'à 150 $ le lit en haute saison à Key West, par exemple)... Les chambres, elles, sont pratiquement au même prix que celles des petits hôtels ou motels moyens (environ 100-150 $, voire plus selon la saison). On bénéficie cependant d'un environnement pour routards, d'espaces communs souvent conviviaux (avec cuisine équipée la plupart du temps) et, surtout, de nombreux services : wifi, laverie à pièces, *coffee shop* parfois, sorties nocturnes quotidiennes ou hebdomadaires, voire excursions... ***Aucune limite d'âge*** pour y séjourner.

Les motels

Le nom provient de la contraction des mots « *motor* » (moteur) et « *hotel* ». Logique, puisqu'ils sont conçus pour que l'on puisse se garer directement devant sa chambre ! Indissociable de l'idée du *road trip* américain, le motel n'est pas au mieux de sa forme : en un demi-siècle, il a vu son nombre divisé par 4... En dehors des grandes villes, il reste le ***type d'établissement le plus répandu aux États-Unis.*** Un motel, c'est généralement un bâtiment bas autour d'une vaste cour qui fait office de parking (gratuit). D'un confort et d'un âge variables, ils ne brillent pas par leur originalité, mais disposent toujours de chambres avec salle de bains, clim et TV, plus souvent un frigo, un micro-ondes et une cafetière. Pas de différence fondamentale entre les motels indépendants et ceux de chaîne. Au fil du temps, certains établissements se sont mués en motels « de charme », inspirés de l'architecture locale. Les ***tarifs, dictés en priorité par le taux d'occupation,*** varient aussi (un peu) selon le nombre et la taille des lits.

– ***Les motels de chaîne :*** les budgets plus serrés opteront pour *Econo-Lodge, Best-Value Inn, Red Roof* ou *Super 8.* Il y a aussi l'incontournable *Motel 6,* en général la moins chère des chaînes, dont beaucoup d'établissements ont été rénovés au goût du jour et offrent pour certains des chambres très correctes pour le prix. Attention, l'appartenance à une même chaîne ne garantit pas un niveau de confort ni une tenue équivalents. Un cran au-dessus, on trouve *Days Inn* et *Comfort Inn.* Et puis *Holiday Inn Express, Best Western, Howard Johnson by Wyndham* dans la catégorie moyenne gamme. Un peu plus haut de gamme, la chaîne *Homewood Suites by Hilton* est intéressante en famille : chambres-suites spacieuses avec cuisine équipée, copieux petit déj-buffet et dîner offert en semaine (du lundi au jeudi).

Quelques infos valables pour les hôtels et les motels

– Mieux vaut ***réserver à l'avance.*** Que ce soit sur Internet ou par téléphone, il vous faudra fournir un ***numéro de carte de paiement.*** À votre arrivée, le réceptionniste vous la demandera, même si vous avez déjà réglé par agence et arrivez avec des *vouchers.* Cela doit permettre de couvrir les *incidentals* : frais de téléphone, minibar, *pay TV,* infraction à la consigne non-fumeurs, etc.

– Sauf exception (précisée), les prix que nous indiquons s'entendent ***hors taxes*** – soit 8-14,5 % de plus, comprenant la taxe d'État, éventuellement augmentée des taxes du comté et de la municipalité (taxe de séjour). Ajoutons, dans les zones balnéaires, le ***resort fee,*** une sorte de forfait comprenant théoriquement divers petits services (généralement inutiles) que de plus en plus d'hôteliers ajoutent – et se gardent souvent d'annoncer au moment de la réservation... Attention, il peut alourdir considérablement votre note au moment du *check out.*

– La plupart des hôtels proposent des chambres équipées de ***TV, clim, sanitaires, cafetière, micro-ondes*** et ***frigo,*** voire kitchenette. ***Wifi*** gratuit partout.

– ***Certains hôtels proposent un petit déj continental inclus.*** Souvent, on doit se contenter de café, thé et muffins à prendre dans le *lobby,* parfois d'un buffet avec céréales, yaourts, fruits, gaufres, œufs et bacon (qualité médiocre). Si le petit déj n'est pas compris, allez le prendre à l'extérieur : les restos dédiés ne manquent pas et sont bien meilleurs.

– Certains hôtels chics et *B & B* incluent dans le prix de la chambre une ***social hour,*** c'est-à-dire un *drink* offert (verre de vin ou bière avec un petit en-cas), vers 17-18h.

– Les hôtels et motels sont pratiquement tous ***non-fumeurs.*** On vous fait d'ailleurs signer une décharge à ce sujet. Si vous ne respectez pas la consigne « *no smoking* », comptez 200 ou 250 $ d'amende, automatiquement débitée sur votre carte de paiement en cas d'infraction ! L'interdiction inclut les balcons et terrasses.

– Si les appels locaux sont souvent gratuits, une communication longue distance depuis un téléphone de chambre d'hôtel coûte horriblement cher (lire plus loin la rubrique « Téléphone et Internet »).

Les hôtels Art déco de Miami Beach

Les hôtels de Miami Beach méritent une place à part. Beaucoup sont de vénérables établissements Art déco construits dans les années 1930-1940. Les façades et certaines parties communes arborent des éléments décoratifs représentant le milieu, la faune et la flore locales : flamants roses, palmiers, soleils, crustacés, etc. Certains ont été superbement rénovés et transformés en boutique-hôtels au design somptueux (voir ci-dessous). D'autres sont encore dans leur jus. La plupart, à mi-chemin, ont été plus ou moins bien retapés. Souvent, la peinture fraîche recouvre de vieux lambris, l'électricité date et l'isolation phonique manque. Les doubles vitrages sont rares, le bruit omniprésent, même dans des établissements chers. Détail pratique, le parking (quand il y en a un) est toujours payant et souvent hors de prix.

Les boutique-hôtels

Les 1ers boutique-hôtels sont apparus à New York dans les années 1980. Ils ont proliféré dans les endroits branchés comme Miami Beach, investissant certains buildings Art déco. Fréquentés par une clientèle d'affaires et de voyageurs branchés, ce sont des hôtels souvent indépendants, à l'origine de petite capacité, avec un service personnalisé et surtout une déco originale, cosy ou design. Ils sont aussi parfois qualifiés de *small luxury hotels.* Dans les catégories « Chic » et « Plus chic », leur rapport qualité-prix peut s'avérer plus intéressant que les grosses unités aux dizaines de chambres standardisées.

Les *Bed & Breakfast*

On en rencontre surtout ***dans les petites villes historiques*** comme ***Key West.*** Ces établissements occupent pour la plupart de belles demeures anciennes, souvent en bois, parfois classées. Ils proposent rarement plus d'une dizaine de chambres – généralement moins –, toutes différentes et meublées à l'ancienne. Le petit déj (maison et souvent très copieux) et le parking sont en principe compris. Les plus grandes maisons ont une piscine, les plus petites un jacuzzi. L'ambiance y est vraiment relaxante, et puis c'est un bon moyen de faire connaissance avec des Américains, même si l'ambiance est souvent un peu collet monté. Les proprios prêtent souvent des bicyclettes. Bien entendu, la qualité a un prix et ces adresses appartiennent souvent aux ***catégories « Plus chic » à « Très chic ».*** En outre, il n'est pas rare que certaines adresses (nous le précisons) refusent les ***enfants,*** pour préserver la tranquillité des hôtes (sic !)... Notons enfin que les *B & B* ont tendance à se raréfier depuis quelques années et beaucoup ont pris l'habitude de déléguer leurs résas à des plateformes ou des associations et ne se signalent même plus par un panneau dans la rue !

La location d'appartements ou de maisons

Une formule intéressante en famille, grâce à l'espace supplémentaire et à la cuisine pour économiser sur les repas. Pour réserver, on peut passer par une ***plateforme internet de mise en relation entre propriétaires et locataires*** (type *Airbnb*). L'offre est très tentante : prix attractifs, choix énorme dans tous les styles, du petit studio fonctionnel meublé Ikea au *penthouse* design avec vue sur l'océan en passant par la villa tropicale avec piscine ou carrément la maison d'architecte. Attention : dans certaines villes, la législation s'est renforcée et la location de particulier à particulier de plus en plus restreinte, sauf pour les séjours longue durée. Dans tous les cas, bien vérifier si vous êtes dans les clous.

L'échange d'appartements

Il s'agit d'échanger son propre logement (que l'on soit proprio ou locataire) contre celui d'un adhérent du même organisme dans le pays de son choix. Cette formule permet de passer des vacances aux États-Unis à moindres frais et intéressera en particulier les couples avec enfants. Voici 2 agences qui ont fait leurs preuves :

■ ***Intervac :*** *☎ 05-46-66-52-76. 📱 06-30-76-62-83. • fr.intervac-homeexchange.com • Adhésion annuelle dès 149 €, mais possibilité de tester gratuitement le service pdt une période limitée.*

■ ***Homelink International :*** *• homelink.fr • Adhésion annuelle env 125 € (pour les mêmes services).*

LANGUE

Pour vous aider à communiquer, n'oubliez pas notre ***Guide de conversation du routard en anglais.*** Sachant qu'une bonne partie de la population de Floride est hispanophone (surtout le sud), des notions d'***espagnol*** pourront aussi servir !

Vocabulaire anglais de base utilisé aux États-Unis

Politesse

S'il vous plaît	*Please*
Merci (beaucoup)	*Thank you (very much) / Thanks*
Bonjour !	*Hello ! (Hi !)*
Au revoir	*Goodbye / Bye / Bye bye*
À plus tard, à bientôt	*See you (later)*
Pardon	*Sorry / Excuse me*

Expressions courantes

Parlez-vous le français ?	*Do you speak French ?*
Je ne comprends pas	*I don't understand*
Pouvez-vous répéter ?	*Can you repeat please ?*
Combien ça coûte ?	*How much is it ?*

Vie pratique

Poste	*Post Office*
Office de tourisme	*Visitor Center*
Banque	*Bank*
Médecin	*Doctor / Physician*
Hôpital	*Hospital*
Supermarché	*Supermarket*

Transports

Billet	*Ticket*
Aller simple	*One way ticket*
Aller-retour	*Round trip ticket*
Aéroport	*Airport*
Gare	*Train station*
Gare routière	*Bus station*
À quelle heure est le prochain bus/train pour... ?	*At what time is the next bus/train to... ?*

À l'hôtel et au restaurant

J'ai réservé	*I have a reservation*
C'est combien par nuit ?	*How much is it per night ?*
Petit déjeuner	*Breakfast*
Déjeuner	*Lunch*
Dîner	*Dinner*
L'addition, s'il vous plaît	*The check, please*
Le pourboire	*The tip / The gratuity*

Lexique spécifique de l'hébergement

Double	chambre double avec lit d'environ 1,40 m de large
Queen	chambre double avec lit d'environ 1,50 m de large

King	chambre double avec lit d'environ 1,90 m de large
Two double beds	chambre avec 2 lits d'environ 1,40 m, pouvant loger 4 personnes
Deluxe	chambre un peu plus spacieuse (ou avec vue)
Dorm bed	lit en dortoir
Bunk beds	lits superposés
Dorm with bathroom ensuite	dortoir avec salle de bains attenante
Private room with shared bath	chambre double avec salle de bains partagée
Private room with private bath	chambre double avec salle de bains privée
Efficiency	avec cuisine (ou kitchenette) équipée

Les chiffres, les nombres

1	*One*	8	*Eight*
2	*Two*	9	*Nine*
3	*Three*	10	*Ten*
4	*Four*	20	*Twenty*
5	*Five*	50	*Fifty*
6	*Six*	100	*One hundred*
7	*Seven*		

LIVRES DE ROUTE

– ***Floride*** (2019), de Lauren Groff (L'Olivier). L'auteure des *Furies,* encensée par la critique et par Obama lui-même, revient sur la scène littéraire avec un implacable recueil de nouvelles principalement situées dans le Sunshine State. Il y est question de nature, d'animaux sauvages, de cyclones, de moiteur d'été... et bien sûr de personnages au bord de la rupture. Des tranches de vie singulières et brillantes de l'Amérique du XXIe s.

– ***Bloody Miami*** (2013), de Tom Wolfe (Pocket). Le 4e roman du journaliste-écrivain auteur du *Bûcher des vanités* décrit les tensions raciales dans les communautés de Miami. Cette ville détient la plus forte proportion d'immigrés récents. C'est un melting-pot où personne ne se mélange. Un Miami excessif mais fascinant.

– ***Un été à Key West*** (2006), d'Alison Lurie (Rivages, coll. « Rivages-Poche »). Quand Wilkie Walker, éminent naturaliste, tombe dans un mutisme inexplicable, sa femme Jenny lui propose de passer l'hiver à Key West, espérant lui changer les idées. Or c'est pour elle, épouse discrète entièrement vouée à son mari, que le soleil généreux de Floride se révèle le plus bénéfique. L'occasion pour Alison Lurie de laisser libre cours à son humour caustique, auquel n'échappent ni les touristes pâlots, ni les résidents permanents et leurs touchantes excentricités. Une lecture sociologique de la Floride à la fois alerte et distrayante.

– ***La Vérité sur Lorin Jones*** (1990), d'Alison Lurie (Rivages, coll. « Rivages-Poche »). Qui est donc Lorin Jones, cette jeune artiste disparue dans des circonstances mystérieuses à Key West en 1969 ? L'historienne d'art new-yorkaise Polly Alter mène l'enquête. Un roman policier et post-féministe qui met en scène le génie comique d'Alison Lurie, une habituée des Keys.

– ***Croco-Deal*** (2010), de Carl Hiaasen (10/18). Ce journaliste et écrivain américain est le spécialiste du thriller écolo-rigolo dont l'action se situe toujours en Floride, où il vit d'ailleurs depuis son enfance. De sa plume grinçante, il s'en prend aux promoteurs qui ravagent la beauté de son pays. Une critique sociale déjantée. Du même auteur, ***Razor Girl*** (2016) est tout aussi cocasse.

– ***Duma Key*** (2009), de Stephen King (Le Livre de Poche). Une longue île presque inhabitée, du sable fin où s'impriment les empreintes du flâneur, une maison sur pilotis plantée sur des coquillages que viennent lécher les eaux du golfe du Mexique. À quelques pas, Siesta Key, Sarasota et ses galeries d'art. Une Floride idéale, synonyme de douceur de vivre. Ce serait compter sans Stephen King, sa science du fantastique, de l'inquiétant, distillés subtilement au fil des pages. Car Duma Key recèle un étrange pouvoir. Exilé volontaire, Edgar Freemantle va en faire l'expérience, et grâce à l'influence de l'île se révéler d'abord peintre génial puis bien plus que ça encore. L'art quitte alors le beau pour générer l'horreur.
– ***Ça n'existe pas l'Amérique*** (2010), de Dominique Falkner (Arléa Poche). L'auteur reprend la célèbre phrase d'Henry Miller, non pas pour parler de l'Amérique, mais plutôt des Américains qu'il a côtoyés au fil d'un voyage initiatique qui l'a conduit de motel en motel, toujours plus vers l'ouest, sur la route de Kerouac, peut-être...
– ***La Vie sexuelle des sœurs siamoises*** (2017), de Irvine Welsh (Au Diable Vauvert). Dans un style toujours aussi décapant, l'auteur de *Trainspotting* s'attaque au culte du corps à travers la relation entre une coach de fitness de Miami méprisant les gros, les faibles, et sa cliente qu'elle se plaît à humilier. Un portrait au vitriol d'une Amérique décadente.
– ***En avoir ou pas*** (1937), d'Ernest Hemingway (Gallimard, coll. « Folio »). Certainement pas le meilleur bouquin du grand écrivain, mais il raconte les trafics d'un contrebandier dans les Keys, avec, à toutes les pages, le mot *cojones* (« couilles ») !

MESURES

Même s'ils ont coupé le cordon avec la vieille Angleterre, même s'ils roulent à droite, pour ce qui est des unités de mesure, les Américains ont conservé un ***système anglo-saxon.*** Après les Fahrenheit, les tailles de vêtements et le voltage, voici encore quelques spécificités à assimiler (bon courage pour les calculs) !

Longueur
1 yard = 0,914 m
1 foot = 30,48 cm
1 inch = 2,54 cm
0,625 mile = 1 km
1 mile = 1,6 km
1,09 yard = 1 m
3,28 feet = 1 m
0,39 inch = 1 cm

Poids
1 pound = 0,4536 kg
1 ounce (oz) = 28,35 g

Capacité
1 gallon = 3,785 l
1 quart = 0,946 l
1 pint = 0,473 l

MIAMI GRATUIT

Déambuler dans Miami Beach ou bronzer sur la plage ou dans un parc ne vous coûtera pas grand-chose, si ce n'est un bon tube de crème solaire ! Dans Downtown, les ***3 lignes du métro aérien*** gratuit, le *Metromover,* sont un super moyen de voir les différents buildings et très beaux points de vue de la ville. Même chose avec le ***Miami Beach Trolley*** et autres ***Trolleys*** (fonctionnent tous les jours de 6h30 à 23h30, passent toutes les 20-25 mn), qui permettent d'arpenter la ville de South Beach à Coconut Grove en bouclant par Wynwood et Design District, et tout ça sans bourse délier.
Côté ***musées,*** l'accès à certains (The Holocaust Memorial, The Bay of Pigs Museum, the Frost Art Museum et La Casa de Elian Gonzàles) est gratuit tous les jours. Pour les autres, beaucoup ouvrent leurs portes gratuitement à un moment précis de la semaine ou du mois, que nous indiquons dans le texte descriptif de

chaque musée. Par exemple, The Wolfsonian est gratuit le vendredi à partir de 18h, le Pérez Art Museum le 2e samedi du mois, etc. Noter qu'en mai la ville organise le ***Miami Museum Month.*** Le concept est simple : une entrée achetée, une entrée offerte. Une bonne vingtaine de musées et sites y participent, notamment le Miami Children's Museum, le Miami Auto Museum (collection privée de voitures habituellement hors de prix), The Wolfsonian, la villa Vizcaya...
Côté ***galeries,*** l'accès est évidemment libre, puisque ce sont des lieux d'exposition destinés à la vente. Une balade dans les Wynwood Art District et Design District ne vous coûtera rien, si ce n'est la location d'un vélo si vous n'optez pas pour le Trolley gratuit. Même chose pour les magnifiques ***hôtels design*** de l'Art Deco District, dont les parties communes sont en accès libre (bon, pas la piscine quand même, faut pas pousser !).
Dernière chose, si l'envie vous prenait de vous faire une toile, sachez que, d'octobre à mai (un soir par semaine seulement), un film (ou, parfois, une représentation d'opéra) est projeté gratuitement sur l'immense mur *(The Wall)* du parc du *New World Center* et que les soirs de concert, ce dernier est retransmis en direct sur les murs extérieurs de ce superbe édifice (programmation sur • *newworldcenter.com* •). Sinon, les festivals, comme les *Viernes culturales* à Little Havana (la soirée du dernier vendredi du mois), sont en général l'occasion d'assister à une série d'événements gratuits.
Pensez également à consulter le site • *miamionthecheap.com* • qui, comme son nom l'indique, propose plein de bons plans *cheap* (bon marché).
Bon, vous l'aurez compris, si les hôtels et les restos sont relativement chers à Miami, le budget culture peut être réduit en s'organisant bien.

POSTE ET TÉLÉCOMMUNICATIONS

Poste

Les ***bureaux de poste*** ont des horaires assez variables. Selon leur taille et leur localisation, ils ouvrent entre 7h30 et 10h jusqu'à 16h30-18h, voire plus tard dans les grandes villes ; les principaux sont aussi ouverts le samedi matin. Les ***timbres*** *(stamps)* s'achètent aussi aux guichets *UPS* ainsi que chez certains vendeurs de cartes postales, drugstores et marchands de souvenirs. ***Compter 1,20 $ pour l'envoi d'une lettre ou d'une carte postale en Europe.***

Règles de base pour téléphoner des États-Unis

- ***États-Unis → France :*** 011 + 33 + numéro du correspondant à 9 chiffres (sans le 0).
- ***France → États-Unis :*** 00 + 1 + indicatif régional à 3 chiffres + numéro du correspondant.
- ***Tous les numéros de téléphone commençant par 1-800, 1-888, 1-877, 1-866 ou 1-855 (avec ou sans le 1 devant) sont gratuits depuis les États-Unis et le Canada*** (mais attention, pas depuis votre téléphone mobile avec forfait français). On appelle ça les « ***toll free numbers*** ».
- ***Évitez absolument de téléphoner depuis les hôtels,*** qui pratiquent presque toujours des tarifs rédhibitoires. Il arrive souvent qu'une communication téléphonique soit facturée même si l'appel n'a pas abouti ! Il suffit de laisser sonner 4 ou 5 coups dans le vide pour que le compteur tourne...

HALLOD ?

Le 1er central téléphonique du monde fut monté à Budapest par un ingénieur nommé Puskas, collègue de Thomas Edison. Pour tester la ligne, il cria « Hallod », *qui en hongrois signifie « Tu m'entends ? ». Depuis,* « Hallod » *est devenu « Allô » pour une grande partie du monde.*

Le téléphone portable en voyage

Dans les aéroports, les appareils électroniques (smartphones, tablettes, portables...) ***doivent être chargés et en état de fonctionnement*** pour tous les vols allant ou passant par les États-Unis et Londres. Les agents de contrôle doivent être en mesure de pouvoir les allumer. Par précaution, ayez votre chargeur à portée de main. Si votre appareil est déchargé ou défectueux, il sera confisqué. Cette mesure étant susceptible d'être étendue à d'autres aéroports, nous vous conseillons de charger vos appareils électroniques avant le vol, quelle que soit votre destination.

On peut utiliser son propre portable en Floride, à condition de posséder un ***téléphone tri-bande ou quadri-bande*** (seuls les mobiles 3G/4G fonctionnent aux États-Unis) avec l'option « International », mais attention, certains smartphones de marque *Honor* ne sont pas compatibles avec les fréquences américaines. Bien se renseigner avant le départ.

– ***Activer l'option « international » :*** elle est en général activée par défaut. Pensez sinon à contacter votre opérateur pour souscrire à l'option (gratuite) au moins 48h avant votre départ.

– **Le roaming *ou itinérance* :** c'est un système d'accords internationaux entre opérateurs. Concrètement, cela signifie que lorsque vous arrivez dans un pays, le nouveau réseau local s'affiche automatiquement. Vous recevez rapidement un SMS de votre opérateur qui propose un ***pack voyageurs*** plus ou moins avantageux, incluant un forfait limité de consommations téléphoniques et de connexion internet.

– ***Forfaits « étranger » inclus :*** certains opérateurs proposent des forfaits incluant ***35 jours de* roaming *offerts par an*** dans le monde entier. On peut donc cumuler plusieurs voyages à l'étranger sans se soucier de la facture au retour. Attention, si SMS, MMS et appels sont souvent illimités, la connexion internet est, elle, limitée. D'autres opérateurs offrent carrément le **roaming *toute l'année vers certaines destinations.***

– ***Tarifs :*** ils sont propres à chaque opérateur et varient en fonction des pays (le globe est découpé en plusieurs zones tarifaires). ***N'oubliez pas qu'à l'international vous êtes facturé aussi bien pour les appels sortants que pour les appels entrants*** ; idem pour les textos. Donc, quand quelqu'un vous appelle à l'étranger, vous payez aussi. Soyez bref !

– ***Acheter une carte SIM sur place :*** une option avantageuse pour ceux qui appellent beaucoup. À l'arrivée, rendez-vous dans une boutique de téléphonie (mais évitez l'aéroport, plus cher) pour acheter une carte prépayée de l'un des opérateurs locaux (*Virgin Mobile, AT&T* ou *T Mobile,* par exemple). On vous attribue alors un numéro de téléphone local, un petit crédit de communication et de 4G (dès 30 $, la formule « spéciale touristes » valide en général 3 semaines). Évidemment, on ne pourra plus vous joindre sur votre numéro habituel, mais uniquement sur ce nouveau numéro – sauf si vous avez un téléphone double SIM, bien sûr. Avant de payer, essayez cette nouvelle carte SIM dans votre téléphone – préalablement débloqué – afin de vérifier si celui-ci est compatible. Ensuite, les crédits de communication s'achètent facilement dans les boutiques de téléphonie mobile, supermarchés, drugstores genre *CVS,* stations-service...

La connexion internet en voyage

– ***Se connecter au wifi*** aux États-Unis est le seul moyen d'avoir accès au Web gratuitement si vous ne disposez pas d'un forfait avec *roaming* offert.

Il est important de désactiver la connexion « Données mobiles ». On peut aussi mettre le portable en ***mode « Avion »*** et activer ensuite le wifi. Attention, le mode « Avion » empêche, en revanche, de recevoir appels et SMS.
En Floride, une grande majorité d'hôtels, restos, bars et même certains espaces publics disposent d'un ***réseau wifi gratuit.***
– Une fois connecté au wifi, vous avez accès à tous les services de la ***téléphonie par Internet comme WhatsApp, Messenger*** (la messagerie de *Facebook*), ***Viber, Signal, Telegram, Imo, Wechat*** ou ***Skype.***

Internet et wifi

Si ***le wifi est disponible gratuitement*** presque partout, les cybercafés sont devenus une rareté.

Attention piratage !

Si vous utilisez un ordinateur en libre-service, évitez d'entrer votre mot de passe ou toute information sensible ! Une quantité phénoménale de ces postes est infectée par des « enregistreurs de frappes », qui peuvent transmettre vos données à un destinataire mal intentionné. Et si, malgré tout, vous utilisez ces postes, pensez à bien vous déconnecter et à ne pas cliquer sur l'option « enregistrer mon mot de passe ».

UN E-MAIL DU MOYEN ÂGE !

Aujourd'hui, le signe @ est entré dans le langage international, mais son origine daterait... du Moyen Âge ! On le trouve dans les écrits à partir du XIIe s, comme abréviation du « ad » latin, avec le « d » entourant le « a ». Puis les commerçants américains le reprirent au XIXe s, comme abréviation de « at » pour désigner un prix. L'arobase a ainsi toujours figuré sur les machines à écrire puis sur les claviers d'ordinateur avant d'être choisi par Ray Tomlinson, l'inventeur de l'e-mail en 1971.

SANTÉ

La sécurité sanitaire est excellente aux États-Unis, mais elle coûte les yeux de la tête, même pour les Américains. Pas de consultation médicale à moins de 150-200 $, et l'on ne vous parle même pas d'une visite aux urgences, qui, sans assurance, peut coûter (avec les soins qu'elle entraîne) plusieurs milliers de dollars.
Pour les médicaments, multiplier par 2 au moins les prix français. Voilà pourquoi il est impératif de souscrire avant le départ une ***assurance voyage intégrale*** avec assistance rapatriement (voir plus haut la rubrique « Assurances voyage » dans « Avant le départ »).

Médicaments et consultations

– ***Prévoir une bonne pharmacie de base,*** avec éventuellement un antibiotique à large spectre prescrit par son généraliste. Si vous souffrez de petits bobos courants ou facilement identifiables, vous pouvez pratiquer l'automédication. De nombreux médicaments, délivrés uniquement sur ordonnance en France, sont vendus en libre-service aux États-Unis, dans les drugstores (certains ouverts 24h/24). Si vous cherchez du Doliprane®, le nom déposé le plus répandu est Tylenol® (le paracétamol se dit *acetaminophen* ici). Vous trouverez les coordonnées des médecins dans les Pages jaunes (● yellowpages.com ●) à « *Clinics* » ou « *Physicians and surgeons* ». Attention, on le répète : les consultations privées sont très chères !
– Voir aussi la rubrique « ***Urgences*** » plus loin.

Risques et maladies

Si la ***maladie de Lyme*** *(Lyme disease),* transmise par les tiques lors des promenades en forêt, est assez fréquente dans le nord-est des États-Unis, elle est heureusement rare en Floride. Même chose pour le ***virus du Nil occidental*** *(West Nile virus)* et de sa redoutable complication, l'encéphalite. Ce dernier est transmis par les piqûres de moustiques. C'est aussi le cas de la ***dengue,*** qui, en 2010, a fait sa réapparition dans les Keys et dans le comté de Miami, d'où elle avait disparu en... 1934. Le moustique tigre, responsable de la transmission du ***chikungunya*** et du ***virus Zika,*** sévit aussi parfois dans le coin, notamment l'été pendant la saison humide. Merci le réchauffement climatique !
Quoi qu'il en soit, il convient de se renseigner à l'avance sur les risques sanitaires (notamment pour les femmes enceintes) et d'éviter à tout prix les ***piqûres de moustiques.*** Même s'ils ne sont pas forcément vecteurs de maladies, ils gâchent parfois un peu le voyage ! Si vous prolongez votre séjour dans des zones « à risques », comme les ***Everglades,*** pensez à emporter dans vos bagages des répulsifs efficaces, car ils sont beaucoup plus chers là-bas.
Le site ***Santé Voyages*** *(• sante-voyages.com •)* propose la vente en ligne de produits et matériels bien utiles aux voyageurs, parfois assez difficiles à trouver : infos complètes toutes destinations, boutique web, paiement sécurisé, expéditions Colissimo Expert ou Chronopost. *☎ 01-45-86-41-91 (lun-ven 14h-19h).*

Vaccins

Aucun vaccin n'est exigé sur le sol américain (sauf situations particulières, scolaires et universitaires en particulier), mais, comme partout, soyez à jour de vos ***vaccinations « universelles »*** : tétanos, polio, diphtérie, coqueluche (DTCP) et hépatites A et B.

SITES INTERNET ET APPLIS

Sites internet

• ***routard.com*** • Le site de voyage n° 1, avec plus de 800 000 membres et plusieurs millions d'internautes chaque mois. Pour s'inspirer et s'organiser, près de 300 guides destinations actualisés, avec les infos pratiques, les incontournables et les dernières actus, ainsi que les reportages terrain et idées week-end de la rédaction. Partagez vos expériences avec la communauté de voyageurs : forums de discussion avec avis et bons plans, carnets de route et photos de voyage. Enfin, vous trouverez tout pour vos vols, hébergements, voitures et activités, sans oublier notre sélection de bons plans, pour réserver votre voyage au meilleur prix.
• ***frenchmorning.com/edition/miami*** • Créé par des journalistes francophones vivant aux États-Unis pour la plupart, ce webmagazine s'adresse aux Français s'installant à Miami comme aux visiteurs de passage. Revues de presse, chroniques en tout genre et aussi des tuyaux sur les nouveaux restos, les sorties et expos du moment... Des articles de fond également très intéressants.
• ***frenchdistrict.com/floride*** • Un site bien fait destiné aux Français, expats comme touristes. Dossiers thématiques pour les nouveaux arrivants, conseils de sorties et de visites, bons plans, petites annonces recensant des professionnels francophones (médecins, restaurateurs, etc.).
• ***visitflorida.com*** • Le site officiel du Sunshine State ; la traduction automatique en français est médiocre, mieux vaut le consulter en anglais. Infos touristiques diverses et variées.

• ***miamiherald.com*** • Le site du plus important quotidien du sud de la Floride. Sorties, *news* locales, etc. Nombreux liens.
• ***timeout.com/miami*** • Actualité culturelle et bons plans : restos, bars, spectacles, festivals, etc., à Miami et ses environs.

Applis utiles

Certains forfaits des opérateurs de téléphonie mobile permettent d'utiliser son smartphone aux États-Unis sans surcoût. Sinon, profitez des nombreux accès wifi gratuits. Voici une petite ***sélection d'applis gratuites*** qui vous rendront quelques services sur place !

• ***Maps.me*** • : ***appli mobile de navigation.*** Il suffit de charger la carte de votre itinéraire en wifi. Ensuite, plus besoin de connexion internet pour se diriger.
• ***Waze :*** ***appli mobile de navigation*** qui a la particularité de s'appuyer sur une cartographie élaborée par ses propres utilisateurs. Très pratique.
• ***Lyft :*** entreprise de mise en contact d'utilisateurs avec des ***conducteurs*** réalisant des ***services de transport.*** C'est l'un des principaux concurrents d'Uber.
• ***Best Parking :*** pour trouver le ***parking le plus proche et le moins cher*** en fonction de son heure d'arrivée et de son heure de départ. Dans le même registre, aussi ***ParkMe.***
• ***Paybyphone :*** une appli bien pratique pour payer et surtout, rallonger à sa guise (et à distance) le temps de son stationnement.
• ***Tip Calculator Plus :*** permet de ***calculer rapidement le total d'une note de resto*** après y avoir inclus le pourboire et de diviser cette note si chacun paie sa part.
• ***Cash Now :*** permet de localiser rapidement un ***ATM*** (distributeur de billets).
• ***Mia :*** ***Miami International Airport*** vous aide à numériser votre carte d'embarquement, fournit infos en temps réel sur les vols, aide à l'orientation dans l'aéroport...
• ***Miami-Dade Transit Tracker :*** l'appli indispensable ***pour se déplacer à Miami,*** sélectionner ses arrêts, estimer les horaires et, surtout, localiser les attractions autour de chaque arrêt. Pour les personnes à mobilité réduite, l'appli précise aussi s'il y a des escalators ou des ascenseurs.
• ***HotelTonight :*** pour les adeptes de la ***réservation « à la dernière minute »,*** une appli qui les fera coucher dans un 4-étoiles au prix d'une nuit en auberge de jeunesse.
• ***Wynwood Tour Guide :*** cette appli payante (moins de 2 $) permet de ***localiser les*** **murals** ***incontournables du quartier de Wynwood*** à Miami, mais aussi les restos, les bars...
• ***Tropical Everglades Visitors Association :*** pour trouver facilement les meilleures attractions, magasins, restaurants et parcs nationaux du ***sud de la Floride.*** Cette appli dispose également d'un calculateur qui fournit une estimation des coûts de péages. Sur iPhone uniquement.

TRANSPORTS

EN VOITURE

Location de voitures

C'est la ***formule idéale pour circuler*** aux États-Unis : les distances sont grandes, certaines autoroutes sont gratuites (mais attention aux péages pas toujours bien indiqués ; prévoir l'appoint), tout est prévu pour la bagnole et ***le carburant est bon marché.*** Cela dit, le stationnement dans les grandes villes – Miami en tête – est enquiquinant et vous causera, outre des nœuds au cerveau, une bonne entorse au budget. Autre casse-tête : circuler sans **GPS** ou sans une bonne ***appli de navigation*** sur son smartphone (type ***Maps.me*** ou ***Osmand,*** qui fonctionnent hors connexion) n'est pas toujours simple. On passe parfois d'une ville à une autre sans indications claires, surtout au nord de Miami, où les agglomérations se succèdent. Le nom d'une même artère peut d'ailleurs changer plusieurs fois à la suite selon la municipalité qu'elle traverse... C'est la Main Street ou la Central Street de l'agglomération qui fait la différence entre N(orth) et S(outh) pour les adresses.

Location depuis la France

■ ***BSP Auto :*** *☎ 01-43-46-20-74 (lun-ven 9h-21h30, w-e 9h-20h).* *• bsp-auto.com • Réduc de 5 % aux lecteurs de ce guide avec le code « ROUTARD23 ».* Les prix proposés sont attractifs et comprennent le kilométrage illimité et l'assurance tous risques sans franchise (LDW). *BSP Auto* propose exclusivement les grandes compagnies de location sur place, assurant un très bon niveau de service. Le plus : vous ne payez votre location que 5 jours avant le départ.

■ Et aussi : ***Hertz*** *(☎ 0825-861-861, 0,18 €/mn ; • hertz.com •),* ***Avis*** *(☎ 0821-230-760, 0,15 €/mn ; • avis.fr •),* ***Europcar*** *(☎ 0825-358-358, 0,15 €/mn ; • europcar.fr •).*

Location aux États-Unis

■ ***Alamo :*** *• alamo.com •*
■ ***Avis :*** *• avis.com •*
■ ***Budget :*** *• budget.com •*
■ ***Dollar Rent-a-Car :*** *• dollar.com •*
■ ***Hertz :*** *• hertz.com •*
■ ***National :*** *• nationalcar.com •*

Quelques règles générales

– Un véhicule peut coûter ***jusqu'à 2 fois moins cher*** quand on a fait sa résa en France plutôt que sur place.
– Les loueurs exigent une carte bancaire pour régler la location de voiture et bloquer une somme en guise de caution. Mais attention, il existe une ***différence entre les cartes de débit et les cartes de crédit.*** Certaines agences peuvent ***refuser la location en cas de paiement par carte de débit.*** Ou bien l'accepter en demandant de souscrire à une assurance complémentaire souvent très chère... Il faut donc avoir une carte de crédit. Vérifiez bien si une mention « CREDIT » (débit différé) ou « DEBIT » (débit immédiat) est inscrite sur votre carte bancaire, sinon renseignez-vous auprès de votre banque (avant votre départ).
Vous pouvez accéder à ces informations concernant les conditions de location des loueurs sur le site *• bsp-auto.com •* après avoir lancé votre recherche dans la rubrique « Informations détaillées ».
– Les voitures de location les moins chères sont les ***economy,*** les ***compact*** (catégorie A) et les ***subcompact*** ; ça suffit bien pour 3 personnes si on ne fait pas trop de route. Ensuite viennent les ***intermediate, mid-size, standard-size*** et ***full-size.*** De façon générale, les voitures sont bien plus spacieuses qu'en Europe, à catégorie égale. Le kilométrage est généralement illimité. Il est fréquent que les loueurs vous incitent à prendre une ***catégorie supérieure*** à celle réservée, « pour votre confort personnel », mais le supplément vous sera bien sûr facturé !
– Difficile, voire impossible, de louer une voiture si l'on a ***moins de 21 ans,*** et même 25 ans pour les grandes compagnies. Dans le meilleur des cas, en Floride, les moins de 25 ans devront prendre une assurance « Jeunes conducteurs » *(underage surcharge),* qui coûte au moins 27-30 $ par jour.
– ***Le permis national suffit.*** Le permis international n'est pas exigé.
– Seules les ***grandes compagnies*** sont représentées dans les aéroports. Les moins chères se trouvent en ville, mais si vous arrivez en avion, elles peuvent vous livrer le véhicule.

– ***Drop off :*** on peut rendre le véhicule dans un endroit différent de celui où on l'a pris *(one-way rental)*, mais il faut alors payer un ***drop off charge*** (frais d'abandon), qui varie en général selon la distance. Bonne nouvelle : en Floride, c'est le plus souvent gratuit ! Sinon, bien se faire préciser le tarif.
– Évitez, si possible (certaines compagnies l'imposent), l'option qui permet de ***rendre la voiture avec le réservoir vide.*** Ce plein d'essence est évidemment facturé, et plus cher que si vous le faisiez vous-même.
– ***Le GPS :*** quelques rares loueurs l'incluent dans le tarif. Souvent, il est en supplément (jusqu'à 20 $ par jour, une véritable escroquerie !). Quitte à nous répéter : ***utilisez une appli de navigation qui fonctionne hors connexion*** *(Maps.me, Google Maps...)*.

Les assurances

Elles sont nombreuses et on s'emmêle rapidement les pinceaux. Tout est bon pour essayer de vous vendre le maximum d'options, hyper chères, notamment à l'aéroport, quand vous avez votre vol et le décalage horaire dans les pattes ! Quand on réserve depuis l'étranger, ***les assurances de base et les taxes sont souvent incluses*** (revérifiez !).
– ***LDW (Loss Damage Waiver) ou CDW (Collision Damage Waiver) :*** l'assurance tous risques avec suppression de franchise, pour tout dommage occasionné au véhicule *(CDW)* ou pour dommages et perte d'accessoires *(LDW)*. Obligatoire avec certaines compagnies et souvent incluse quand on réserve depuis l'Europe. Sinon, compter à partir de 9 $ par jour. Elle couvre le véhicule pour tous les dégâts (vol, incendie, accrochages, accidents...), même si vous êtes en tort (hors état d'ivresse), mais pas les dégâts occasionnés aux tiers si vous êtes responsable. Avec une carte de paiement « haut de gamme » *(MasterCard Gold, Visa Premier...)*, il est moins utile de prendre l'assurance *CDW* ou *LDW* car ces cartes couvrent souvent les frais dus aux dégâts occasionnés aux véhicules.
– ***LIS ou SLI (Liability Insurance Supplement) :*** cette assurance complémentaire augmente le plafond de la garantie civile en cas de dommages corporels aux tiers, si vous êtes responsable de l'accident. Aucune carte de paiement ne l'inclut. Il faut savoir qu'aux États-Unis si vous renversez quelqu'un et que cette personne est hospitalisée pour 6 mois, votre responsabilité peut être engagée bien au-delà de la garantie civile de base prévue par le loueur. Il est donc important d'avoir une couverture en béton. Compter à partir de 15 $ par jour.
– ***PAI (Personal Accident Insurance) :*** elle assure le conducteur et les passagers pour les frais médicaux liés à un accident. Inutile si vous possédez une assurance personnelle incluant les accidents de voiture. Sinon, compter à partir de 7 $ par jour en moyenne.
– ***PEP (Personal Effect Protection) :*** elle couvre les effets personnels volés dans la voiture. Inutile à notre avis. Il suffit de ne jamais rien laisser de valeur à l'intérieur.

Conduire une voiture automatique

Il n'y a que cela aux États-Unis. Voici la signification des différentes ***commandes internes.***
P : Parking (à enclencher lorsque vous stationnez, mais à ne pas utiliser comme frein à main).
R : Reverse (marche arrière).
N : Neutral (point mort).
D : Drive (position de conduite que vous utiliserez quasiment tout le temps).
1, 2 et 3 ou I et L : vous sélectionnez votre propre rapport de boîte (bien utile en montagne ou dans certaines côtes, mais ça consomme plus d'essence).

Pour démarrer, restez obligatoirement sur la position P, sinon le moteur ne se lance pas. Ensuite, pour oublier vos vieux réflexes, calez votre ***pied gauche*** dans le coin gauche et ne l'en bougez plus jusqu'à la fin de votre périple ! On se sert uniquement du ***pied droit*** pour accélérer ou freiner. Pour quitter la position P, ***appuyez sur le frein,*** sinon la manette restera bloquée ! Sinon, sachez que les voitures américaines sont souvent équipées d'un régulateur de vitesse ***(cruise control),*** qui se révèle très pratique sur les longues autoroutes et pour éviter les excès de vitesse.

Règles de conduite

- ***Feux tricolores :*** ils sont ***situés après le carrefour*** et non avant comme chez nous. Si vous stoppez au niveau du feu, vous serez donc en plein carrefour ! Autant vous dire qu'après 1 ou 2 incartades (et grosses frayeurs), on prend vite le réflexe !
- ***De nombreux feux sont dotés de radars*** et parfois aussi de capteurs sensoriels, qui détectent les franchissements de ligne d'arrêt au feu orange ou rouge... ***Votre plaque d'immatriculation est relevée*** et l'amende envoyée illico à votre loueur de voitures, qui a précieusement gardé votre empreinte de carte bancaire...
- ***Priorité à droite :*** elle ne s'impose que si 2 voitures arrivent en même temps à un croisement et que celui-ci n'a ni feux ni panneaux, ce qui est rare ; la voiture de droite a alors la priorité.
- ***Tourner à gauche avec une voiture en face :*** un tournant à gauche, à un croisement, se fait au plus court, en passant l'un devant l'autre. Attention : si une pancarte indique « *No left turn* » ou « *No U turn* » (en toutes lettres ou dessiné), poussez jusqu'à la prochaine intersection pour vous engager à gauche.
- ***Tourner à droite à une intersection :*** à condition d'être sur la voie de droite, vous pouvez généralement tourner à droite même si le feu est rouge après avoir observé un temps d'arrêt et vous être assuré que la voie est libre, d'abord au niveau des piétons (qui conservent la priorité) puis des véhicules. Bien entendu, on ne le fait pas si une pancarte indique « *No red turn* ».
- ***Clignotants :*** facultatifs au regard de la plupart des conducteurs américains, tant pour tourner que pour doubler, mais pourtant obligatoires selon la loi. Ne vous laissez pas surprendre !
- ***Erreurs de direction sur l'autoroute :*** il n'est pas rare de devoir faire 10, 20, voire 30 km sans pouvoir faire demi-tour...
- Ne quittez pas vos rétros des yeux, les Américains ***doublent indifféremment par la gauche comme par la droite*** et ne se rabattent pas systématiquement. Le conducteur le plus lent de l'État peut très bien squatter la file de gauche indéfiniment, même si des panneaux l'invitent à se ranger à droite...
- ***Ronds-points (ou giratoires) :*** plutôt rares, ils donnent la priorité aux voitures déjà engagées.
- ***Stops :*** s'il y a plusieurs stops, le 1er qui s'est arrêté est le 1er à repartir. Le *4-way stop,* qui est un carrefour avec un stop pour chacune des 4 rues, est très fréquent aux États-Unis. S'il y a une voiture à chaque stop, bien retenir l'ordre d'arrivée et être fair-play ! Vous verrez, ça marche !
- ***Car pool :*** sur certaines autoroutes, pour faciliter la circulation et encourager le covoiturage, il existe une voie *car pool* (ou *HOV* pour *High Occupancy Vehicle*) réservée aux usagers qui roulent à 2, 3 ou plus par voiture (toute la journée ou seulement à certaines heures). On en trouve notamment à Miami et dans toute son agglomération. Beaucoup moins de monde que sur les autres voies, donc utile aux heures de pointe ! Elles sont généralement matérialisées par un losange blanc au sol. N'empruntez pas ces voies si vous êtes seul à bord (amende élevée).
- ***Limitations de vitesse :*** fixées par les États. Maximum 55 mph (88 km/h) sur de nombreuses routes. Mais sur les autoroutes *(interstates),* la limite peut atteindre

65 mph (104 km/h), voire 70-75 mph (113-120 km/h) en zone rurale. En ville : 15 à 45 mph (24-72 km/h) selon l'endroit et l'importance de la voie. Attention, les radars sont nombreux et la police plutôt vigilante.
– ***Stationnement en ville :*** à Miami, se garer sans payer est impossible ; il y a ***des parcmètres et des horodateurs partout,*** qu'il faut alimenter toutes les heures, parfois même jusque tard dans la nuit ! Là, on peut souvent payer par carte, voire via une appli sur son téléphone. Dans d'autres villes, c'est beaucoup plus facile, voire gratuit, y compris en plein centre. En tout cas, faites toujours très attention à l'endroit où vous stationnez, sous peine de voir votre pare-brise décoré d'un PV... ou, pire, votre véhicule embarqué par la fourrière. ***Lisez bien les panneaux au coin de la rue,*** ce sont eux, surtout, qui régulent le stationnement : l'accumulation de restrictions peut rendre leur lecture complexe ! La présence de parcmètres et d'horodateurs ne veut pas forcément dire qu'on peut se garer tout le temps... ***Si le bord du trottoir est peint en jaune ou en rouge,*** il indique des restrictions ou interdictions. Le principe : si la bordure du trottoir est colorée, il y a un loup. Dans le doute, garez-vous ailleurs ! Et si le parcmètre ou l'horodateur est hors service, ne pensez pas faire une bonne affaire : vous devez alors vous garer devant une machine qui fonctionne ! Enfin, ***ne vous garez JAMAIS sur un arrêt d'autobus, ni devant une borne d'incendie* (fire hydrant),** ni bien sûr s'il y a un panneau « *Tow away* », qui signifie « Enlèvement ». On vous emporterait la voiture en quelques minutes, et la ***fourrière,*** couplée à l'amende, est très chère (environ 300 $!). Ne dépassez pas l'heure limite de stationnement : les prunes tombent vite, sans sommation. C'est vrai également sur un stationnement privé ou sur le parking d'un commerce, qui peuvent aussi demander les enlèvements.
– ***Bus scolaires à l'arrêt :*** très important, lorsqu'un *school bus* (jaune) s'arrête et qu'il met ses feux clignotants rouges, l'arrêt est obligatoire dans les 2 sens, pour laisser traverser les enfants qui en descendent. Si on le suit, ne ***surtout pas le doubler.*** À l'arrêt, un petit panneau « stop » est souvent automatiquement déployé, sur la gauche du véhicule. C'est l'une des infractions les plus gravement sanctionnées aux États-Unis.
– ***Respect dû aux piétons :*** vous verrez souvent le panneau ou l'inscription au sol « *Xing* ». C'est l'abréviation de *crossing* (croisement)... Ici, le respect des passages protégés n'est pas un vain mot. Dès qu'un piéton fait mine de s'engager sur la chaussée pour la traverser, tout le monde s'arrête (enfin, presque).
– ***PV :*** si vous avez un PV (*ticket* en anglais) avec une voiture de location, mieux vaut le payer sur place (par carte de paiement via le site internet indiqué au dos). Sinon, c'est votre loueur qui la réglera pour vous, avec votre carte de crédit évidemment, doublée d'une majoration et de frais de dossier. Ben voyons !

Essence

Bonne nouvelle, elle est ***moins chère*** qu'en France (environ 2,80-3,20 $ pour 1 gallon, soit 3,8 l environ). Comme en Europe, les voitures roulent à l'essence sans plomb *(unleaded),* dont il existe plusieurs qualités. La moins chère, la ***regular unleaded 87,*** convient parfaitement ***pour les voitures de location.***
Dans les stations-service *(gas stations),* le ***règlement par carte de paiement à la pompe*** ne marche pas toujours avec une carte étrangère. Dans ce cas, ***il faut aller prépayer à la caisse*** en indiquant un montant. Si vous avez surestimé le montant de ce plein (par exemple, si vous aviez annoncé 30 $ et que finalement vous n'en avez mis que pour 26 $), les 4 $ de différence vous seront recrédités sur-le-champ.

Circuler et s'orienter

On distingue les ***freeways*** (larges autoroutes aux abords des grandes villes), les ***interstates*** (qui relient les États entre eux, désignées par la lettre « I ») et les ***routes secondaires*** (numéros à 2 ou 3 chiffres). Ouvrez bien l'œil et sachez vers quel point cardinal vous vous orientez, car les panneaux font plus souvent état du numéro de la route (avec indication North, South, West...) que du nom des villes. Sur les *interstates,* le numéro de la sortie correspond au mile sur lequel elle se trouve. Ainsi, la sortie après la n° 189 peut très bien être la n° 214.

Péages autoroutiers en Floride

Les routes desservant les îles littorales sont souvent payantes, notamment dans les agglomérations d'Orlando et de Miami. L'autoroute US 75 qui relie Naples à Fort Lauderdale ainsi que celle entre Orlando et Miami, avec prolongation jusqu'à Homestead, sont également payantes. Avis important : ***beaucoup d'autoroutes à péage en Floride n'acceptent plus les paiements en espèces ni même par carte,*** et ce système, appelé *cashless,* est en train de se généraliser ! Plus de barrière ni de guichet, mais un rack de caméras vidéo reliées à un ordinateur central qui lit votre plaque d'immatriculation (souriez). Si vous louez une voiture, votre loueur vous proposera de ***souscrire un forfait SunPass*** (à des tarifs très variables, et de plus en plus cher...) couvrant vos frais de péage pendant toute la durée de la location. Les prix desdits péages étant très bas, c'est tout bénef pour eux et la société gestionnaire... Si vous optez pour cette formule, un ***transpondeur*** planqué dans la bagnole sera activé par le loueur. Si vous zappez cette option, ***tout passage devant une caméra sans que le transpondeur ait été activé par votre loueur vous coûtera une pénalité*** + le prix du péage (ne souriez plus)... Les champion(ne)s du GPS peuvent tenter de contourner les péages, au risque, au retour, de voir que plusieurs centaines d'euros ont été débitées de leur compte, parce qu'ils ont finalement oublié d'éviter tel ou tel tronçon...

Cartes routières et GPS

Presque toutes les ***stations-service*** en vendent une large gamme à des prix tournant autour de 5-7 $ (notamment la collection *Rand McNally*). Celles (gratuites) des agences de location de voitures peuvent dépanner, sans plus. Lorsqu'on traverse la frontière d'un État, on trouve très souvent aussi un *Visitor Center* où il est possible d'obtenir gratuitement une carte routière de l'État. Quant au ***GPS, téléchargez votre parcours quand vous avez du wifi*** et optez pour un logiciel qui fonctionne hors connexion.

EN BUS GREYHOUND

Le ***réseau Greyhound*** *(● greyhound.com ●)* couvre la quasi-totalité du pays. Mais il n'y a pas qu'eux ! D'autres compagnies proposent des offres très concurrentielles, comme ***Megabus*** *(● us.megabus.com ●).* Les ***billets*** s'achètent dans les gares routières, par téléphone et surtout sur Internet. Là, grâce aux offres spéciales, ***c'est souvent 2 fois moins cher*** !

En réservant, faites attention aux diverses formes de trajet : ***express, non-stop, local...*** Comparez simplement l'heure de départ et l'heure d'arrivée, vous saurez ainsi quel est le plus rapide. Les bus offrent un certain ***confort*** : w-c à bord et clim, ce qui veut dire qu'il peut y faire très frais, prévoyez un pull. Intéressant de nuit, car ils permettent de couvrir des distances importantes tout en économisant une nuit d'hôtel !

Chez *Greyhound,* pas de place numérotée ; donc, si vous ne voulez pas être obligé d'attendre le prochain bus, venez au moins 30 mn à 1h avant le départ, surtout si vous avez des bagages à mettre en soute ! En ***période de fêtes,*** c'est pire : les bus sont souvent pris d'assaut. Lors des ***arrêts en route,*** si vous descendez pour une courte pause, respectez impérativement le temps donné par le chauffeur. Ce dernier repartira à l'heure annoncée, sans état d'âme pour ceux qui ne sont pas remontés à bord ! Et relevez le numéro du bus pour remonter dans le bon !

EN TRAIN

➢ ***Bright Line :*** • *gobrightline.com* • Ce train à grande vitesse relie Fort Lauderdale à Miami en 30 mn. Compter 1h pour West Palm Beach. Gros plus : la ligne dessert directement les centres-villes, un vrai avantage, notamment à Miami. Les prix sont en revanche assez élevés (résa obligatoire). D'ici 2023-2024, la ligne devrait être prolongée jusqu'à Orlando et changer de nom.
➢ ***Amtrak :*** • *amtrak.com* • 2 trains/j., le *Silver Meteor* et le *Silver Star,* relient Miami à New York (durée : 27-31h) via Orlando, Jacksonville, Savannah, Charleston et Washington DC.

URGENCES

☎ ***911*** *(numéro national gratuit).* Si vous ne parlez pas l'anglais, précisez-le à l'opérateur *(« I don't speak english, I am French »),* qui vous mettra en relation, selon votre problème, avec le service adéquat (la police, les pompiers ou les ambulances).

Perte ou vol de carte de paiement

En cas de perte, de vol ou de fraude, quelle que soit la carte que vous possédez, chaque banque gère elle-même le processus d'opposition et le numéro de téléphone correspondant. Le plus simple est de faire opposition en ligne via le site de votre agence bancaire ou son application mobile, ou en l'appelant directement. Sinon, voici les numéros des centres d'assistance des différentes cartes.

– ***Carte Visa :*** *numéro d'urgence (Europ Assistance),* ☎ *0-800-89-1725 (24h/24).* • *visa.fr* •
– ***Carte MasterCard :*** *numéro d'urgence,* ☎ *0-800-964-767.* • *mastercardfrance.com* •
– ***Carte American Express :*** *numéro d'urgence,* ☎ *(00-33) 1-47-77-72-00.* • *americanexpress.fr* •
– Il existe sinon un ***serveur interbancaire*** d'opposition à carte bancaire : ☎ *0-892-705-705 (service 0,34 €/mn + prix d'appel).*

Besoin urgent d'argent liquide

Vous pouvez être dépanné en quelques minutes grâce au système ***Western Union Money Transfer.*** L'argent vous est transféré en moins de 1h. La commission, assez élevée, est payée par l'expéditeur. Possibilité d'effectuer un transfert auprès d'un des bureaux *Western Union* ou, plus rapide, en ligne, 24h/24 par carte de paiement (*Visa* ou *MasterCard*).
Même principe avec d'autres organismes de transfert d'argent liquide comme ***MoneyGram, PayTop*** ou ***Azimo.*** Transfert en ligne sécurisé, en moins de 1h.
Dans tous les cas, se munir d'une pièce d'identité. Toutefois, en cas de perte ou vol de papiers, certains organismes permettent de convenir d'une question/réponse type pour pouvoir récupérer votre argent. Chacun de ces organismes possède aussi des applications disponibles sur téléphone portable. Consulter les sites internet pour connaître les pays concernés, les conditions tarifaires (frais, commission) et trouver le correspondant local le plus proche : • *westernunion.com* • *moneygram.fr* • *paytop.com* • *azimo.com/fr* •
– Autre solution, envoyer de l'argent par ***La Banque postale :*** le bénéficiaire, muni de sa pièce d'identité, peut retirer les fonds dans n'importe quel bureau de poste du réseau local. Le transfert s'effectue avec un mandat ordinaire international (jusqu'à 3 500 €) et la transaction prend 4-5 jours en Europe (8-10 jours vers l'international). Plus cher, mais plus rapide, le mandat express international permet d'envoyer de l'argent (montant variable selon la destination – 34 au total) sous 2 jours maximum, 24h lorsque la démarche est faite en ligne. Infos sur • *labanquepostale.fr* •

Perte ou vol de votre téléphone portable

Suspendre aussitôt sa ligne permet d'éviter de douloureuses surprises au retour du voyage ! Voici les numéros des 4 opérateurs français, accessibles depuis la France et l'étranger :

- ***SFR :*** *depuis la France, ☎ 1023 ; depuis l'étranger : 📱 + 33-6-1000-1023.*
- **Bouygues Télécom :** *depuis la France comme depuis l'étranger, ☎ + 33-800-29-1000 (service et appel gratuits).*
- **Orange :** *depuis la France, ☎ 0800-100-740 ; depuis l'étranger : ☎ + 33-969-39-39-00.*
- **Free :** *depuis la France, ☎ 3244 ; depuis l'étranger, ☎ + 33-1-78-56-95-60.*

Vous pouvez aussi demander la suspension de votre ligne depuis le site internet de votre opérateur.

Avant de partir, notez (ailleurs que dans votre téléphone portable !) votre numéro IMEI utile pour bloquer à distance l'accès à votre téléphone en cas de perte ou de vol. Comment avoir ce numéro ? Il suffit de taper sur votre clavier *#06#.

MIAMI

480 000 hab. (2,75 millions dans le comté de Miami-Dade)

• Pour les plans de Miami, se reporter au plan d'ensemble
et aux zooms détachables en fin de guide.

Au même titre que San Francisco, Los Angeles ou New York, la *Magic City* est bien plus qu'une ville : c'est une marque, un emblème, un morceau d'Amérique à elle seule. Un nom qui convoque, en 1er lieu, des images de cocotiers, de sable blanc et d'eaux bleu turquoise... À raison. Porte ouverte sur les Caraïbes, Miami jouit d'un climat et d'un environnement exceptionnels. Et c'est pour profiter de son soleil et de ses plages que la plupart des visiteurs choisissent de séjourner ici, à Miami Beach plus précisément, la partie la plus emblématique (et touristique) de la ville. Flambeuse et fêtarde, cette langue de terre, reliée par plusieurs ponts au continent, est célèbre dans le monde entier pour ses façades Art déco et l'ambiance débridée qui y règne. De l'autre côté de la baie, Miami « ville » évolue dans une autre dimension. Si le centre historique (Downtown) est de plus en plus déserté, certains quartiers, à l'image du très hipster Wynwood et de l'agréable « Financial District » de Brickell, méritent tout autant une visite que la *beach* de Miami Beach.
Enfin, impossible d'évoquer Miami sans parler... espagnol ! Terre d'accueil pour les voisins cubains et portoricains, destination finale de nombre d'exilés venus d'Amérique centrale, l'empreinte « latino » y est très présente. Les voyageurs plus à l'aise dans la langue de Cervantès que dans celle de Shakespeare y seront comme des poissons dans l'eau...

UN PEU D'HISTOIRE

Bien avant la découverte de l'Amérique, un ***campement des Indiens calusa*** occupe l'embouchure d'une grande rivière sinueuse qu'ils appellent *Mayami* (signifiant « grande eau » ou « lac intérieur »). L'endroit est occupé par un fort militaire au début du XIXe s, avant de devenir une vraie ville par la volonté de ***Julia Tuttle,*** la « ***mère de Miami*** », une riche veuve qui a investi dans une vaste plantation de citronniers. Elle convainc ***Henry Flagler,*** grand promoteur de la Floride, de prolonger sa ligne de chemin de fer jusqu'ici en 1896 (le 28 juillet de cette année-là est considéré comme la date de la fondation de la ville). Désormais accessible, Miami s'impose rapidement comme un ***lieu de villégiature pour les riches Américains*** séduits par les palaces récemment construits, la plage, le soleil et la mer... Dans les années 1920, la municipalité autorise les jeux d'argent et refuse d'appliquer la Prohibition, ce qui lui vaut un accroissement notable de population. C'est à cette époque que les 1ers ***édifices Art déco*** sortent de terre à Miami Beach. En 1926, un terrible cyclone ravage la ville, faisant des milliers de sans-abri et, 3 ans plus tard, la crise de 1929 donne un sérieux coup de frein à l'expansion de la station balnéaire. La région relance son économie grâce à l'industrie aéronautique. La Seconde Guerre mondiale fait de Miami l'***un des 1ers centres hospitaliers des forces armées,*** avant que les touristes américains n'y débarquent en masse dans les années 1950 et 1960, aux côtés des stars de la musique et du cinéma.

LA RENAISSANCE DE MIAMI BEACH

Les années 1970 sont cruelles pour Miami Beach, peu à peu délaissée par les vedettes et désormais considérée comme une ***maison de retraite à ciel ouvert***

(au point qu'on la surnomme « la salle d'attente de Dieu »). En 1976, les bulldozers des promoteurs sont même sur le point de raser les édifices de l'Art Deco District quand un groupe d'artistes emmené par Barbara Baer Capitman obtient le ***classement de ce décor emblématique de l'*****American way of life.** Ce sauvetage signe le renouveau de la cité balnéaire. Au lieu d'être détruits, le petit millier de bâtiments décatis sont rénovés et repeints couleur pastel. La carte postale que l'on connaît aujourd'hui prend sa forme définitive. Dès lors, bye-bye les retraités, hello les friqués ! L'installation en 1991 du couturier ***Gianni Versace*** à la Villa Casuarina inaugure le temps des stars, qui rachètent à prix d'or les mètres carrés situés entre les 5e et 21e Rues.
Miami Beach est aujourd'hui un des hauts lieux mondiaux de la fête et de la frime, à l'instar de Saint-Trop' et d'Ibiza. Capitale économique du sud des États-Unis, elle reste aussi une plaque tournante du trafic de drogue, même si elle s'en défend... Bref, une atmosphère sulfureuse, doublée d'un parfum de scandale, qui continue d'attirer les ***vedettes du showbiz*** : Oprah Winfrey, Jennifer Lopez, P. Diddy, Shakira, Matt Damon... beaucoup ne jurent que par Miami, et les prix s'en ressentent !

MIAMI

MIAMI LA COSMOPOLITE

The Gateway to the Americas (« la porte des Amériques ») ou encore *Capital of Latin America* (« capitale de l'Amérique latine »), ainsi surnomme-t-on Miami depuis l'afflux de ***400 000 Cubains fuyant la révolution castriste*** en 1959... L'importante population hispanophone et les forts liens économiques de la Floride avec l'Amérique latine font aujourd'hui de Miami et de sa région un centre important du monde hispanique. À Miami, ***70 % des habitants parlent l'espagnol.*** Cela dit, les Cubains ne sont pas la seule composante du melting-pot hispanique de Miami : on trouve également des Nicaraguayens, des Honduriens, des Mexicains, des Portoricains, des Dominicains, des Colombiens...
La population afro-américaine (19,2 %) comprend en outre une communauté haïtienne, qui compte environ 30 000 âmes (100 000 dans le Grand Miami), laquelle occupe le quartier de Little Haïti et qui, elle, parle le créole. Les Blancs non hispaniques ne sont guère que 12 % à Miami, parmi lesquels des Européens et des Canadiens.
La ***communauté francophone*** s'affiche en bonne position dans le monde des affaires, de l'hôtellerie et de la restauration, grâce notamment aux ***Québécois,*** nombreux à venir prendre ici leurs quartiers d'hiver.

ARRIVER – QUITTER

En avion

✈ ***Miami International Airport*** *(MIA ; plan détachable Miami, A2-3) :* • *miami-airport.com* • L'aéroport comprend 3 terminaux formant un U : nord (*concourse* D), central (E, F, G) et sud (H et J). Les arrivées internationales ont lieu au niveau 3.
■ ***Location de voitures :*** les compagnies sont regroupées au *Rental Car Center,* que l'on rejoint en 5-10 mn par le *MIA Mover* (métro automatique ; niveau 3 ; gratuit). Elles disposent aussi pour la plupart d'un bureau dans Downtown ou à Miami Beach.

Liaisons avec Miami

Pour quitter l'aéroport, pas d'autre choix que d'emprunter le ***MIA Mover*** (métro automatique ; niveau 3 ; gratuit) ***pour Central Station*** (à ne pas confondre avec Miami Central Station, située Downtown). C'est là que se trouvent les taxis, les loueurs de voitures et les transports en commun.

➢ ***Bus/métro :*** des distributeurs permettent l'achat de billets pour bus et métro, à l'unité (aller simple) ou sous forme de carte rechargeable, intéressante si vous comptez vous déplacer beaucoup en transports en commun (voir plus loin « Circuler dans Miami. Transports en commun »).

– ***Pour Miami Beach :*** depuis Central Station, le plus pratique est de prendre le ***bus nº 150*** *(Airport Express),* qui va jusqu'à South Beach en descendant Collins Ave depuis le nord (départ ttes les 20-30 mn ; durée du trajet 30 mn-1h ; tarif : 2,25 $). ***Attention : préparez l'appoint, le chauffeur ne rend pas la monnaie.*** On demande l'arrêt en tirant sur la cordelette jaune qui court le long des vitres latérales.

– ***Pour Brickell :*** prendre le ***Metrorail*** (ligne orange jusqu'à Brickell ; tlj 5h-minuit, jusqu'à 2h ven-sam ; tarif : 2,25 $). Le métro ne dessert pas Miami Beach ni Wynwood. ***Pour Coconut Grove,*** changement à Earlington Heights et ligne verte en direction de Dadeland South.

➢ ***Navettes Super Shuttle :*** *• supershuttle.com •* Minibus privatisés ou collectifs assurant la navette jusqu'à Downtown (env 20 $/pers) ou Miami Beach (25 $/pers). Résa et paiement en ligne. Départ niveau 1 des halls D et J, près des taxis.

➢ ***Taxis/VTC :*** au niveau 1. Compter env 30 $ pour Downtown et 35-40 $ pour Miami Beach.

➢ ***Voiture :*** l'*Airport Expressway* (0,70 $ par véhicule) est la solution la plus rapide pour gagner l'échangeur de l'autoroute I-95. De là, on prend soit la I-95 (gratuite) vers le sud pour rejoindre Downtown, soit la I-195 (gratuite) pour Miami Beach. Pour éviter la portion payante, prendre Le Jeune Rd vers le nord puis NW 36th St vers l'est.

En bus

Gare routière Greyhound *(plan détachable Miami, B3)* **:** *3801 NW 21st St (à la Central Station de l'aéroport). Ⓜ Miami International Airport. Ouv 24h/24.*

➢ ***Fort Lauderdale et West Palm Beach :*** mieux vaut prendre le *Bright Line* ou le *Tri-Rail* (voir « En train »).

➢ ***Key West :*** trajet env 4h30. Dessert toutes les Keys en chemin.

➢ ***Orlando :*** compter env 5-6h de route. Évitez les bus en soirée, ils arrivent en plein milieu de la nuit !

En train

Gare ferroviaire Amtrak *(plan détachable Miami, B1)* **:** *8303 NW 37th Ave. • amtrak.com • Au nord-ouest de la ville, à Hialeah (la gare ferme entre 21h15 et 7h). Tri-Rail depuis l'aéroport ou Ⓜ Tri-Rail (ligne verte). De South Beach, prendre le bus, ligne L, depuis l'arrêt situé devant le Convention Center (17th St/Convention Center). Compter 20 mn de trajet. Fonctionne 24h/24.*

➢ Plusieurs trains/j. pour ***Orlando, Jacksonville, Savannah*** ; 1-2 trains/j. pour ***Boston, New York, Washington DC, Charleston,*** mais là il faut compter parfois jusqu'à 30h de trajet !

Gare Tri-Rail *(plan détachable Miami, A3)* **:** *3801 NW 21st St (à la Central Station de l'aéroport). • tri-rail.com • Ⓜ Miami International Airport.* Pratique et pas cher, cette sorte de RER relie l'aéroport de Miami à West Palm Beach en passant par Fort Lauderdale et son aéroport. Compter env 8 $ pour Palm Beach et 5 $ pour Fort Lauderdale.

Bright Line *(plan détachable Miami, D3)* **:** *NW 1st Ave (entre NW 3rd St et NW 8th St). • gobrightline.com • Ⓜ Miami Central Station (ligne orange).* Plus rapide, mais plus cher que le Tri-Rail, cette ligne express permet de rejoindre, depuis Miami Downtown, Fort Lauderdale en 30 mn (env 17 $) et West Palm Beach en 1h (env 22 $).

CIRCULER DANS MIAMI

La marche et le vélo sont les meilleurs moyens pour découvrir Miami Beach. Pour le reste de Miami, le réseau de transports en commun (en partie gratuit et très efficace) permet de faire le tour de la question. Circuler en voiture peut être un choix, mais le prix du stationnement risque rapidement d'assécher votre porte-monnaie.

En transports en commun

Bonne surprise : Miami bénéficie d'un excellent réseau de transports en commun. Pour circuler, 2 options s'offrent à vous :

- ***Ticket à l'unité*** *(Easy Ticket)* **:** 2,25 $. Il donne accès à tous les transports de la ville pour une durée de 3h.
- ***Pass journée ou semaine*** *(Easy Card)* **:** valable 1 jour (5,65 $) jusqu'à 2h le lendemain matin, ou 7 jours consécutifs (29,25 $).

Bon à savoir : pour le bus, possibilité d'acheter son billet directement au chauffeur, mais attention, ***appoint exigé*** (2,25 $).

➢ ***Metrorail :*** ce métro aérien compte 2 lignes. La ***ligne orange*** relie l'aéroport (Central Station) à Dadeland South via Downtown, Brickell, Vizcaya, Coconut Grove et l'université (Lowe Art Museum). La ***ligne verte*** emprunte le même itinéraire dans sa partie sud et remonte au nord-ouest pour desservir la gare *Amtrak* moyennant un transfert à la station Earlington Heights.

➢ ***Metrobus :*** ce vaste réseau d'une centaine de lignes de bus couvre tout le comté Miami-Dade. En cas de correspondance, favoriser l'*Easy Ticket*. Nous indiquons les lignes et correspondances avec le métro pour chaque site éloigné.

➢ ***Metromover :*** *tlj 5h-minuit. GRATUIT.* Interconnecté au *Metrorail* et aux bus, ce petit métro aérien automatisé ***dessert gratuitement le centre-ville*** en 3 lignes. La ***Inner Loop*** tourne sur elle-même autour de l'hypercentre. La ***Omni Loop*** monte au nord et dessert notamment le Museum Park et le FTX Arena. La ***Brickell Loop*** descend jusqu'au Financial District en desservant le *Brickell City Centre* au passage. Nous indiquons les stations les plus proches de chacune de nos adresses et sites à voir. Se faufilant entre les buildings, ce métro aérien est quasiment une attraction touristique en soi (voir plus loin « Downtown. À voir. À faire »).

➢ ***Trolleys de Miami :*** *• miamigov.com/trolley • Lun-sam 6h30-23h, dim 8h-20h (pas de trolley dim à Wynwood).* En tout, une douzaine de lignes de ***bus gratuits*** et relookés en trolley d'antan. Pratique pour rejoindre Wynwood depuis Downtown depuis la station Metromover Adrienne Arsht (Omni Loop) ou Little Havana depuis la station Brickell.

➢ ***Trolleys de Miami Beach :*** *• miamibeachfl.gov/city-hall/transportation/trolley/ • Tlj 6h (8h dim)-minuit.* 6 trolleys ***gratuits*** sillonnent Miami Beach en boucle *(loop)* du sud au nord. Leurs fréquences varient de 15 à 20 mn.

À vélo, trottinette, skate et rollers

Ces moyens de transport sont complètement adaptés à l'exploration de Miami Beach, notamment grâce à la ***piste cyclable en site propre*** qui longe la plage du sud au nord. En principe : ***port du casque*** obligatoire pour les moins de 18 ans.

🚴 ***CitiBike :*** *• citibikemiami.com • Tarifs (30 mn-24h max) : 4,95-24 $.* Vélos en libre-service 24h/24, dans une centaine de stations. Attention, il faut avoir au moins 18 ans pour en bénéficier. On prend son vélo directement après avoir fait glisser sa carte de paiement dans la fente et choisi sa durée de location. Si vous dépassez le temps imparti, il vous en coûtera 4,60 $ par tranche de 30 mn, donc privilégiez les sauts de puce... Pratique, mais un peu cher à notre goût (6,95 $/h, quand même).

■ ***South Florida Trikke*** *(zoom détachable Miami Beach, G3, **6**) : 226 14th St. ☎ 305-830-9440. • southfloridatrikke.com • Tlj 9h-20h.* Location de vélos *(50 $/j.),* rollers, skates, scooters, et même de bateaux ! Très central, c'est également le plus matinal des loueurs. Personnel accueillant. Propose aussi des visites guidées à vélo ou à Segway.

Bike & Roll *(zoom détachable Miami Beach, G3, **7**) : 210 10th St. ☎ 305-604-0001. • bikemiami.com • Tlj 10h-19h (17h dim).* Un marchand de vélos sérieux, qui loue des vélos électriques ou non *(à partir de 29 $/j.).*

■ ***Fritz's*** *(zoom détachable Miami Beach, G3, **5**) : 1014 Lincoln Rd. ☎ 305-532-1954. • fritzsmiamibeach.com • Tlj 11h-19h.* Location de vélos *(env 24 $/j.),* rollers, *push scooters* (trottinettes), skates et *long boards* (longs skates très populaires ici).

MIAMI

En taxi et VTC

Très nombreux (particulièrement à Miami Beach), ils fonctionnent 24h/24. Les tarifs sont de 6,90 $ pour le 1er mile, puis 2,40 cents pour chaque mile supplémentaire, plus 40 cents par minute d'attente. Les éventuels péages routiers sont en supplément. Au moment de régler la note, n'oubliez pas d'***ajouter 15 à 20 % de pourboire*** au prix affiché au compteur (sauf si le chauffeur l'a déjà intégré en vous annonçant oralement le montant, ce qui arrive souvent quand ils prennent des touristes). Concernant les VTC, les 2 applications les plus utilisées à Miami sont ***Uber*** et ***Lyft.*** Bien pratiques et souvent moins chers que les taxis classiques.

En voiture

À notre avis, ***la voiture est loin d'être indispensable*** pour visiter Miami, encore moins Miami Beach. Non seulement les transports en commun sont bien développés et peu chers, mais à Miami Beach, garer son véhicule sans dépenser une fortune et/ou s'arracher les cheveux demande pas mal de patience et une certaine organisation (voir plus loin « Miami Beach. Stationnement »).

Si vous décidez de tenter l'aventure en voiture, pensez à télécharger l'application ***Paybyphone,*** très pratique pour payer son stationnement dans Miami (en revanche, elle est très peu usitée à Miami Beach... un casse-tête, on vous le dit !).

Enfin, puisque c'est ça aussi Miami, la plupart des hôtels vous permettent de faire le grand seigneur en confiant vos clés au voiturier *(valet),* qui la parquera pour vous : compter alors ***30-45 $ les 24h...***

ADRESSES ET INFOS UTILES

Informations touristiques et services

Art Deco Welcome Center *(zoom détachable Miami Beach, G3, **2**) : 1001 Ocean Dr. • mdpl.org/welcome-center • Dans le hall du musée. Tlj 9h-17h.* Renseignements, brochures (en français) et plans. Organise des visites guidées de la ville (voir plus bas).

– ***Bons plans :*** procurez-vous le bimensuel gratuit *Where (• wheretraveler.com •)* ou l'hebdomadaire *New Times (• miaminewtimes.com •)* et le supplément du vendredi du quotidien *Miami Herald* (payant ; • *miamiherald.com* •) pour connaître les dernières adresses tendance et les manifestations culturelles du moment. Dans la même veine, la brochure *Welcome*, disponible dans tous les lieux touristiques, fournit de nombreuses informations utiles. Également • *miami.com* • *timeout.com/miami* • et • *miamiandbeaches.com* • pour leurs calendriers d'événements. Voir aussi les journaux en ligne • *frenchmorning.com* • et • *frenchdistrict.com* • pour les événements dans la sphère francophone, mais pas que...

Représentations diplomatiques

■ ***Consulat général de France*** *(zoom détachable Downtown / Brickell, D4,* ***3****) : 1395 Brickell Ave, immeuble du* Conrad Hotel, *suite 1050.* ☎ *305-403-4150. En cas d'extrême urgence seulement (perte de passeport d'un mineur voyageant sans ses parents, disparition inquiétante d'un mineur, décès, arrestation ou accident grave), le consulat est joignable après 17h au* ☎ *786-682-0834.* • *miami.consulfrance.org* • *Metromover : Financial District.* ***Sur rdv uniquement*** *(en ligne).* Le consulat peut, en cas de difficultés financières, vous indiquer la meilleure solution pour que des proches vous fassent parvenir de l'argent ou encore vous assister juridiquement en cas de problème.

■ ***Consulat général du Canada :*** *200 S Biscayne Blvd, Wachovia Financial Center, suite 1600.* ☎ *305-579-1600. En cas d'urgence :* ☎ *1-888-949-9993 ou 613-996-8885.* • *international.gc.ca* • *Metromover : Bayfront. Sur rdv uniquement.*

■ Pour ***la Suisse et la Belgique,*** il existe un consulat honoraire mais les bureaux ne sont pas ouverts au public.

Santé, sécurité

➕ ***Mount Sinai Medical Center*** *(plan détachable Miami, F-G2) : 4300 Alton Rd, à Miami Beach.* ☎ *305-674-2121 ou 305-674-2200 (urgences).* • *msmc.com* • *Bus M depuis Downtown Omni ou South Beach.*

➕ ***Jackson Memorial Hospital*** *(plan détachable Miami, C-D3) : 1611 NW 12th Ave, à Miami Downtown. Ouv 24h/24.* ☎ *305-585-1111.* • *jacksonhealth.org/Jackson-memorial* • Ⓜ *Civic Center ou bus M depuis Miami Beach.* C'est le plus grand hôpital du comté de Miami-Dade.

➕ ***Médecin francophone :*** *Joël Wiszniak, 18205 Biscayne Blvd.* ☎ *305-935-9922.* • *j.wiszniakmd@gmail.com* •

– ***Sécurité :*** si les autorités ont pris des mesures efficaces pour enrayer l'insécurité, évitez de circuler dans certains coins peu fréquentés après 18h tels que Little River, Biscayne Boulevard (entre 64th et 79th Street), Allapattah (en particulier Liberty City), Little Haïti et Opa-locka. Downtown n'est pas non plus très glamour à la nuit tombée...

À Miami Beach, des débordements alcoolisés sont recensés chaque année – ou presque – durant le fameux ***spring break*** (fin février-début mars en général). À moins d'être un fêtard invétéré, on déconseille d'y séjourner à ce moment-là (d'autant que les tarifs flambent).

Culture, visites guidées

■ ***Art Deco Welcome Center*** *(zoom détachable Miami Beach, G3,* ***2****) : 1001 Ocean Dr, au sein de la Miami Design Preservation League.* ☎ *305-763-8026.* • *mdpl.org/welcome-center* • *Tlj 9h-17h.* Infos sur l'Art déco et South Beach en général. Différents tours thématiques y sont proposés, à Miami Beach et dans les autres quartiers de la ville : l'architecture moderne de Miami, le Miami gay et lesbien, etc. Résa en ligne possible pour certains tours. Propose aussi un audioguide en français à télécharger sur votre smartphone via leur application *(durée de la visite : env 1h30 ; prix 25 $).*

■ ***Miami Culinary Tours :*** *☎ 786-942-8856. • miamiculinarytours.com • Départs tlj pour explorer South Beach, Little Havana, Wynwood, Design District ou Coral Gables. Durée : 2h-2h30. Prix : 69 $ (dégustations incluses). Résa conseillée 1-2 j. avt.* Pour les anglophones, une manière amusante de découvrir Miami, son histoire et son architecture à travers sa cuisine ! Excellents guides.

■ ***City Tours HistoryMiami*** *(zoom détachable Downtown / Brickell, D4)* ***:*** *101 W Flagler St, au Miami Dade Cultural Center. ☎ 305-375-1492. • e.info@historymiami.org • historymiami.org • Metromover : Governement Center. Résa par e-mail, tél ou au comptoir du musée. À partir de 30 $ la balade de 2h.* Itinéraires à la découverte des quartiers ou de sites spécifiques. Balades thématiques (architecture, histoire, musées, etc.) à pied, à vélo et également en bateau.

■ ***Miami Off Road :*** *☎ 786-860-2767. • miamioffroad.com • 45 $ la balade de 2h à pied, 55 $ pour 3h30.* Quoi de mieux que de visiter Miami en compagnie d'un expat' français qui connaît sa ville d'adoption comme sa poche ? Au choix ou combiné : la découverte du *street art* à Wynwood, le quartier bohème de Coconut Grove, ou encore un parcours culinaire à Little Havana. Visites privées et personnalisées également possibles.

■ ***Miami-en-français :*** *☎ 05-56-52-96-36 (depuis la France) ou 917-423-5808. • miami-en-francais.fr • À partir de 49 $ la balade de 2-3h à pied, 65 $ à vélo (groupe de 4-12 pers max). Réserver à l'avance.* En plus de visites guidées (à pied ou à vélo) en compagnie d'un guide francophone, cette agence bordelaise propose également des croisières et des tours en avion. Excellentes prestations et accueil personnalisé.

MIAMI

PRÉPARER SON SÉJOUR

Quelques conseils avant de réserver son hôtel

Les hôtels (et auberges de jeunesse) de Miami et de Miami Beach connaissent d'***énormes variations de prix*** en fonction des événements qui s'y déroulent, du jour de la semaine, de l'emplacement de l'hôtel, de sa catégorie et du type de chambre. Autant de paramètres qui peuvent faire tripler, voire quadrupler le prix d'une chambre, alors mieux vaut se pencher sérieusement sur le problème avant de partir.

Avant toute chose, bien ***se renseigner pour savoir si son séjour ne coïncide pas avec un événement majeur*** en consultant un site type *• miamiandbeaches.com •*, et si possible décaler son séjour (à moins d'y aller spécialement pour cet événement, évidemment...). Ensuite, ***éviter d'y dormir le vendredi et le samedi*** car le week-end les prix sont parfois le double de ceux de la semaine. Sachez aussi que certains hôtels proposent des chambres à 2 lits *queen size,* ce qui permet de dormir à 4 dedans moyennant – ou parfois même pas – un supplément de l'ordre de 20-30 $ par personne environ. Contrairement à l'Europe, il est ***parfois plus avantageux de réserver sa chambre par l'intermédiaire d'un site de résa en ligne*** (type *Booking, Expedia...*) qu'en s'adressant directement à l'hôtel. Enfin, on peut aussi tenter de ***réserver à la toute dernière minute*** par l'intermédiaire d'une appli type *Hoteltonight (• hoteltonight.com •).* Pour le prix d'une nuit en auberge de jeunesse, on peut parfois coucher dans un 4-étoiles !

Quel quartier choisir ?

Miami Beach, et plus particulièrement ***SoBe*** (South Beach), concentrant l'essentiel de l'intérêt de la ville, c'est surtout ici qu'il faut résider. À moins d'être venu pour faire la fête, on évitera les charmants (mais bruyants) hôtels de l'***Art Deco District,*** situés au cœur de l'activité nocturne. Sachez aussi que la pointe sud de South Beach est plus résidentielle que la partie nord, donc souvent plus calme. À Miami, ***Brickell*** est selon nous la meilleure (et à vrai dire presque la seule) option : bien plus animé que Downtown (vraiment pas glamour une fois la nuit tombée, on déconseille d'y loger), moins cher que Miami Beach et bien desservi par les transports en commun. Peu d'intérêt à séjourner dans les autres quartiers, hormis éventuellement ***Coconut Grove*** (mais véhicule indispensable dans ce cas-là).

Attention au *resort fee* !

Désormais, ***pratiquement tous les hôtels exigent un resort fee en plus du prix de la chambre, même les auberges de jeunesse !*** Le *resort fee* est un supplément facturé par nuit et par chambre quel que soit le nombre de personnes. Il est censé couvrir les avantages mis à disposition par l'hôtelier : prêt de serviette de plage, wifi, accès à la piscine, thé, café, accord avec un plagiste pour le prêt de transats, etc. Hors taxes (qui sont de 14 % à Miami), il varie de 4-5 $ pour un lit en dortoir en auberge de jeunesse à plus de 40 $ pour un hôtel haut de gamme. On le précise dans le texte quand il nous paraît exagéré.
Enfin, plusieurs établissements proposent une navette pour l'aéroport comprise dans leur *resort fee* (toujours gratuite depuis l'aéroport, parfois payante dans l'autre sens). Sachez que ces navettes ressemblent à du ramassage scolaire et qu'on met un temps fou pour arriver à l'aéroport. Mieux vaut prendre le bus n° 150 à notre avis (meilleur marché et souvent plus rapide).

MIAMI

MIAMI, QUARTIER PAR QUARTIER

MIAMI BEACH

C'est LA ville balnéaire par excellence, bâtie dans les années 1920 pour le tourisme de luxe, aujourd'hui fréquentée par des visiteurs de tous âges et de toutes classes sociales. Difficile de rester insensible devant la beauté des façades Art déco qui s'alignent le long d'Ocean Drive, idem face à l'immensité de la belle plage de sable blond qui s'étend du nord au sud de l'île. En revanche, le « boum-boum » des enceintes, les « vroum-vroum » des grosses cylindrées et le « bling-bling » général pourront rebuter certains... Le cas échéant, on se contentera d'y venir à la journée et de séjourner sur le « continent ».

Stationnement

P ***Parkings :*** on l'a dit et on le répète, se garer à Miami Beach peut s'avérer aussi cher que compliqué. Ceux qui ont les moyens pourront s'offrir une place au parking de leur hôtel ou dans un parking privé (compter au minimum 30 $ la nuit dans les 2 cas). Pour les autres, voici ***une astuce*** pour s'en sortir sans se saigner aux 4 veines : dans la rue (bien vérifier les panneaux, certaines zones sont réservées aux résidents) comme dans les parkings publics, les horodateurs sévissent en général de 9h à 3h du matin et le stationnement payant est limité à 3h consécutives. La mission, si vous l'acceptez, la voici : garez votre voiture à minuit (ou après), payez pour 3h (environ 2 ou 3 $/h selon la zone) et profitez ainsi d'une place... jusqu'à 9h le lendemain ! Un peu contraignant, certes, mais imbattable niveau économies, en plus d'être parfaitement légal.

Où dormir ?

De bon marché à prix moyens

Si les **dortoirs** des auberges de jeunesse restent le plus souvent en catégorie « Bon marché », les chambres individuelles tapent vite dans la catégorie « Prix moyens », voire carrément « Chic » à certaines périodes.

Viajero Hostels Miami *(zoom détachable Miami Beach, G3,* ***22****)* **:** *1120 Collins Ave (entrée par le resto Mathilda). ☎ 305-674-7800. • viajerohostels.com • Lits en dortoir 3-8 pers 49-100 $; doubles à partir de 100 $.* En plein centre de South Beach, à 100 m de la plage, voici notre *hostel* préféré à Miami. Couleurs acidulées très pop, piscines (3 pour le prix d'une !), petit coin bureau pour les *digital nomads* et accueil hyper pro. Grand confort dans les dortoirs (rideau, lampe et casier pour chaque lit) et chambres privées dignes d'un 3-étoiles. Malgré la situation centrale, l'ambiance est plutôt calme (le bar de la piscine ferme à 21h). Un coup de cœur !

Freehand Miami *(plan détachable Miami, G2-3,* ***39****)* **:** *2727 Indian Creek Dr (angle 28th St). ☎ 305-531-2727. • freehandhotels.com/miami/ • Lits en dortoir 4-8 pers 40-79 $; doubles et bungalows avec sdb 90-350 $ (200 $ en moyenne).* Une chaîne d'AJ que les routards ayant arpenté les USA connaissent probablement déjà et qui a investi les locaux de l'ancien hôtel Art déco *Indian Creek*. Dortoirs (spacieux) avec sanitaires, chambres privées, ainsi que 3 bungalows avec kitchenette. Déco pimpante, qui sent bon les Caraïbes. Grande salle commune. Cuisine, prêt de vélos et diverses activités au programme. À l'arrière, un bar à cocktails (voir plus loin « Où boire un verre ? Où sortir ? »), une grande piscine et un resto, le tout niché dans une végétation tropicale de toute beauté. Location de vélos (bien pratique, vu la distance relativement éloignée de l'Art Deco District). Une super adresse pour *backpackers*.

Generator *(plan détachable Miami, G2,* ***21****)* **:** *3120 Collins Ave. ☎ 786-496-5730. • staygenerator.com • Lit en dortoir 4-10 pers 50 $; doubles 150-400 $; petit déj inclus.* À la frontière entre North et South Beach, une structure mi-hôtel mi-*hostel* des plus séduisante, répartie sur 8 étages. Avec leur déco vintage, les parties communes invitent au *chill* : véranda garnie de tables basses, coussins un peu partout et billard. À l'extérieur : piscine haricot et un bar pour s'hydrater entre 2 plongeons. Location de vélos à prix raisonnables. Clientèle éclectique qui va de la bande de potes en vadrouille aux cadres en déplacement pro. Un bon plan.

Rock Hostel *(zoom détachable Miami Beach, G3,* ***32****)* **:** *1351 Collins Ave. ☎ 305-763-8146. • rockhostel.com • Lits en dortoir 6-10 pers à partir de 45 $.* Une AJ simple et efficace, située au cœur de l'action, à 2 pas d'Ocean Drive. Dortoirs nickel, mixtes ou non, avec carrelage au sol, salle de bains privée et clim. Cuisine commune, bar, mais pas de piscine. Un excellent point d'ancrage à Miami Beach, mais qui s'adresse surtout aux fêtards (insonorisation précaire et ambiance assez survoltée en haute saison).

Tropics Hotel *(zoom détachable Miami Beach, G3,* ***16****)* **:** *1550 Collins Ave. ☎ 305-531-0361. • tropicshotel.com • Lits en dortoir 4-6 pers 30-60 $; doubles à partir de 130 $.* Cette structure, dont l'enseigne Art déco se repère de loin, constitue une bonne option pour les voyageurs à petit budget que l'ambiance AJ rebute un peu. L'ensemble n'est plus de prime jeunesse mais les dortoirs, à taille humaine et bien entretenus, font le job. Chambres privées un poil chères à notre goût. Les plus ? La situation très centrale et la grande piscine avec cuisine attenante, dotée d'immenses frigos pour stocker vos denrées, bien pratique pour les séjours longue durée.

De prix moyens à chic

Stardust Hotel *(zoom détachable Miami Beach, G3,* ***17****)* **:** *910 Collins Ave. ☎ 305-763-8653. • thestardusthotel@*

gmail.com • Double 120 $ tte l'année. Ce petit complexe disposant de chambres spacieuses réparties sur 3 niveaux, toutes dotées d'un grand lit *king size* ou de 2 lits *queen* et d'une kitchenette, offre l'un des meilleurs rapports qualité-prix-situation de tout South Beach. Tout n'est pas parfait (chambres un peu sombres et cloisons minces) mais à ce prix-là, on ne va pas faire la fine bouche.

President Hotel *(zoom détachable Miami Beach, G3,* ***18****)* **:** *1423 Collins Ave. ☎ 844-768-9738. • presidentsouthbeach.com • Doubles à partir de 160 $. Réduc si résa directe sur le site.* Un agréable hôtel Art déco situé au cœur de l'animation du quartier. *Lobby* avenant avec un petit côté design, chambres claires, toutes de blanc vêtues, réparties dans 2 bâtiments et décorées de fresques murales un poil kitsch. Breakfast tout à fait convenable à prendre dans la salle à côté du *lobby*, en terrasse ou, encore mieux, dans le petit jardin. Un bon compromis au cœur de la ville.

Townhouse *(zoom détachable Miami Beach, G3,* ***20****)* **:** *150 20th St, à l'angle de Collins Ave. ☎ 305-534-3800. • townhousehotel.com • Doubles à partir de 109 $.* Construit en 1939, cet hôtel a bénéficié d'un lifting design d'un blanc immaculé, tempéré par des notes de rouge de la réception aux chambres épurées, confortables, avec pour la plupart une banquette en L qui peut faire office de lit gratuit pour invité surprise ! Mais la vraie plus-value est à chercher du côté du dernier étage, où un superbe *rooftop* permet de finir la journée en beauté. Une adresse abordable à 2 pas de la plage.

El Paseo Hotel *(zoom détachable Miami Beach, G3,* ***13****)* **:** *405 Española Way. ☎ 305-400-0767. • elpaseohotel.com • Doubles à partir de 200 $.* En plein cœur d'une des rues les plus touristiques de Miami Beach, ce vénérable hôtel abrite des chambres spacieuses et lumineuses, à la déco rehaussée de pointes de couleur et d'objets en céramique. Certaines possèdent un petit balcon sur Española Way (sympa au petit déj, mais un peu bruyant à l'heure de l'apéro !). Dans le bâtiment attenant, quelques apparts avec cuisine tout équipée et 2 chambres.

La Flora *(zoom détachable Miami Beach, G3,* ***23****)* **:** *1238 Collins Ave. ☎ 305-531-3406. • laflorahotelsouthbeach.com • Doubles 200-320 $, petit déj continental (léger) compris.* Voilà un hôtel très central qui, derrière sa façade Art déco assez austère, s'est offert quelques touches de folie dans le *lobby*. Chambres simples et assez classiques (parquet, frigo) mais de bon confort et à des prix relativement raisonnables. Celles de l'arrière sont bien calmes mais assez sombres. Bons services et bons conseils. À côté, l'***Impala Hotel*** *(zoom détachable Miami Beach, G3,* ***34****)*, du même proprio, propose des chambres aux mêmes tarifs, distribuées autour d'une cour fleurie et arborée.

De chic à très chic

The Local House *(zoom détachable Miami Beach, G4,* ***36****)* **:** *400 Ocean Dr. ☎ 305-538-5529. • localhouse.com • Doubles à partir de 200 $. Réduc si résa directe sur le site.* Un boutique-hôtel frais et coloré, dans la partie tranquille d'Ocean Drive. La petite vingtaine de chambres fleure bon la zen attitude, avec juste ce qu'il faut de lumière et de couleurs pastel pour arrondir les angles d'un mobilier contemporain. Sur le toit, petite piscine et terrasse permettent de parfaire son bronzage. Excellent accueil. Une de nos adresses préférées à Miami Beach.

Albion Hotel *(zoom détachable Miami Beach, G3,* ***19****)* **:** *1650 James Ave. ☎ 305-913-1000 ou 1-877-782-3557. • rubellhotels.com • Doubles à partir de 140 $.* Cet hôtel Art déco, surmonté d'une tourelle avec son enseigne en néon, ne manque pas d'élégance. Malgré les 100 chambres (tout rond) au compteur, il y règne une atmosphère paisible qui contraste avec l'animation du quartier. Déco élégante, inspirée des bateaux de croisière de la Belle Époque. Grande piscine à l'arrière, au milieu d'une vaste terrasse (en béton, dommage). Accueil irréprochable. Seul bémol : ventilation un peu bruyante la nuit.

The Redbury *(zoom détachable Miami Beach, G3,* ***27****) : 1776 Collins Ave (entrée par la 18th St). ☎ 305-604-1776. • redburymiami.com • Doubles 200-500 $. Resort fee 30 $.* Un boutique-hôtel de dimension humaine, calme malgré sa situation centrale (double vitrage), et au design plaisant d'inspiration Art déco moyennant quelques touches de couleur savamment dosées. L'ambiance générale fleure bon les vacances les doigts de pied en éventail, notamment grâce à la piscine en *rooftop*. Les chambres sont très confortables, même celles d'entrée de gamme, avec minibar, machine à café et un électrophone assorti de vieux vinyles pour s'endormir bercé par la voix de Franck Sinatra...

Cadet Hotel *(zoom détachable Miami Beach, G3,* ***41****) : 1701 James Ave. ☎ 305-672-6688. • cadethotel.com • Doubles 190-390 $.* Construit en 1941, l'hôtel accueillit jusqu'en 1949 les Cadets de l'armée de l'air américaine sous le commandement du capitaine Clark Gable (oui, l'acteur), dont la photo trône au-dessus du piano du *lobby*. Aujourd'hui, ce charmant boutique-hôtel propose des chambres au confort irréprochable. Jacuzzi et spa en bonus, mais piscine vraiment riquiqui. Au rez-de-chaussée, bon (et cher) restaurant de cuisine française (le *Pied à Terre*).

Urbanica – The Meridian *(zoom détachable Miami Beach, G4,* ***25****) : 418 Meridian Ave. ☎ 305-495-5362 ou 305-392-7752 (résa). • urbanicathehotels.com • Doubles à partir de 130 $.* Un peu en retrait de l'agitation d'Ocean Drive, ce lieu ravira les amateurs d'intérieurs minimalistes et de design pointu. Sur les 7 types de chambres, on retiendra que la « mini » est vraiment petite mais avantageuse. Les autres vont de la taille moyenne à la vraiment grande (avec terrasse privée) mais à des prix parfois franchement borderline. Jolie (petite) piscine. Si c'est complet, on vous conseille, à 50 m de là, l'excellent ***Urbanica – The Euclid Hotel,*** appartenant au même groupe *(426 Euclid Ave ; ☎ 305-397-8144 ; doubles à partir de 200 $).*

The Marlin Hotel *(zoom détachable Miami Beach, G3,* ***48****) : 1200 Collins Ave. ☎ 305-695-3000. • themarlinhotel.com • Doubles 155-480 $. Promos possibles si vous optez pour 3 nuits consécutives en réservant à l'avance.* Un hôtel de poche de 33 chambres, installé dans un édifice typique de 1939, à la déco mêlant influences asiatiques et design contemporain. Zénitude de mise dans les chambres, aux tons clairs et doux. Pour la petite histoire, la maison a abrité pendant un demi-siècle un studio d'enregistrement qui a vu passer les plus grands (Bob Marley, U2, Beyonce...), dont on retrouve les disques d'or affichés dans les couloirs.

Blanc Kara *(zoom détachable Miami Beach, G4,* ***26****) : 205 Collins Ave. ☎ 786-216-7205. • blanckara.com • Doubles 150-400 $ en moyenne.* ***Moins de 21 ans refusés.*** Dans la partie calme de South Beach, un petit boutique-hôtel très *smart* avec beaucoup de cachet, à l'image des couloirs, tout en noir et blanc épuré. Côté confort, de grands lits *king size*, une cuisine bien équipée (plaques de cuisson, frigo, lave-vaisselle) et des salles de bains avec douche à gros pommeau. À cela, ajoutez plein de petites attentions d'un personnel avenant et de bons conseils, et la proximité de la plage. Une adresse qu'apprécieront les amoureux – d'ailleurs, toutes les chambres sont limitées à 2 personnes et interdites aux mineurs.

Kimpton Surfcomber Hotel *(zoom détachable Miami Beach, G3,* ***33****) : 1717 Collins Ave. ☎ 305-532-7715. • surfcomber.com • Doubles à partir de 200 $.* Boutique-hôtel de 200 chambres avec accès direct à la plage, bénéficiant d'une déco pêchue et colorée. Des couloirs longs comme des tunnels mènent aux chambres, très belles et au confort sans faille. Pour ne rien gâcher, grande piscine à l'arrière, sur le chemin de la plage. Côté papilles, le *Social Club* sert une cuisine fusion au wok et le *High Tide* fait plus resto-bar de plage. Un conseil : son voisin le *SLS* s'excitant parfois en décibels jusqu'à pas d'heure, mieux vaut demander une chambre côté nord.

Grand luxe

Miami Beach compte de (très) nombreux ***hôtels exceptionnels par leur histoire, leur architecture et leur aménagement intérieur*** souvent confié à de grands noms de la déco et du ***design.*** Hormis quelques salutaires promos sur Internet, c'est évidemment trèèèèèès cher. On peut se contenter d'y faire un tour en simple visiteur, juste pour se rincer l'œil.

☗ ***The National Hotel*** *(zoom détachable Miami Beach, G3,* ***30****)* **:** *1677 Collins Ave.* ☎ *305-532-2311.* • *nationalhotel.com* • *Doubles 250-600 $.* Hôtel grand luxe, dont la déco fourmille de petits chefs-d'œuvre, à l'image de cette mosaïque de Tamara de Lempicka dans le très chic bar du *lobby.* Réparties sur 11 étages, les chambres sont classiques et cosy, avec meubles d'époque en acajou pour certaines. Également des *cabanas* entièrement relookées, plus chères mais plus spacieuses, disposées autour de l'immense piscine (on croirait un bassin du château de Versailles !). Pour compléter le paradis, palmiers et hamacs dans le jardin, en accès direct à la plage. Cours de yoga pratiquement quotidiens. *Live music* en fin de semaine à partir de 20h. Accueil et service impeccables.

☗ ***Delano*** *(zoom détachable Miami Beach, G3,* ***30****)* **:** *1685 Collins Ave.* ☎ *305-672-2000.* • *sbe.com/hotels/delano/south-beach* • *Doubles 350-950 $.* Datant des années 1940, celui qui fut le 1er grand hôtel design de South Beach semble tout droit sorti de l'univers de *Batman,* surmonté qu'il est d'une curieuse tourelle « ailée ». Philippe Starck a dirigé son relooking au début des années 1990. Entrée théâtrale et *lobby* grandiose, tout en longueur, avec voilages et mobilier design (comme ce piano à queue transparent !) menant à un bar à sushis très conceptuel. L'impression d'être coupé du monde dès l'entrée. Comme la façade, les chambres sont d'un blanc immaculé. Côté farniente : piscine chauffée ourlée de palmiers fins comme des mikados et bordée de salons individuels avec écrans plats, spa avec solarium à fleur de ciel, plage privée et salle de sport.

☗ ***SLS*** *(zoom détachable Miami Beach, G3,* ***33****)* **:** *1701 Collins Ave.* ☎ *305-674-1701.* • *sbe.com/hotels/sls-hotels/south-beach* • *Doubles à partir de 300 $.* SLS ? « *Something Lovely's Started* ». *Lovely indeed.* Avec Starck à la déco – entre baroque et design –, la patte de Lenny Kravitz dans les suites du dernier étage et une longue piscine veillée par un canard géant (!), cette vieille dame Art déco est l'un des plus beaux hôtels de Miami. En plus de la piscine et de l'accès direct à la plage, on y trouve 2 restos renommés : un bar à tapas signé José Andrés (le *Bazaar*), avec son impressionnant lustre tentaculaire, et *Katsuya,* une référence en matière de cuisine nipponne, mondialement célèbre pour ses *sushi-bars.* La grande vie !

☗ ***Lennox Miami Beach*** *(zoom détachable Miami Beach, G3,* ***35****)* **:** *1900 Collins Ave.* ☎ *305-531-6800.* • *lennoxmiamibeach.com* • *Double env 450 $.* Une bulle de luxe et de volupté que cet hôtel au cadre Art déco d'origine. Chambres élégantes et sophistiquées, « designées » et décorées par le célèbre architecte d'intérieur argentin Juan Ciavarella, rien que ça. Un doux mélange de matériaux écologiques recyclés et de meubles artisanaux du monde entier. Et le résultat est somptueux ! Belle petite piscine à l'arrière, baignée par un puits de lumière.

Où manger ?

Le soir, ***réservation indispensable*** dans la plupart des restos chics. À Miami, les 15 %, voire 20 % de pourboire (*tip, gratuity* ou *propina*) sont presque systématiquement inscrits d'office sur la note (vérifiez pour éviter de généreusement le payer 2 fois !).

Spécial petit déjeuner

Une bonne raison de se lever tôt : le breakfast. L'occasion de profiter, entre autres, des charmes de l'Art Deco District à la fraîche, sans la foule (et en silence !).

The Front Porch Cafe *(zoom détachable Miami Beach, G3,* ***67****)* **:** *1458 Ocean Dr. ☎ 305-531-8300. Tlj 8h-21h (16h mar-mer). Petits déj 10-15 $. The place to be* à l'heure du petit déj : œufs à toutes les sauces, granola, pancakes taille maousse, *French baguette*... chacun y trouvera son compte (il y a même des cocktails pour les fêtards en fin de course !). On conseille de venir tôt pour espérer avoir une table dehors, sous le grand porche. Dommage que la musique ne soit pas un peu plus douce, mais bon, on est à Miami Beach...

Jaya at the Setai *(zoom détachable Miami Beach, G3,* ***41****)* **:** *2001 Collins Ave. ☎ 855-923-7899. Tlj 7h-23h (minuit ven-sam). Petits déj 24-34 $; brunch 44 $.* Petit déj exceptionnel dans un lieu d'exception. Pour ceux qui en ont les moyens, le brunch de cet hôtel branché et design, l'un des plus beaux de Miami, est une expérience à lui tout seul. Histoire de jouer les VIP de luxe l'espace de quelques heures...

On recommande également ***11th Street Diner*** *(zoom détachable Miami Beach, G3,* ***72****)* et ***Big Pink*** *(zoom détachable Miami Beach, G4,* ***74****)* pour des breakfasts typiquement ricains. Les amateurs de *healthy food* iront plutôt s'installer chez ***Juice & Java*** *(zoom détachable Miami Beach, G3,* ***82****)*, tandis que les petits budgets peuvent compter sur ***Las Olas Cafe*** *(zoom détachable Miami Beach, G4,* ***83****)*.

Sur le pouce

Rosetta Bakery *(zoom détachable Miami Beach, G3,* ***60****)* **:** *929 Collins Ave. Tlj 8h-18h. Moins de 10 $.* Cette chaîne de boulangeries italiennes propose de délicieux sandwichs, frais et copieux, parfaits pour un repas sur le pouce. On peut également opter pour une part de pizza ou de *focaccia*. Terrasse ombragée et agréable, bien qu'en bord de route.

Joe & The Juice *(zoom détachable Miami Beach, G3,* ***75****)* **:** *1600 Collins Ave. Tlj 7h (8h w-e)-20h. Moins de 10 $.* Dans ce bar à jus haut de plafond, à l'ambiance décontractée où les centrifugeuses ronronnent en boucle sur fond de musique hip-hop, on sert des jus *healthy* et des sandwichs basses calories. Autres adresses en ville pour cette franchise qui marche du tonnerre et dont le succès est largement mérité.

La Sandwicherie *(zoom détachable Miami Beach, G3,* ***64****)* **:** *229 14th St. Tlj 8h-minuit (5h jeu-sam). Moins de 10 $.* Un petit kiosque où se pressent les plagistes le jour et les teufeurs la nuit. Large variété de sandwichs préparés à la demande, sans oublier les smoothies, *shakes* et jus de fruits frais (à l'açaï, un délice !). Le tout à déguster au petit comptoir bariolé ou à emporter.

The Lobster Shack *(zoom détachable Miami Beach, G4,* ***81****)* **:** *40 South Pointe Dr. Tlj 11h-minuit. Lobster roll env 24 $.* Ici, le roi homard est cuisiné à toutes les sauces (cajun, *spicy*, en tacos, en soupe, en salade...), mais la Rolls, c'est évidemment le *lobster roll*, une spécialité typiquement américaine, incontournable pour les amateurs de crustacés (et de mayonnaise). On s'en pourlèche encore les doigts !

Spris *(zoom détachable Miami Beach, G3,* ***70****)* **:** *731 Lincoln Rd. Tlj 12h-23h. Pizzas 12-19 $.* Une pizzeria dont la réputation est assise sur le principe d'un *happy hour* (17h30-19h) un peu spécial : le tarif est ajusté en fonction de l'heure de la commande ! Envie d'une pizza à 17h30 ? Vous la paierez 5,50 $! Une commande juste avant 19h ? Ça fera 7 $! Surveillez l'horloge, donc, et bon appétit !

Shake Shack *(zoom détachable Miami Beach, F3,* ***69****)* **:** *1111 Lincoln Rd. Tlj 11h-22h. Burgers 7-10 $.* Pain *bun's* moelleux, viande juteuse, frites craquantes... Certains esthètes du burger estiment que cette chaîne de fast-foods surclasse tous ses concurrents en la matière. On vous laisse trancher. Mais vu la queue qui s'allonge midi et soir devant la porte, ils sont un certain nombre à partager cet avis...

La Playa Market *(zoom détachable Miami Beach, G4,* ***63****)* **:** *247 Collins Ave. Tlj 6h-23h. Moins de 10 $.* Une petite supérette de quartier, pratique pour s'acheter de quoi grignoter avant/après/pendant une session farniente à la plage, située à 50 m de là. Coin traiteur avec plats chauds, salades, sandwichs et fruits frais, le tout à prix doux.

Bon marché

Bodega (*zoom détachable Miami Beach, F3,* ***73****) : 1220 16th St. Tlj 12h-5h. Tacos 4-5 $.* Attention les p'tits cocos, l'armée mexicaine qui œuvre jour et nuit dans sa roulotte alu n'a pas l'habitude de décevoir son monde. Si vous êtes d'humeur festive, après avoir englouti votre tacos, poussez donc la porte de la chambre froide située tout à droite, et vous nous en direz des nouvelles... (voir plus loin « Où boire un verre ? Où sortir ? »).

Juice & Java (*zoom détachable Miami Beach, G3,* ***82****) : 1346 Washington Ave. Tlj 9h-21h. Plats 8-13 $.* Ici, tout est frais, bio, bon pour la santé et préparé à la demande, du breakfast aux pitas en passant par les wraps, les salades, les smoothies et autres cocktails aux vertus antioxydantes, digestives, et même anti-gueule de bois (ce qui peut être utile, à Miami Beach !). Petite salle agréable, où le bois domine, et quelques tables en terrasse.

Las Olas Cafe (*zoom détachable Miami Beach, G4,* ***83****) : 644 6th St (angle avec Euclid Ave). Tlj 6h-20h. Plats 7-13 $; petit déj spécial 6,50 $.* Un resto-snack qui fleure bon l'Amérique latine : terrasse avec gazon synthétique, assiettes en plastique bien garnies et tarifs démocratiques. Selon l'heure et l'humeur, on opte soit pour les plats du jour présentés en vitrine à l'intérieur, façon self, soit pour les classiques cubains à la carte (*chuleta, tamales, ropa vieja*, etc.). Un lieu simple et populaire, très bien aussi pour le petit déj.

Mister 01 (*zoom détachable Miami Beach, G3,* ***68****) : 1680 Michigan Ave (si, si, c'est bien là). ☎ 305-397-8189. Tlj 12h-23h. Pizzas 7-19 $ selon taille et garniture.* Cette pizzeria cachée au fond d'un immeuble d'habitations fait partie de ces *secret spots* dont on se passe l'adresse sous le manteau (plutôt sous la serviette de bain, à Miami). Cuisine ouverte, petite salle aseptisée, déco minimaliste et clim réglée sur polaire. Mais l'essentiel est dans l'assiette : pizzas fines, goûteuses et croustillantes, préparées avec des ingrédients bio et joliment présentées. On peut aussi les emporter et se trouver un banc sur Lincoln Road, juste à côté.

Puerto Sagua (*zoom détachable Miami Beach, G4,* ***71****) : 700 Collins Ave. Tlj 7h-23h. Plats 10-12 $ le midi, 12-25 $ le soir.* Resto cubain ouvert depuis 1962, réputé et très populaire. Longue carte, à prix variés, où la viande se taille la plus grosse part du bifteck : cochon, poulet, bœuf, accompagnés de riz et *frijoles negros* bien sûr, mais aussi quelques bons poissons grillés (ou frits) et des fruits de mer. Le tout servi au comptoir ou sur les tables en bois verni de la petite salle, sous les ventilos qui ronronnent. *Tipico* de chez *tipico* !

Prix moyens

Lilikoi (*zoom détachable Miami Beach, G4,* ***78****) : 500 South Pointe Dr. ☎ 305-763-8692. Tlj 8h-19h. Plats 12-20 $.* Une belle adresse bio-*healthy* à 100 m de la plage, super pour un breakfast ou un lunch léger : sandwichs, wraps, *ramen, bowls* et des recettes véganes (dont d'étonnantes carbonara) qui valent le coup de fourchette. Terrasse sous les arcades ou salle avec plafond haut et tables en bois.

Big Pink (*zoom détachable Miami Beach, G4,* ***74****) : 157 Collins Ave. ☎ 305-531-0888. Tlj 8h-minuit (5h ven-sam). Plats env 15-20 $.* Un resto qui porte bien son nom. La façade rose bonbon est *pink* comme il le faut, quant au côté *big*... La carte est énorme (20 salades, 20 burgers, 20 sandwichs, etc.), les portions gargantuesques et la salle toujours pleine comme un œuf ! Un bon (gros) morceau d'Amérique comme on les aime.

Time Out Market Miami (*zoom détachable Miami Beach, G3,* ***65****) : 1601 Drexel Ave (angle 16th St). Tlj 12h-22h (23h w-e). Plats env 10-20 $. CB uniquement.* Un temple de la *food* installé sous une halle de 1 600 m², où une dizaine de stands proposent un tour du monde des saveurs. Chacun choisit sa paroisse pour passer commande et tout le monde se retrouve sur les grandes tablées familiales. De quoi contenter tous les goûts, toutes les bourses et tous les régimes alimentaires...

11th Street Diner *(zoom détachable Miami Beach, G3, **72**) : 1065 Washington Ave (à l'angle de 11th St). Tlj 8h-minuit. Burger env 15 $; plats 15-25 $; today specials env 15 $.* Le *diner* américain comme on se l'imagine, dans un authentique wagon en aluminium de 1948 transporté de Pennsylvanie et restauré. Sol à damier, néons fifties, chromes lustrés, alcôves de moleskine rouge, un vrai décor de film ! Carte simple et efficace : burgers à gogo, salades, pâtes, grillades et poisson. Intéressants *today specials* le soir et *breakfast all day.* Un lieu souvent bondé, victime de son succès...

SuViche *(zoom détachable Miami Beach, F3, **62**) : 1119 16th St. Tlj 11h30 (12h30 w-e)-23h. Plats 10-25 $.* Ici, on marie allégrement le quinoa au *tataki* de thon, les SUshis aux ceVICHES (vous l'avez ?), la cuisine de la Cordillère à celle du Soleil-Levant dans une fusion péruano-nipponne qui en étonnera plus d'un. C'est si bon et frais qu'on en oublie vite la salle assez quelconque, à la déco aseptisée.

Fratelli La Bufala *(zoom détachable Miami Beach, G4, **76**) : 437 Washington Ave (angle 5th St). ☎ 305-532-0700. Tlj 12h-23h30. Pizzas 11-26 $; plats 15-25 $.* Les tables sur le trottoir, drapées dans une très classique nappe à carreaux rouges et blancs, sentent bon l'Italie. Impression confirmée à l'intérieur, où ça parle fort et ça virevolte entre les tables sur fond de bonnes odeurs d'origan. La pizza est bien craquante, l'assiette de *pasta* goûteuse, le tout servi rapidement. Bière *Moretti* à la pression (c'est assez rare pour le préciser), vins à prix raisonnables. Une bonne adresse, tenue par des Italiens « de souche », originaires de Roma et Napoli.

De prix moyens à chic

Planta *(zoom détachable Miami Beach, G4, **84**) : 850 Commerce St. ☎ 305-397-8513. Tlj 11h45-22h (23h ven-sam). Plats 16-24 $.* Si vous pensez que la cuisine végane se limite à 3 feuilles de salade et un bol de quinoa, venez donc planter votre tente chez *Planta* et vous changerez certainement d'avis ! Ceviches, pâtes, pizza, *pad thai* ou sushis, tout ici est adapté, transformé et réinventé en version végétale... et c'est tout bonnement délicieux ! Une cuisine ultra-créative à déguster dans une très chic salle illuminée par de grandes baies vitrées.

Yardbird Southern Table & Bar *(zoom détachable Miami Beach, F-G3, **61**) : 1600 Lenox Ave (angle 16th St). ☎ 305-538-5220. Tlj 10h (9h w-e)-22h (23h ven-sam) ; brunch w-e servi jusqu'à 16h. Plats au déj et brunch dès 16 $; le soir 15-40 $. Résa conseillée le soir.* Dans un joli décor indus', un resto de cuisine du Sud raffinée et revisitée par un ancien du *Top Chef* américain. *Ribs* à la mode de Saint-Louis, *chicken'n'waffles,* poulet BBQ, *grits* (sorte de polenta) aux crevettes, tous les classiques sont là, dans l'assiette comme dans les oreilles (excellente zik country-rock la plupart du temps). Très large choix de bourbons pour arroser tout ça et des desserts à tomber (*sundays* au beurre de cacahuète ou *cheesecake Southern style*). Une expérience culinaire qui vaut le détour.

Sweet Liberty *(zoom détachable Miami Beach, G3, **85**) : 237-B 20th St. ☎ 305-763-8217. Lun-sam 16h-5h, dim 12h-17h. Plats 18-34 $.* Intérieur tamisé souligné par quelques néons rouges, tables en formica imitation bois, banquettes de moleskine, vaisselle en émail, torchon en guise de serviette... nous voilà dans les années 1960 ! Dans l'assiette, des lasagnes végétariennes, un bon steak-frites ou encore une douzaine d'huîtres bien fraîches. Top également à l'heure de l'apéro (super cocktails). Seul bémol : le service prend parfois son temps.

CVI.CHE105 *(zoom détachable Miami Beach, F3, **66**) : 1245 Lincoln Rd. ☎ 786-534-8651. En gros, tlj 12h-22h30 (minuit ven-sam). Ceviches 15-25 $; plats plus chers.* Un resto péruvien qui séduit pour sa cuisine bien fraîche et sa vaste terrasse sur la rue piétonne la plus animée de la ville. La qualité du service est un bon point supplémentaire. Le lieu idéal pour découvrir ou redécouvrir les délices des *tiradito,* ceviches et autres *anticuchos.*

Chic

Joe's Stone Crab *(zoom détachable Miami Beach, G4,* ***90****)* **:** *11 Washington Ave. Tlj 17h-22h (23h ven-sam), plus 11h30-14h30 jeu-dim. Fermé 15 août-15 oct. Résa vivement conseillée. Plats 20-40 $; prix du crabe selon marché.* Une institution ! Ici, depuis 1913, on en pince pour Joe et son crabe. Sa sauce (dont la recette est jalousement gardée) attire les amateurs des 4 coins du pays. Entre les salles assez chics, façon country-club à l'anglaise, et les terrasses verdoyantes, l'endroit est vaste, mais mieux vaut tout de même réserver. En principe, tenue correcte exigée (mais du moment que vous n'êtes pas en maillot de bain et torse nu, ça passe !). Au **take-away** juste à côté *(tlj 11h30-21h, commande en ligne possible),* on sert des plats plus simples (*fish & chips,* salades...), moins chers et tout aussi goûtus.

Smith & Wollensky *(zoom détachable Miami Beach, G4,* ***80****)* **:** *1 Washington Ave (dans le South Pointe Park).* ☎ *305-673-2800. Tlj 11h-23h30. Plats de 30 à... 89 $! Résa vivement conseillée.* L'un des établissements les plus *smart* de Miami, situé sur un emplacement incroyable, à la pointe sud de l'île, littéralement les pieds dans l'eau... On vient ici pour profiter de la vue (réservez une table en terrasse !), regarder les yachts passer, mais aussi (et surtout) déguster des pièces de viande d'exception. Forcément, tout cela à un prix (le ticket moyen atteint vite les 100 $), mais pour les veinards qui ont les moyens, quel panard !

Où faire une pause sucrée ?

The Frieze Ice Cream Factory *(zoom détachable Miami Beach, G3,* ***121****)* **:** *1626 Michigan Ave. Tlj 12h-minuit (1h ven-sam).* Cet artisan à l'ancienne fabrique ses glaces et sorbets, 100 % casher, uniquement avec des produits naturels : au champagne (déroutant !), au citron vert des Keys *(Key lime),* à la noix de coco fraîche, etc. Gage de qualité, il livre l'*Eden Rock,* le *Ritz Carlton* et le *Mandarin Oriental* ! Délicieux et le tout à prix convenable.

The Smoothie Shop *(zoom détachable Miami Beach, G3,* ***123****)* **:** *1229 Washington Ave. Tlj 10h-22h (minuit ven-sam).* La maison propose une vingtaine de smoothies avec ou sans lait. Également des jus de fruits, de légumes et quelques bonnes choses à grignoter (*açaï bowls,* wraps, etc.). Tout est préparé sous vos yeux, à la demande et avec le sourire. Y'a bon vitamines !

Où boire un verre ? Où sortir ?

Attention, les prix des *happy hours* facturés plein pot et les arnaques sur les notes sont routinières à Miami Beach (contrôlez bien le pourboire, il est souvent facturé d'office). Les amateurs du genre s'offriront un ou plusieurs **pub crawls** (tournée des bars), comme ceux proposés par *Miami Club Crawl* (● *laepicclubcrawls.com/miami* ●) ; départ dans des « *Party Bus* » du mardi au dimanche vers 20h-22h pour un programme de 4 ou 5 bars, *lounges* et clubs servis dans la foulée, sans avoir à faire la queue... Compter environ 85-100 $ pour une nuit.

Bars et *rooftop*

The 1 Rooftop *(zoom détachable Miami Beach, G3,* ***145****)* **:** *2341 Collins Ave. Demander au portier qu'il vous appelle l'ascenseur. Tlj 18h (avt, c'est réservé aux clients de l'hôtel)-1h.* Vous n'avez peut-être pas 1 000 $ à mettre dans l'une des chambres de cet hôtel haut de gamme, mais peut-être serez-vous intéressé par son *rooftop,* l'un des plus beaux de Miami ! Cocktails à peine plus chers que sur Ocean Drive et coucher de soleil inoubliable. On peut aussi y rester dîner (très bon

MIAMI

resto japonais, pas donné, forcément). Souvent bondé, on conseille de venir dès l'ouverture.

Nikki Beach Miami *(zoom détachable Miami Beach, G4,* ***141****) :* *1 Ocean Dr. • miami-beach.nikkibeach.com • Tlj 12h-19h.* Le seul véritable *beach bar* de Miami (bien que pas tout à fait sur la plage...). Luxe, calme et volupté sur l'immense terrasse ombragée de cocotiers et agrémentée de transats, banquettes et lits balinais (à baldaquin). La mer est à 2 pas, la musique à un volume acceptable, les *beautiful people* paradent... On est pas mal !

Mac's Club Deuce *(zoom détachable Miami Beach, G3,* ***130****) : 222 14th St. Tlj 8h-5h.* Un bar en S qui serpente au milieu de la salle, des néons flashy, un billard, des cendriers qui débordent et du rock'n'roll dans les enceintes jusqu'à tard... Un rade dans son jus, sans prétention mais très attachant, parfait pour se faire des potes, accoudé au comptoir.

Juvia *(zoom détachable Miami Beach, F3,* ***138****) : 1111 Lincoln Rd (angle Lenox Ave). Tlj 17h-23h ou minuit.* Mur végétal, terrasse en teck, bar en bois pétrifié, petits bassins, l'habillage de ce *rooftop* dessiné par Herzog et De Meuron est une vraie réussite. En plein air ou dans la salle vitrée sur l'horizon, on paie son cocktail une petite vingtaine de dollars, mais l'ambiance de « ouf » qui s'en dégage est vraiment top. Côté resto, l'addition s'envole vite (pas étonnant, vu l'altitude !).

Broken Shaker *(plan détachable Miami, G2-3,* ***39****) : 2727 Indian Creek Dr. Tlj 17h-1h (2h ven-sam).* C'est le bar à cocktails de la très cool AJ *Freehand Miami.* Breuvages de qualité, tarifs démocratiques et ambiance *chill* autour de la piscine et sur la terrasse ombragée de plantes tropicales. Ça s'échauffe un peu plus le week-end. Clientèle jeune et routarde, l'endroit tout trouvé pour faire des rencontres.

Bars dansants

Bodega *(zoom détachable Miami Beach, F3,* ***73****) : 1220 16th St. Tlj 12h-5h.* Entrez donc au *Meat Market* après avoir poussé la lourde porte bleue de la chambre réfrigérée située à droite du petit *trailer* en alu où l'on sert des tacos et là... waouh ! On pénètre dans une tout autre ambiance et un tout autre décor : bar *lounge* avec sofas, piano, un étonnant lustre en bois de cerf au plafond et un grand choix de cocktails. *Live music* certains soirs et DJ jusqu'à pas d'heure la plupart du temps (surveiller leur compte Instagram). Un must à Miami.

Kill Your Idol *(zoom détachable Miami Beach, G3,* ***136****) : 222 Española Way. Tlj 20h-5h. Live ou DJ surtout le w-e, à partir de 23h.* Ici, quoi de spécial ? Tout. Des tags déjantés. Un cabinet de curiosités improbable derrière le bar où la bière et les cocktails coulent à flots. Clientèle métissée, sans complication ni *dress code.* L'endroit est réputé pour ses soirées à thème (burlesque, drag-queens, etc.). L'anti-bling-bling par excellence!

Wet Willie's *(zoom détachable Miami Beach, G4,* ***131****) : 760 Ocean Dr. Tlj 11h-1h (3h ven-sam).* Tout en couleurs acidulées et ouvert en balcon sur l'animation de la rue, façon pont de paquebot, ce bar très prisé de la jeunesse débite non-stop des cocktails glacés décoiffants. Le choix sera difficile entre les 25 mixtures proposées, mais celle qui visiblement fait le buzz parmi la clientèle, c'est le *Call-a-cab* (« appelle un taxi »), tout un programme ! Pendant la haute saison (février-mars), c'est la teuf dès 14h... Même ambiance surchauffée, quelques numéros plus haut, au ***Clevander*** *(zoom détachable Miami Beach, G3,* ***134*** *; 1020 Ocean Dr ; tlj 11h-4h).*

Clubs

LIV at Fontainebleau *(plan détachable Miami, G2,* ***142****) : 4441 Collins Ave. • livnightclub.com • Jeu-dim 23h-5h. Entrée : 30-100 $!* Avec ses 1 700 m^2, le *LIV* est tout simplement l'une des plus grandes boîtes de nuit du monde. Point de ralliement des Sinatra, Sammy Davis JR et autres Presley dans les années 1950-1960, l'ancien *Tropigala* accueille désormais, dans une ambiance de FO-LIE, tout ce que Miami compte de clubbeurs.

MIAMI

Tenue correcte exigée et videurs pas commodes...

Story *(zoom détachable Miami Beach, G4,* ***149****)* **:** *136 Collins Ave. • storymiami.com • Ven-sam 23h-5h. Entrée variable : 20-60 $.* Encore un géant de la nuit ! Si les Guetta, Steve Angello et autres Tiësto sont souvent au *LIV*, *Story* accueille, lui, des DJs plus underground. Locals et touristes s'y pressent (dans tous les sens du terme) à partir de 1h, inutile de se pointer avant.

Twist *(zoom détachable Miami Beach, G3,* ***143****)* **:** *1057 Washington Ave. • twistsobe.com • Tlj 13h-5h. GRATUIT. Twist,* c'est LA boîte gay de SoBe, quasi 2 décennies de fiesta ininterrompue autour de ses 7 bars (oui, 7 !) aux ambiances toutes différentes – dont le tropical *Bungalow Bar* avec strippers de rigueur... Le *Main Room* résonne sur des rythmes *tribal house* endiablés et le *BarFive* ouvre grand les écoutilles à la salsa et aux sons latinos. Les hétéros des 2 sexes sont les bienvenus et ne s'en privent pas d'ailleurs. Une rareté à Miami Beach : l'entrée toujours gratuite.

MIAMI

À voir. À faire

The beach : autant commencer par la mauvaise nouvelle. Ne vous attendez pas à trouver une « croisette » et à passer vos journées à vous balader en bord de mer. Le fait est qu'à Miami Beach, on ne voit quasiment jamais... la *beach* ! Même sur Ocean Drive, au nom pourtant alléchant, on distingue à peine l'océan, caché par une épaisse végétation ! Cela étant dit, une fois la plage « débusquée », elle tient toutes ses promesses. Eaux limpides, sable blanc, très « instagramables » ***cabanes colorées des sauveteurs*** et, bien évidemment, plein de beaux gars et de belles filles qui défilent en tenue légère. Si vous voulez être peinard, on conseille de descendre tout au sud de la pointe, au niveau de la 1st Street. Les amateurs de rollers, de vélo et de footing s'en donneront à cœur joie sur le ***beachwalk*** (la promenade du front de mer), qui s'étale quasiment du nord au sud sur toute la longueur de l'île. Même si là encore, autant être honnête : on ne voit pas souvent le bleu de la mer...

– ***À savoir :*** au nord de Miami Beach, ***Haulover Beach*** *(au niveau des nos 14000 Collins Ave)* est la seule plage nudiste du comté de Miami.

Art Deco District *(zoom détachable Miami Beach, G3-4)* **:** *essentiellement entre 5th St au sud et 23th St.* Les édifices les plus représentatifs sont situés sur Ocean Drive, Collins Avenue et Washington Avenue. On conseille vivement la balade sur Ocean Drive à la fraîche, le matin, avec la lumière du soleil levant qui illumine les façades. Sans parler du calme royal qui règne à cette heure-ci...

■ Pour les visites guidées, s'adresser à l'***Art Deco Gift Shop / Welcome Center*** *(zoom détachable Miami Beach, G3,* ***2*** *; 1001 Ocean Dr ; • mdpl.org •).* Voir aussi plus haut « Culture, visites guidées » dans « Adresses et infos utiles ».

– ***Visites guidées à pied :*** *tlj à 10h30 (et 13h30 ven) sauf j. fériés. Arriver 15 mn avt l'heure (résa conseillée). Bon niveau d'anglais requis. Durée : 1h30. Tarif : 30 $; réduc.* Guidées par des historiens ou des architectes. Avantage : on pénètre l'intimité de certains bâtiments.

– ***Audioguide :*** *disponible en français. Durée : env 1h30. Tarif : 25 $; réduc.* L'audioguide est à télécharger sur votre smartphone via leur application. Commentaire complet, et plan fourni.

L'histoire de ce quartier débute véritablement ***après le passage de l'ouragan de 1926,*** qui détruisit la plupart des bâtiments de Miami Beach. Tout fut donc rebâti à la même époque, dans un style très en vogue alors : l'*Art Deco.* À l'intérieur de cette définition, plusieurs sous-styles se dégagent (*Mediterranean Revival, Zig-zag Moderne, Streamline* ou *Depression Moderne*), celui de Miami Beach est plus simple et plus dépouillé que le style européen. Le caractère unique du quartier réside dans sa cohérence. On reste baba devant ces façades aux formes arrondies, aux stucs blancs qui alternent avec toutes les teintes des *ice-creams,* et aux néons criards (il faut absolument faire une promenade de nuit !). À l'intérieur, les marbres côtoient les céramiques aux couleurs pastel, le bronze et le fer forgé. Délabré et menacé de démolition dans les années 1970, l'Art Deco District a été sauvé et restauré par des artistes, architectes et promoteurs courageux, regroupés au sein de la ***Miami Design Preservation League.***

UNE VILLE QUI A DU STYLE !

Le style Art déco tire son nom du style en vogue lors de l'Exposition internationale des Arts décoratifs de 1925 à Paris. Il allie la géométrie cubique à des motifs égyptiens et floraux. L'Art déco floridien est appelé Tropical Art Deco en raison de l'apport de motifs spécifiques à la région. Miami Beach est l'endroit du monde qui rassemble le plus d'immeubles (960 au total) de ce style très uniforme, car tout a été construit en même temps (1926-1943).

À l'origine, les bâtiments étaient enduits de blanc, seuls les éléments décoratifs étant peints de couleurs vives. Dans les années 1980, le designer Leonard Horowitz impose, malgré des controverses, le ***Deco Dazzle,*** une ***palette de tonalités pastel*** qui sert désormais de modèle obligé à chaque rénovation de façade. Pour en savoir plus sur l'histoire du mouvement Art déco, voire la rubrique « Architecture », dans « Hommes, culture, environnement » en fin de guide.

Quelques édifices remarquables sur Ocean Drive (du nord au sud).

- ***Cardozo Hotel,*** *au nº 1300 :* superbe bâtiment curviligne de Henry Hohauser. Immortalisé au cinéma dans le film *Mary à tout prix,* avec Cameron Diaz.

- ***Leslie,*** *au nº 1244, et son voisin le* ***Carlyle,*** *au nº 1250 :* ils sont typiques du style classique Art déco. 3 étages, éléments verticaux, couleur jaune vif, le 1er assez sobre, le 2d tout en exubérance avec brise-soleil aux fenêtres d'angle du plus pur arrondi. Pour la petite histoire, le *Carlyle* a servi de décor à la série *Miami Vice,* mais aussi au *Scarface* de Brian De Palma, ainsi qu'à *L'Ombre d'un soupçon* de Sydney Pollack.

- ***Casa Casuarina,*** *au nº 1116 :* aussi appelée *Amsterdam Palace,* la tristement ***célèbre demeure de Gianni Versace*** (qu'il occupa de 1992 à son assassinat en 1997) s'inspire de l'*Alcazar* de Christophe Colomb, érigé à Saint-Domingue au début du XVIe s et reconstruit ici à South Beach en 1930 dans le style *Mediterranean Revival.* Richement restauré et redécoré par le couturier italien à grand renfort d'or, de mosaïques et de colonnes à l'antique, de soieries chamarrées et de marbres de Carrare, le palais accueille maintenant un hôtel-resto de grand luxe, mais rien ne vous empêche d'y jeter un œil depuis les grilles, celles-là mêmes devant lesquelles Versace fut assassiné (et où de nombreux « fans » viennent se prendre en selfie...).

GIANNI VERSACE : MEURTRE EN EAUX TROUBLES

Le 15 juillet 1997, Andrew Cunanan, 27 ans, assassine le célèbre couturier italien de 2 balles dans la tête alors que celui-ci s'apprête à entrer dans sa villa de Miami Beach. Gianni Versace, 50 ans, est la 5e et dernière victime de Cunanan, lancé dans une frénésie de meurtres depuis le mois d'avril précédent. Le tueur se suicide le 23 juillet, après une semaine de cavale, sans laisser d'explication sur ses crimes. Le profil de ce mythomane notoire, obsédé par la célébrité et fasciné par Versace (qu'il prétendait connaître), n'est pas sans rappeler celui de David Chapman, assassin d'un certain John Lennon...

- ***Breakwater,*** *au nº 940 :* d'Anton Skislewicz (1939). Un des plus spectaculaires d'Ocean Drive et représentatif du style *Streamline* avec sa façade en rayures

horizontales, ses rambardes de toit comme celles d'un pont de navire et son impressionnante tour qui évoque la majesté des totems indiens.
– ***Colony,*** *au n° 736 :* encore une réalisation de Hohauser (1935). Son enseigne aux néons bleus et tout en verticalité est un des phares de la nuit sur Ocean Drive. Les « bandeaux » bleu et blanc sont typiques du style *Streamline.* Une cheminée du *lobby* est garnie d'une œuvre du muraliste mexicain ***Diego Rivera,*** époux de Frida Kahlo.
– ***Imperial,*** *au n° 650 :* construit par Murray Dixon en 1939. Sa façade en 3 parties, aux couleurs blanc-bleu-mauve-vert, avec baie centrale, reliefs et « brise-soleil » couvrant les fenêtres d'angle, est un classique du style. L'*Imperial* est surmonté d'un fronton à hublots inspiré de l'architecture navale.
Si vous avez le temps, n'hésitez pas à sortir des sentiers battus et faites un tour vers les rues de l'arrière (Euclid, Pennsylvania, Meridian, Michigan), qui recèlent quantité de trésors moins connus et quelques maisons particulières. Souvent plus modestes, elles sont par certains détails ou coloris un vrai ravissement pour les amateurs.

MIAMI

Les hôtels design de South Beach : Miami Beach (plus particulièrement sa partie au nord de Lincoln Road) s'est spécialisée dans ce créneau d'établissements de luxe. Si les prix des chambres sont souvent inaccessibles au commun des mortels, n'importe qui peut en revanche entrer et jeter un œil dans les parties communes. Et ça vaut le coup !

Quelques édifices remarquables sur Collins Avenue (du sud au nord).
– ***Dream South Beach Hotel,*** *au n° 1111 :* d'une blancheur éclatante, il recèle une déco époustouflante d'élégance arabo-mauresque, elle-même rehaussée par un zeste d'ambiance seventies (ce qui lui confère tout son charme). Sur le toit, une piscine à débordement semble vouloir remplir l'océan. Cette boîte à bijoux est, en outre, émaillée d'œuvres d'art contemporain.
– ***Sagamore,*** *au n° 1671 :* concept *arty* très pointu. Le *lobby,* où se trouve exposée la collection privée des proprios, est une vraie galerie d'art contemporain.
– ***SLS,*** *au n° 1701 :* c'est à ***Philippe Starck,*** l'initiateur des 1ers boutique-hôtels dans les années 1980, que l'on doit la déco intérieure et les superbes dessins oniriques. Le musicien et designer Lenny Kravitz a aussi mis sa patte dans la rénovation.
– ***Faena Forum,*** *au n° 3300-3398 :* construction monumentale de ***Rem Koolhaas,*** lauréat du prix Pritzker, il regroupe plusieurs bâtiments, soit un forum, un *bazaar,* un parking et 2 hôtels à la déco ébouriffante d'ingéniosité.

The Wolfsonian-FIU *(zoom détachable Miami Beach, G3) : 1001 Washington Ave. • wolfsonian.org • Tlj sauf lun-mar 10h-18h (21h ven). Entrée : 12 $; gratuit moins de 6 ans et pour ts ven après 18h ; réduc.* Ouvert en 1995, ce musée-fondation qui possède un alter ego à Gênes, en Italie, ravira les amoureux ***du design et des arts décoratifs.*** Le bâtiment lui-même est exceptionnel, avec sa façade de style colonial et ses éléments Art déco (l'ascenseur, avec ses plafonds en arcades et ses miroirs, est un vrai bijou). Avant d'entamer la visite, allez jeter un œil, au fond du hall, au superbe bassin hérité de la façade du Norris Theatre, situé en Pennsylvanie.
Les expos se répartissent entre les 5e et 7e niveaux. La collection permanente regroupe près de 300 pièces : ***livres, affiches de propagande politique ou commerciale, cartes postales, tableaux, sculptures et objets design*** ayant présidé à leur fabrication en série, etc. Parmi les œuvres les plus remarquables, de jolies pièces de mobilier et d'art décoratif, dont un étonnant téléviseur (1939) que l'on regardait par effet miroir. Plus loin, un miroir d'Archibald Knox, l'un des artistes les plus emblématiques de la période Art nouveau. Puis, pêle-mêle, des objets du quotidien : une superbe gazinière émaillée *Magic Chef* annonçant l'ère des cuisines aménagées, un mini-aspirateur Westinghouse, des *toasters* très... design, etc. Un vitrail en allégorie à l'indépendance irlandaise précède une inattendue représentation de la France d'outre-mer à l'Exposition universelle de 1937.

Au 7e niveau, les collections présentent ***le développement et les influences du style Art déco*** de part et d'autre de l'Atlantique. Dans la 1re salle, pour l'Europe, des couverts de Jean Puiforcat, quelques Lalique et des références à la compagnie maritime Transatlantique, très friande du style Art déco à l'époque (superbe fauteuil du paquebot *Normandie*) ; également de belles fioles à parfum en cristal de Baccarat de Félicie Wampouille, qui dirigea la maison Caron jusqu'en 1967.
La partie américaine présente des ***objets du quotidien,*** des radios, une superbe chambre à coucher dessinée par Donald Deskey (1931), le maître du style minimaliste de l'entre-deux-guerres. Enfin, la *Tropical House* présente une remarquable ***collection de meubles*** signée Ralph Widdicomb.

World Erotic Art Museum (WEAM *; zoom détachable Miami Beach, G3)* ***:*** *1205 Washington Ave. • weam.com • Tlj 11h-18h. Entrée : 25 $; réduc.* Soyons clairs : malgré la qualité des œuvres exposées et la thématique « originale » de ce musée, on ne peut que déplorer le prix d'entrée, vraiment *too much* ! Mais pour ceux que ces 25 $ ne rebutent pas, la visite de ce musée d'art assez incroyable est une expérience tout à fait saisissante.
Ici rien de tendancieux, de vulgaire, ni de porno. C'est un voyage à travers les âges et les civilisations, du Néolithique jusqu'à l'ère moderne, qui nous prouve (on s'en doutait) que de tout temps et partout, l'être humain a toujours été fasciné par le sexe ! On y trouve pêle-mêle des peintures représentant des scènes de Walt Disney, revisitées de façon olé olé, des phallus de toutes les couleurs, formes et tailles (dont un, superbe, en améthyste), des ***fétiches africains ou indonésiens,*** des ***estampes japonaises,*** des ***illustrations du Kāma-sūtra indien...***
Dans la salle des antiquités, de remarquables ***amulettes,*** des ***priapes*** miniatures et tout un tas de ***talismans*** symboles de fertilité. Superbe collection de ***statuettes ithyphalliques*** (dotées d'un phallus en érection, quoi) en terre cuite datant de la période gréco-romaine, des centaures, des satyres, des bronzes des XVIIIe et XIXe s et même, plus inattendu, des ***toiles et dessins de grands maîtres*** (Dalí, Botero, Rembrandt, Schiele...). Un vrai hymne à l'amour !

New World Center *(zoom détachable Miami Beach, G3)* ***:*** *500 17th St. ☎ 305-673-3331. • nws.edu • Lun-ven 10h-17h. Visite libre. Programme et résa sur le site.* Cette ***salle de concert,*** l'unique ***œuvre de l'architecte Frank Gehry*** en Floride, est un monument d'ingéniosité. L'édifice, avec son enveloppe lisse et blanche, se jette littéralement sur l'extérieur grâce à une baie vitrée de plus de 25 m en façade. La lumière inonde les volumes répétitifs, dessinant, suivant les moments de la journée, des rais de lumière qui font écho aux volumes abstraits d'une blancheur éclatante.
Dans la salle de concert proprement dite, les fauteuils, positionnés en « feuille de vigne », sont distribués de telle manière qu'ils ne sont jamais éloignés de plus de 13 rangées de la scène. Le plafond, quant à lui, assure une acoustique remarquable, avec une série de voiles curvilignes servant d'écrans de projection.
– ***Bon à savoir :*** les soirs de concert, son et images sont diffusés simultanément en façade *(Wallcast Concerts),* ce qui permet à tout le monde d'en profiter gratuitement !

The Bass *(zoom détachable Miami Beach, G3)* ***:*** *2100 Collins Ave (dans Collins Park). ☎ 305-673-7530. • thebass.org • Tlj sauf lun-mar 10h-17h. Entrée : 15 $; réduc ; gratuit moins de 7 ans.* Élégant bâtiment en pierre de corail devancé par un parc où est érigée la très colorée *Miami Mountain* de l'artiste suisse Ugo Rondinone. À l'intérieur, un ***musée d'Art contemporain*** qui propose surtout des expos temporaires.

Holocaust Memorial *(zoom détachable Miami Beach, F-G3)* ***:*** *1933-1945 (sic) Meridian Ave (angle Alton Rd). • holocaustmemorialmiamibeach.org •* Ce mémorial est un hommage très fort aux 6 millions de juifs victimes de la Shoah. Des passages cloisonnés, des couloirs, favorisent l'intimité et le recueillement. On chemine sous des tonnelles le long de murs en marbre noir incrustés de photos et de noms de victimes. Ce parcours mène à un tunnel qui descend, au son de chants d'enfants en hébreu, vers la sculpture centrale en partie cachée des regards de la rue : une main brandie vers le ciel, composée d'un amalgame de corps humains. Saisissant.

Española Way *(zoom détachable Miami Beach, G3)* **:** construite dans les années 1920 sur le modèle d'une rue « typique » de Barcelone ou Madrid et frangée de bâtiments de style colonial. Au départ, la rue était bordée de magasins, de bars plus ou moins fréquentables, de night-clubs et d'hôtels. Al Capone y avait même ses habitudes durant la Prohibition. Aujourd'hui, ce sont les Cubains et leurs restaurants qui « tiennent » la rue. Certes très touristique, elle reste un excellent point de départ pour commencer la soirée.

WYNWOOD

À quelques encablures au nord de Downtown, ce quartier est devenu depuis le milieu des années 2000 le quartier le plus hype de Miami et l'une des Mecques mondiales du *street art* ! Ses murs couverts de somptueux graffitis attirent aujourd'hui autant les amateurs d'art que les « instagrameurs » et les touristes.
Galeries d'art, cafés bohèmes, boutiques vintage, restos en vogue, bars festifs, microbrasseries, rien ne manque à la panoplie du parfait quartier gentrifié. Qu'on apprécie ou non le « concept », difficile de rester insensible à l'énergie qui se dégage de Wynwood ! En revanche, concernant les possibilités d'hébergement, Wynwood a beau être officieusement le quartier le plus cool de Miami, on n'y trouve aucun hôtel ! Aux dernières nouvelles, les seules options étaient à chercher du côté des locations de particulier à particulier...

Transports

➢ ***Depuis Miami Beach :*** bus n° 120 jusqu'à l'arrêt *Omni Terminal & Arsht Metromover*. De là, le bus n° 3 jusqu'à l'angle Biscayne Bvd/NE 28th St, et pour finir, une dizaine de minutes de marche ! Autre option : à vélo, en empruntant la ***Venetian Way.*** Compter 30-40 mn quand même, mais la promenade est agréable.

➢ ***Depuis Brickell :*** Metromover jusqu'à la station *Governement Center,* puis bus n° 2 qui traverse Wynwood du sud au nord.

Où manger ?

Sur le pouce

Zak The Baker *(zoom détachable Wynwood, D3,* ***86****)* **:** *295 NW 26th St (angle NW 3rd Ave). Tlj sauf sam 7h-17h (ferme du ven 17h au dim 7h pour cause de shabbat). Sandwichs 10-14 $.* Immanquable, la boulangerie de Zak Stern, joyeusement bariolée par les graphistes néerlandais Jeroen Koolhaas et Dre Urhan. Zak ? C'est THE boulanger du quartier. La céréale, c'est son truc, il sait la travailler : pain au levain, brioches, quiches, tartes. Résultat, du bon, du « goûtu ». Une adresse incontournable.

La Sandwicherie *(zoom détachable Wynwood, D3,* ***113****)* **:** *169 NW 23rd St. ☎ 786-409-2390. Tlj 8h-17h. Sandwichs 8-12 $.* En *French baguette,* toast, bagel ou croissant, garnis de brie, d'avocat, de roast-beef ou de salami, les sandwichs de cette enseigne aux murs colorés de graffs contenteront les grosses faims et les petits budgets.

Bon marché

Dr Smood *(zoom détachable Wynwood, D3,* ***110****)* **:** *2230 NW 2nd Ave. ☎ 786-675-5418. Tlj 8h-18h. Plats 12-20 $.* Un temple de la *healthy food* installé dans un bel espace lumineux, avec grandes baies vitrées, fauteuils club et déco design. Cuisine saine et bio déclinée simplement et efficacement (salades, soupes, sandwichs). Très bien aussi pour le petit déj ou le goûter.

Prix moyens

1-800-Lucky *(zoom détachable Wynwood, D3, **96**) : 143 NW 23rd St. ☎ 305-768-9826. • 1800lucky.com • Tlj 12h-3h (1h lun-mar). Plats 10-18 $.* D'abord un magasin de vinyles, puis à l'arrière un petit *food court* asiatique dont on fait vite sa cantine pour peu que l'on aime la sauce aigre-douce, la cuisine au wok, les nouilles et le piment. Reste à savourer tout ça sur les grandes tables pour lier connaissance, ou en terrasse. Chaude ambiance en soirée dans le *garden bar* attenant (voir programmation sur leur site).

Mister 01 *(zoom détachable Wynwood, D3, **68**) : 2315 N Miami Ave. ☎ 786-991-9343. Tlj 11h30 (12h dim)-23h (minuit ven-sam). Pizzas 8-16 $.* On a eu beau chercher, difficile de trouver de meilleures pizzas que chez cette enseigne (qu'on retrouve également à Miami Beach et à Brickell). Pâtes extrêmement bien travaillées et un savoir-faire dans la cuisson et le choix des garnitures rarement vu.

SuViche *(zoom détachable Wynwood, D3, **62**) : 2751 N Miami Ave. ☎ 305-501-5010. Tlj 11h30 (12h dim)-23h (minuit ven-sam). Plats env 15-20 $.* Ce resto à la terrasse aguichante, protégée de la route par une épaisse végétation, propose une carte de produits péruano-nippons de grande qualité à prix abordables. Tartare de thon, *lomo saltado,* tout ce qui se découpe en rondelles, se hache ou s'émince finit immanquablement mariné dans du citron. Présentation soignée et produits ultrafrais.

Chic

Bakan *(zoom détachable Wynwood, D3, **94**) : 2801 NW 2nd Ave. ☎ 305-396-7080. Tlj 12h-23h (2h jeu-sam). Plats 16-31 $.* Une petite haie de cactus pour se sentir comme au *país,* un ciel d'abat-jour tressés, des tables rondes et un service rondement mené... Ce temple (assez chicos) du taco, de l'*enchilada* et de la *quesadilla* a tout pour plaire avec sa terrasse dominée par le vert, sa cuisine goûteuse et un bar qui affiche pas moins de 500 mezcals au compteur ! Seul bémol : portions parfois un peu justes.

Kyu *(zoom détachable Wynwood, D3, **92**) : 251 NW 25th Ave. ☎ 786-577-0150. Tlj 12h-23h (22h30 dim). Résa indispensable le soir. Plats env 30 $; menus gastro 95-120 $.* Déco indus' avec sol et murs de béton brut, tables hautes et ambiance « trendy » pour cette adresse qui propose une cuisine fusion asiatique pointue. Succulente viande (la côte de bœuf braisée est un must), snacks de toutes les couleurs (*gyoza, tataki,* etc.) et des recettes hyper créatives, à l'image de ce *roasted cauliflower* qui en réconciliera plus d'un avec le chou-fleur ! Une vraie expérience culinaire.

Où faire une pause sucrée ?

Panther Coffee *(zoom détachable Wynwood, D3, **125**) : 2390 NW 2nd Ave. Tlj 7h-21h (1h ven-dim).* Un des meilleurs cafés de Miami, dans les 2 sens du terme. Loin des traditionnelles « pintes » gorgées d'eau qu'on boit souvent aux USA, on prépare ici de vrais cappuccino, *americano, macchiato* et *cortado*. Également une belle carte de thés et autres boissons. À siroter sur la très agréable terrasse, à l'ombre du majestueux flamboyant dont les couleurs explosent au printemps. Bien aussi pour un petit déj (bonnes viennoiseries).

The Salty Donut *(zoom détachable Wynwood, D3, **93**) : 50 NW 23rd St. Tlj 7h-19h. Moins de 8 $.* Ce petit *coffee bar* grand comme un mouchoir de poche, prolongé sur l'extérieur par une poignée de tables de pique-nique, passe pour être la référence aux États-Unis en matière de beignets *(donuts)* maison et revisités avec légèreté (si, si !). Les assemblages sont surprenants, et le café (équitable) est un must. N'y allez pas trop tard car ça ferme quand tout est vendu !

Où boire un verre ? Où sortir ?

À partir du jeudi, ambiance très festive le soir (sans non plus atteindre les excès de South Beach). En revanche, on vous conseille de rentrer en VTC ou en taxi à votre hôtel, certains quartiers périphériques ne sont pas tout à fait sûrs.

Cerverceria La Tropical *(zoom détachable Wynwood, D3,* ***156****)* **:** *42 NE 25st St. Mer-jeu 16h-23h, ven-dim 12h-1h (21h dim).* Attention, lieu d'exception ! Un peu à l'écart de l'animation, dans une impasse qui donne sur la voie ferrée, cet ancien entrepôt a été reconverti en brasserie design à la déco ultra-léchée. Difficile de détacher son regard des immenses cuves, hautes comme des tours, qui trônent derrière le bar... Impressionnant, tellement c'est beau ! Une véritable cathédrale de la bière dans laquelle on vous engage à aller vous recueillir.

Gramps *(zoom détachable Wynwood, D3,* ***144****)* **:** *176 NW 24th St. Tlj 11h-1h (3h jeu-sam). Happy hours à partir de 16h le w-e.* Un peu dingo, un peu punk, ce bar fait partie des incontournables à Wynwood. Pour boire un coup ou se trémousser sur de la bonne zik (hip-hop, funk en général), on a le choix entre la terrasse cachée sous les arbres ou la salle tout droit sorti d'un décor de films des eighties (box façon wagon-restaurant, flipper, jeux d'arcade...). Pour poursuivre la soirée, traversez donc la rue pour rejoindre les lapins et lapines du *Dirty Rabbit* (voir ci-après).

The Dirty Rabbit *(zoom détachable Wynwood, D3,* ***155****)* **:** *151 NW 24th St. Tlj jusqu'à 3h.* Ambiance éclectique, poisseuse et sophistiquée dans ce bar qui annonce la couleur dès l'entrée en lettres de néon : « *Are you dirty enough ?* » Dans un décor bariolé dont on ne sait plus à partir d'une certaine heure s'il est intérieur ou extérieur, une escouade de barmen/barmaids tatoués jusqu'aux oreilles propose des cocktails détonants sur fond de musique latino à fond les enceintes. *Caliente !*

Astra *(zoom détachable Wynwood, D3,* ***140****)* **:** *2121 NW 2nd Ave. Tlj jusqu'à 1h (2h jeu-sam).* Encore un endroit complètement dingue dans ce quartier qui en compte tant. Perché en haut d'un petit immeuble tout rose, ce vaste *rooftop* qui scintille le soir de mille loupiottes est l'un des spots les plus branchés de Wynwood. Vue sur la *skyline* de Downtown au loin, *beautiful people* en pagaille, banquettes un peu partout et grand bar central très animé. Beaucoup de monde le week-end, venez tôt si vous ne voulez pas poireauter devant l'ascenseur. Carrément extra cet *Astra* !

Wood Tavern *(zoom détachable Wynwood, D3,* ***148****)* **:** *144 NW 23th St. Lun-sam 17h-3h.* Un bar hybride, divisé en 2 parties distinctes : un intérieur aseptisé, façon *sport bar* avec écrans de télé, et un extérieur plus destroy, où gradins et tables de pique-nique sont recouverts de tags. Aucun intérêt à y venir avant 22h. En 2de partie de soirée, en revanche, c'est grosse ambiance.

The Wynwood Market Place *(zoom détachable Wynwood, D3,* ***154****)* **:** *2250 NW 2nd Ave. • wynwood-marketplace.com • Jeu-ven 16h-3h, sam 12h-3h, dim 12h-2h. Fermé lun-mer.* Créateurs, restaurateurs, mixologues, DJs et fêtards de tout poil se retrouvent sous le chapiteau de ce « marché » de quartier, qui ouvre ses portes en fin de semaine. Grand *dance floor* couvert et atmosphère festive. Programmation sur leur site.

À voir. À faire

Wynwood Art District : *autour de N Miami Ave et NW 2nd Ave, entre NW 20th et 29th St.* Si Wynwood fait officieusement partie du classement des « endroits les plus cool de la planète » (établi par les magazines *Forbes* et *Vogue*), c'est en grande partie pour ses ***murs couverts de graffitis.*** Les grands noms du *street art* y ont pignon sur rue (c'est le cas de le dire) : Eduardo Kobra, Swoon, La Pandilla, Faith 47, Kashink, le collectif Bushwick et bien d'autres... Pour découvrir les innombrables œuvres qui tapissent les murs et les façades du quartier (certaines sont bien cachées), le mieux est encore de suivre les pas d'un guide (voir la rubrique « Adresses et infos utiles »).

TONY GOLDMAN : UN HOMME EN OR

Derrière le renouveau de Wynwood, un homme, Tony Goldman, promoteur de génie, connu pour avoir développé le quartier de SoHo à New York et déjà à la manœuvre pour la rénovation de l'Art Deco District de Miami Beach dans les années 1980. À partir de 2006, puisant dans le vivier local déjà bien fourni en artistes et faisant en plus appel à des graffeurs et des peintres du monde entier, l'homme d'affaires a transformé l'ancien coupe-gorge en musée d'art à ciel ouvert. Pas étonnant qu'une rue du quartier porte aujourd'hui son nom...

Wynwood Walls *(zoom détachable Wynwood, D3)* **:** *entrée au 266 NW 26th St. • thewynwoodwalls.com • Tlj 11h-19h (20h w-e). Entrée : 12 $; réduc.* La décision, en 2021, de rendre l'accès payant à cet espace à ciel ouvert, couvert de magnifiques *murals* peints par les plus grands artistes du moment, a fait grincer des dents dans le quartier. Certains voient même dans ces graffitis cachés derrière des grilles un symbole de ce que pourrait devenir Wynwood dans le futur, sorte de Disneyland du *street art* qui aurait perdu son âme... Au-delà de ces considérations politiques, difficile de ne pas s'extasier devant la beauté des œuvres présentées ici (renouvelées une fois par an en moyenne).

Museum of Graffiti *(zoom détachable Wynwood, D3)* **:** *276 NW 26th St. • museumofgraffiti.com • Tlj 11h-19h. Entrée : 16 $; gratuit moins de 13 ans.* Le tout 1er musée au monde entièrement dédié au graff et à l'art de rue. Expos régulières d'artistes locaux et internationaux, ateliers graff (résa sur Internet), conférences et échanges avec des artistes... Ludique et bien documenté.

Gary Nader Art Center *(zoom détachable Wynwood, D3)* **:** *62 NE 27th St. • garynader.com • Tlj sauf dim 10h-18h. GRATUIT.* Une immense galerie d'art contemporain, avec 5 000 m² de surface d'exposition ! On y trouve du Botero à la pelle (dont beaucoup de sculptures en extérieur), mais aussi Diego Rivera et d'autres artistes, principalement sud-américains.

Walt Grace Vintage *(zoom détachable Wynwood, D3,* ***174****)* **:** *300 NW 26th St. Mar-sam 11h-20h, dim-lun 12h-17h. GRATUIT.* Un endroit comme seuls les Américains sont capables de créer... Le concept tient en 3 mots : « *Cars and guitars* ». D'un côté, d'incroyables modèles de voitures de collection. De l'autre, une autre collection, de guitares celle-ci ! Et contrairement aux bolides, les grattes sont à vendre, elles. Petit café sur place. À voir !

« CORNBREAD » : LE PIONNIER DU *STREET ART*

Selon la légende, il aurait entrepris de recouvrir les murs de sa ville, Philadelphie, avec son pseudo (« Cornbread ») pour attirer l'attention et reconquérir le cœur de la femme dont il venait de se séparer. Considéré comme un vandale et traqué par les policiers (sur les voitures desquels il taguait régulièrement son nom !), le facétieux « Cornbread » multiplia durant les années 1960-1970 les coups d'éclat. Parmi les « performances » qui ont fait sa légende : un tag sur le flanc d'un éléphant du zoo de Philadelphie (pas très sympa pour la pauvre bête) et un autre peint en douce sur l'aile du jet privé des Jackson 5. « Cornbread », de son vrai nom Darryl McCray, est aujourd'hui considéré comme le 1er graffeur de l'histoire.

Fashion District *(zoom détachable Wynwood, D3)* **:** prolongement naturel de Wynwood, NW 5th Street est en quelque sorte la colonne vertébrale du quartier, où sont concentrées les boutiques de créateurs de mode et d'accessoires, principalement entre 27th et 29th Street. On trouve dans le secteur quelques beaux *murals,* notamment au débouché de NW 26th Street sur NW 5th Street, ainsi que sur NW 6th Avenue. Sans compter les murs de la *Jose Diego Middle School* et du *Bakehouse Art Complex* et des entrepôts alentour, où se sont exprimés Pixel Pancho, ZED 1 et Paola Delfin, pour ne citer qu'eux.

■ ***Wynwood Graffiti Experience :*** *• wynwoodartwalk.com •* Outre de nombreuses options de ***tours guidés du quartier*** *(25-40 $/pers ; infos sur le site internet),* certains en individuel (téléchargeables sur smartphone) pour découvrir une sélection de *murals* dans tout Wynwood, cette agence propose des initiations au *street art* sous l'égide d'artistes de rue réputés *(28-36 $/pers ; résa en ligne).*

MIAMI

MIAMI DESIGN DISTRICT (zoom détachable Wynwood, D2)

À quelques blocs au nord de Wynwood. Bus nº 2 depuis Wynwood (à prendre sur la NW 2nd Ave). Infos : • miamidesigndistrict.net •
Longtemps abandonnée, cette zone (une ancienne plantation d'ananas du début du XXe s) a commencé à être réhabilitée dans les années 1990 avec l'objectif de créer un centre d'art et de design pour la ville dans le sillage de la foire ***Art Basel.*** Des architectes audacieux ont été sélectionnés pour transformer le secteur, reconfigurant d'anciens buildings ou créant de nouveaux espaces pour accueillir des boutiques de mode et de luxe, jusque-là reléguées dans les *malls.* Les fanas de shopping seront évidemment au 7e ciel, les amateurs d'architecture et de design aussi, mais pas seulement. Le quartier abrite un certain nombre de galeries d'art et 2 espaces d'exposition tout à fait remarquables. Tout cela mérite bien une petite balade...

À voir. À faire

Museum Garage *(zoom détachable Wynwood, D2)* **:** *à l'angle de 41st St et de NE 1st Ave.* À ne pas rater si vous êtes dans le quartier ! Un collectif d'architectes et d'artistes a « customisé » la façade de ce banal parking en habillant ses murs de sculptures et de peintures démentes (on aime tout particulièrement « l'embouteillage vertical » à droite de la porte d'entrée).

Institute of Contemporary Art **(ICA** *; zoom détachable Wynwood, D2)* **:** *61 NE 41st St ; • icamiami.org • Tlj sauf lun-mar 12h-18h. GRATUIT.* Dans ce grand espace modulable ouvert sur le vert et le ciel, les œuvres se répartissent sur 3 niveaux.
– Juste à côté, la ***De la Cruz Collection*** *(23 NE 41st St ; • delacruzcollection.org • ; tlj sauf dim-lun 10h-16h ; GRATUIT)* expose sur près de 3 000 m² une riche collection d'art contemporain : pour moitié permanente (Dalí, Wifredo Lam, Tamayo, Laura Owens, Mark Bradford, entre autres...), l'autre moitié étant renouvelée chaque année au moment de l'*Art Basel.*

Palm Court *(zoom détachable Wynwood, D2)* **:** *entre NE 38th St, 39th St et NE 2nd Ave.* L'épicentre du Miami Design District. Cette place piétonne piquée de palmiers est bordée par le centre commercial en panneaux de verre bleutés de ***Sou Fujimoto.*** En mezzanine, de fines et élégantes ***balancelles*** en métal (œuvre du designer allemand Konstantin Grcic). À l'étage, sur la gauche après avoir pris l'escalator, un ***buste monumental de Le Corbusier*** en fibre de verre, dessinant à même le sol, créé par l'artiste français Xavier Veilhan. Tout autour de Palm Court, pléthore de restos branchés (et chers), de showrooms de luxe (sur 39th et 40th Streets), concentration des grandes maisons françaises, comme *Chanel,*

Hermès, Dior – et quelques galeries d'art. Comme le turn-over est important, procurez-vous le bimensuel *Art Districts Florida* ou consultez le site ● *artdistricts.com* ● pour localiser les galeries et connaître leurs heures d'ouverture (certaines sont fermées le dimanche).

OTL *(zoom détachable Wynwood, D2,* ***126****)* **:** *160 NE 40th St. Tlj 9h-18h (19h ven-sam).* Un grand café assez design, évidemment, avec ses couleurs acidulées et sa terrasse stratégiquement posée sous les arcades, face à la très photogénique façade de la boutique *Fendi*. Parfait pour faire une petite pause gourmande (*avocado toast,* burrito, salades, etc.).

BRICKELL

Ne vous fiez pas à son nom officieux de « Financial District » et à la concentration de gratte-ciel qu'on y trouve, ce quartier situé au sud de Downtown est sans conteste ***la meilleure option pour séjourner côté Miami « continent ».*** Contrairement à Downtown, Brickell est un vrai centre-ville vivant et dynamique, très bien desservi par les transports (Metromover et Metrorail y passent), ce qui permet de rayonner relativement facilement dans le reste de la ville.

MIAMI

Transports

➢ ***Vers Miami Beach :*** Metromover jusqu'à *Bayfront Park,* puis bus n° 120.
➢ ***Vers Wynwood :*** Metromover jusqu'à la station *Governement Center,* puis bus n° 2.
➢ ***Vers Little Havana :*** Metromover jusqu'à *Governement Center,* puis bus n° 51.

Où dormir ?

Comme à Miami Beach, les prix varient du simple au double selon la période, le jour de la semaine, le cycle de la lune et l'humeur du patron ! Sauf indiqué, il est souvent préférable de passer par un prestataire (type *Booking*) pour obtenir de meilleurs tarifs...

De prix moyens à chic

Aloft Miami *(zoom détachable Downtown / Brickell, D4,* ***45****)* **:** *1001 SW 2nd Ave. ☎ 305-854-6300. ● marriott.com/hotels/travel/miaba-aloft-miami-brickell/ ● Doubles à partir de 130 $.* Les hôtels *Aloft* sont les *low-cost* (toutes proportions gardées !) de la chaîne *Marriott.* Design pop et coloré dans les parties communes, touche vintage chic dans les chambres spacieuses. Certaines ont même un balcon. Petite piscine au calme, à l'arrière. Idéalement situé, à 2 pas du Metromover et de l'animation de South Miami Avenue.

Extended Stay America – Downtown Brickell *(zoom détachable Downtown / Brickell, D4,* ***46****)* **:** *298 SW 15th Rd. ☎ 305-856-3700. ● extendedstayamerica.com ● Doubles à partir de 180 $.* Chaîne hôtelière spécialisée, comme son nom l'indique, dans les séjours longue durée. D'où la présence, dans chacun des petits studios mis à disposition, d'une cuisine équipée (frigo, plaques de cuisson, etc.) et d'un petit coin bureau pour télétravailler. Pas hyper glamour, mais c'est propre, bien fichu et économique (à l'échelle de Miami).

Novotel Miami Brickell *(zoom détachable Downtown / Brickell, D4,* ***44****)* **:** *1005 SW 1st Ave. ☎ 786-600-2600. ● novotelmiami.com ● Doubles à partir de 189 $.* Miami oblige, ce groupe hôtelier qu'on ne présente plus joue lui aussi la carte du design luxueux pour son établissement de Brickell. Chambres spacieuses et hyper lumineuses, terrasse avec piscine et bar *lounge* au 12e étage, et très beau *lobby* à dominantes roses et blanches. Le métro passe tout près, mais rassurez-vous, le double vitrage est bien épais.

Où manger ?

On trouve à Brickell pléthore de bars et de restos à qualité égale et souvent ***meilleur marché qu'à South Beach.*** Notamment sur South Miami Avenue. C'est le point névralgique du quartier à l'heure bénite des *happy hours* entre 17h et 20h.

De bon marché à prix moyens

Mister 01 *(zoom détachable Downtown / Brickell, D4,* ***74****) : 1000 S Miami Ave. ☎ 786-332-6868. Tlj 11h30-23h (minuit ven-sam). Pizzas 13-18 $.* Ici comme à Wynwood et South Beach, impossible de faire l'impasse sur le nº 1 (d'après nous) de la pizza à Miami. D'autant que leur adresse « brickellienne » bénéficie, en prime, d'une magnifique terrasse en hauteur de la rue, fleurie et illuminée de jolies loupiotes à la nuit tombée.

Ojo de Agua *(zoom détachable Downtown / Brickell, D4,* ***63****) : 851 S Miami Ave. Tlj 8h-22h (19h dim). Plats env 20 $; petits déj 12-15 $.* Ne pas se fier à la présence des indémodables tacos et autres *quesadillas* à la carte, ce très bel établissement où le bois et la céramique dominent est bien plus qu'un « simple » resto mexicain. Que ce soient les salades gourmandes, les sandwichs hyper créatifs (saumon-noix, poulet-chutney, homard-pain brioché, etc.), le ceviche ou la pléthore de breakfasts servis toute la journée, tout est beau, bon et concocté avec des produits d'une grande fraîcheur. Et en plus, c'est copieux ! Une de nos adresses préférées du secteur.

Dolores but you call me Lolita *(zoom détachable Downtown / Brickell, D4,* ***79****) : 1000 S Miami Ave. ☎ 305-403-3103. Tlj 16h-23h (1h ven-sam). Plats 25-35 $; tapas env 10 $.* Ancienne caserne de pompiers de style « *Popular Mediterranean Revival* » reconvertie en resto *lounge,* ce bâtiment classé de 1923 offre pour dîner un cadre parmi les plus agréables de Brickell. Sur son *rooftop* illuminé par la *skyline* ou dans son intérieur colonial, le chef propose une cuisine fusion latino-méditerranéenne version *Dolores* (plus chicos) ou *Lolita* (plus *casual,* façon bar à vins avec petites tapas).

Chic

La Mar *(zoom détachable Downtown / Brickell, E4,* ***109****) : 500 Brickell Kay Dr. ☎ 305-913-8358. Tlj 18h-23h. Plats env 35 $. Résa indispensable (pour la terrasse).* Ouvert par la star de la cuisine péruvienne, Gastón Acurio, ce très chic resto est l'une des tables les plus cotées de Miami. Cuisine créative et d'une grande fraîcheur, qui revisite les classiques péruviens (*arroz con mariscos, sudado,* ceviche, etc.) avec un savoir-faire de maestro. Les amateurs de poisson et de fruits de mer seront évidemment comblés. Quant à l'emplacement... Une fois installé sur la terrasse, au bord de l'eau, avec les lumières des gratte-ciels de Brickell juste en face, comment dire... Waouh !

Où boire un verre ? Où sortir ?

Crazy About You *(zoom détachable Downtown / Brickell, E4,* ***138****) : 1155 Brickell Bay Dr. Tlj 11h30-23h (23h30 jeu, 0h30 ven-sam).* Un resto-bar qui pratique des prix étrangement démocratiques au vu de sa situation, assez exceptionnelle, en terrasse face à la baie. Parfait pour boire un verre au coucher du soleil. Cuisine correcte (classique américaine), mais c'est surtout pour la vue qu'on vient ici.

Sugar *(Hotel East ; zoom détachable Downtown / Brickell, D4,* ***137****) : 788 Brickell Plaza. Tlj à partir de 16h, mais attention, risque d'embouteillage après 21h, ne pas y aller trop tard.* Au 40e étage de l'hôtel *East,* notre préféré des *rooftop bars* du quartier. L'ascenseur, déjà, vous transporte dans une autre dimension avec son étonnante mise en abîme lumineuse. Tout là-haut, c'est le paradis, ou presque. Un must au coucher du soleil, lorsque le ciel s'embrase et que les buildings de Downtown s'invitent à la fête ! Si c'est bondé, vous pouvez tenter votre chance quelques blocs plus haut, à l'***Area 31*** *(zoom détachable Downtown / Brickell, E4,* ***139*** *; 270 Biscayne Blvd Way ; tlj 17h-22h ;* happy hours *lun-jeu 17h-19h),* le *rooftop* du *Kimpton Epic Hotel.*

DOWNTOWN

Le quartier de Downtown (techniquement, Brickell en fait partie, mais on ne va pas chipoter !) s'étend de la SW 3th Street au sud à la NW 11th Street au nord. C'est ici que la ville a grandi, au débouché de la Miami River dans la baie de Biscayne. On y trouve quelques beaux bâtiments du début XXe s (*The Freedom Tower, Raslton Building,* entre autres), un *Museum Park* qui mérite une visite et un sympathique front de mer animé *(Bayside Market Place),* mais on l'a dit et on le répète : ce n'est décidément pas le quartier le plus charmant de la ville (aucun danger, cependant, à venir s'y balader en journée). Comme dans d'autres grandes cités américaines, le centre de Miami a été peu à peu déserté par ses habitants, partis s'installer dans les quartiers périphériques. Une impression de ville fantôme renforcée par la présence des dizaines de tentes des *homeless* installées dans les rues. On est loin, très loin, du bling-bling de South Beach...

MIAMI

Transports

➢ ***De/vers Miami Beach :*** bus n° 120.
➢ ***Vers Wynwood :*** Metromover jusqu'à la station *Governement Center,* puis bus n° 2.
➢ ***Vers Little Havana :*** bus n° 51 à *Governement Center.*

Où manger ?

|●| ***La Cañita*** *(zoom détachable Downtown / Brickell, E4,* ***111****) :* *Bayside Market Place. ☎ 305-615-7756. Tlj 11h30-21h (23h ven-sam, 22h dim). Plats env 25 $.* Un super resto caraibéen planqué au cœur du Bayside Market Place. Belle salle aux lumières tamisées, avec grand ventilo au plafond et papier peint exotique, petite terrasse avec vue sur la marina. Au menu, des spécialités qui naviguent entre Cuba, la Jamaïque, Porto Rico et Trinidad et Tobago. L'occasion, par exemple, d'engloutir un succulent *lechon asado* (porc cubain confit). Musique live en fin de semaine.

|●| ⛱ ***Garcia's*** *(zoom détachable Downtown / Brickell, D4,* ***112****) :* *398 NW North River Dr. ☎ 305-375-0765. Tlj 11h-21h (22h ven-sam). Résa conseillée le w-e. Plats env 22-35 $.* Un peu excentré, mais ce resto ouvert en 1966 par une famille de pêcheurs cubains tout juste débarqués en Floride reste l'un des meilleurs spots de Miami pour déguster une *seafood* d'une fraîcheur garantie avec, en bonus, la vue qui va bien sur la Miami River (super terrasse sur 2 niveaux). Délicieux crabes et ceviches, huîtres et tous les poissons de Floride au gré de la pêche du jour : marlin, daurade coryphène *(mahi-mahi),* mérou, espadon, etc. Attention, beaucoup de monde le week-end, réserver ou prendre son mal en patience.

À voir. À faire

– ***Visites guidées :*** *départ du Miami Center for Architecture & Design, 310 SE 1st St (angle SE 3rd Ave), le 2e sam de chaque mois à 10h (arriver 15 mn avt l'heure). Résa obligatoire au moins la veille via Internet : ● miamicad.org/walking-tour ●*

Bon niveau d'anglais requis. Durée : 2h. Tarif : 20 $; réduc. Visite guidée qui met en valeur les principaux bâtiments du centre-ville de Miami, dont la plupart sont inscrits au registre national des lieux historiques. La visite se fait à pied et couvre une zone d'environ 3 blocs dans Downtown.

Patricia & Philip Frost Museum of Science *(hors zoom détachable Downtown / Brickell par E3) : 1101 Biscayne Blvd, dans le Museum Park (à côté du Pérez Art Museum). • frostscience.org • Metromover Omni, arrêt : Museum Park. Tlj 10h-18h (dernier accès à 17h). Entrée (musée, aquarium, un show au planétarium) : 30 $; 24 $ enfants 3-11 ans. Parking : 15 $.*
Un vaste musée scientifique, pédagogique et interactif, qui explore les concepts clés de la technologie et des enjeux écologiques du XXIe s. Accessibles à tous les publics, les expositions bénéficient des ***techniques les plus avancées en matière d'interactivité.*** C'est particulièrement vrai pour celles à l'adresse des enfants (même petits) avec de nombreuses animations tactiles ou en 3D et des restitutions sonores particulièrement réalistes, notamment dans les sections *Me Lab* (indiquées sous l'inscription *Baptist Health Gallery,* aux niveaux 2 et 3).
Salles d'expo réparties sur 6 niveaux, gravitant autour d'un ***gigantesque aquarium*** de près de 2 000 m³, dont on découvre les pensionnaires au fil de la montée. L'une de nos salles préférées se situe au niveau 3 : *Feathers to the stars* raconte la conquête spatiale et invite les visiteurs à tout un tas d'expériences amusantes (gravité, illusion d'optique, etc.).
Ce voyage à travers les mystères (et les beautés) de la science se termine sur le toit-terrasse (belle vue sur la baie) avec un petit topo sur les énergies renouvelables.
Avant de partir, on fait une pause au ***planétarium de 250 places*** à l'écran géant et au *sound system* du tonnerre pour visionner l'un des 3 films proposés en roulement (projection toutes les 40 mn).

Pérez Art Museum Miami *(**PAMM** ; zoom détachable Downtown / Brickell par E3) : 1103 Biscayne Blvd (dans le Museum Park). • pamm.org • Metromover Omni, arrêt : Museum Park. Jeu-dim 11h-18h (21h jeu). Entrée : 16 $; réduc ; gratuit jusqu'à 6 ans et pour ts le 2e sam du mois. Visites guidées incluses (en anglais, thèmes variés) à 12h, 13h, 15h (sans résa) ; durée : 45 mn. Parking : 15 $.* Inauguré en 2013, le PAMM est l'œuvre du cabinet d'architecture suisse Herzog & De Meuron.

L'ART DE L'ESCROQUERIE

Elmyr de Hory (1905-1976) fut l'un des plus grands faussaires du monde. Si talentueux qu'il peignait des Modigliani ou des Matisse que s'arrachaient les collectionneurs avertis. Installé à Miami, il s'allia à un grand escroc, Fernand Legros. Orson Welles tourna un documentaire sur lui. Clifford Irving écrivit sa biographie et subit certainement son influence car il publia, ensuite, les mémoires du milliardaire Howard Hughes, qui étaient... bidon.

Ouvert sur la baie de Biscayne, face au port, le bâtiment de 3 étages repose sur une plateforme surélevée en partie végétalisée, faisant écho à des « lianes » de béton grimpant vers le toit. Un investissement de quelque 220 millions de dollars, dont 40 versés par le seul Jorge Pérez, un milliardaire d'origine cubaine grand amateur d'art contemporain – une partie du fonds est issue de sa collection personnelle.
Parmi les quelque 4 000 pièces du fonds permanent (peintures, sculptures, photos, vidéos, installations...), on retrouve beaucoup d'œuvres d'artistes et designers du sud de la Floride, de Cuba et des Caraïbes. Au gré du roulement des expositions, on croise Botero, Rauschenberg, Frank Stella, Ai Weiwei, Carmen Herrera... et dans les expos temporaires, beaucoup d'inconnus du grand public. La présentation des expos change 3-4 fois par an.

Miami Children's Museum *(plan détachable Miami, E3)* **:** *980 McArthur Cswy (route 395), entre Downtown et le sud de Miami Beach. ☎ 305-373-5437. • miamichildrensmuseum.org • Bus C, M, S ou n° 120 depuis Downtown Omni ou Miami Beach. Tlj 10h-18h. Fermé à Thanksgiving et à Noël. Entrée (résa en ligne obligatoire) : 22 $; gratuit moins de 1 an. Attention, les adultes sans enfant ne sont pas acceptés et les enfants sans adulte non plus ! Parking : 2 $/h.*
Même si l'entrée est chère, on aime bien le « *Michimu* », ce musée didactique dont l'ambition est de familiariser les jeunes enfants à la vie quotidienne (métiers, institutions, médias, arts et environnement) à travers de nombreux jeux et saynètes interactives... Ici, on joue au pompier, au policier, au dentiste ou au médecin, on passe par la banque avant de faire ses courses au supermarché. On peut aussi s'offrir une séance de pêche à la ligne après avoir interagi avec un aquarium virtuel, ou carrément partir à l'ascension du mont Michimu *(w-e seulement, 12h-17h),* ou encore tester un son et lumière.
Les gamins s'amusent comme des fous et peuvent toucher à tout sans restriction. À visiter absolument si vous avez des enfants et que la météo n'est pas de la partie ce jour-là !

MIAMI

Adrienne Arsht Center *(plan détachable Miami, E3,* ***153****)* **:** *1300 Biscayne Blvd. ☎ 305-949-6722. • arshtcenter.org • Visites guidées gratuites sur résa, lun et sam à 12h. Durée : 1h30.* Dessiné par César Pelli et orné d'une danseuse en tutu signée E. Kobra, ce centre culturel très design est le plus grand des États-Unis après le Lincoln Center de New York. Il propose une programmation éclectique : opéras, comédies musicales, théâtre, concerts.
Bon ***café-resto-librairie Books & Books*** sur place *(tlj 11h-20h),* avec *live music* certains soirs. Et ***farmers market*** le lundi *(16h30-20h30).*

Visite de Downtown en métro aérien : *plan des lignes* (Transit Map) *auprès des points d'information touristique ou sur • miamidade.gov/transit • GRATUIT.* Les 3 lignes du petit métro aérien gratuit ***(Metromover)*** qui parcourent Downtown au milieu des buildings sont en soi une vraie attraction touristique ! Certains passages entre les immeubles ajoutent un peu de sensations à la balade. Les 3 lignes accomplissent chacune une boucle distincte sur un total d'environ 7 km, avec une fréquence qui varie entre 2 et 3 mn entre chaque rame : ***Inner Loop*** (la plus petite ; parcourt le cœur de Downtown), ***Omni Loop*** (c'est par là qu'on commence en arrivant en bus de Miami Beach) et ***Brickell Loop*** (qui traverse la Miami River).

HistoryMiami *(zoom détachable Downtown / Brickell, D4)* **:** *101 W Flagler St. • historymiami.org • Metromover : Government Center. Mar-dim 10h (12h dim)-16h. Fermé lun et j. fériés. Entrée : 10 $; réduc ; gratuit moins de 6 ans. Parking sur validation : 5 $.* Un sympathique musée qui retrace l'avènement de la ville depuis le Paléolithique. Ça commence par un gros caillou repêché au large de la baie de Biscayne, puis on enchaîne sur des vestiges préhistoriques mis au jour dans les marigots de la région : tessons de poteries, armes en os, pointes de flèche, hachereaux. Ensuite, on passe directement à l'arrivée des Européens, non sans avoir salué le mode d'existence (vêtements, armes, bijoux) des ***Indiens séminoles,*** qui peuplaient alors majoritairement la Floride. D'un saut de puce à l'autre, on passe de l'ère industrielle à l'après-guerre et l'âge d'or de l'Amérique des fifties. Belles photos, documents d'époque et quelques objets marquants, comme ces ***radeaux de fortune*** sur lesquels des exilés cubains arrivèrent au mi-temps des années 1970. Bref, une visite un peu fourre-tout mais instructive, adaptée aux familles, car nombre de sections sont interactives. Dans le bâtiment opposé, expos temporaires relatives à Miami, souvent de qualité.
Le musée organise également des ***visites thématiques,*** privatives ou en groupe, animées par des historiens, à travers la ville (à pied, à vélo, etc.). Voir la rubrique « Adresses et infos utiles. Culture, visites guidées ».

Jungle Island *(plan détachable Miami, E3)* **:** *1111 Parrot Jungle Trail, McArthur Cswy (route 395). • jungleisland.com • superflight.zone • Bus C, M, S ou nº 120 depuis Downtown Omni ou Miami Beach. Tlj 10h-17h (11h-18h – 20h ven-sam – pour le* Superflight*).* ***Entrée très chère*** *(réduc en ligne sur le site officiel) : 53 $; 40 $ enfants 3-10 ans.* Escape room *: env 17 $ en plus.* Superflight *(simulation de saut en parachute) : 71 $ le vol de 2 mn (pour apprécier, il faut en prévoir 2 ou 3). Parking : 10 $.*
Dans ce jardin tropical fondé en 1936, on peut voir des centaines de perroquets de toutes les couleurs, des reptiles, des animaux sauvages de tous poils et plus de 500 espèces de plantes. Le tout dans une jungle artificielle à l'américaine, avec en bruit de fond le flux continu de la rocade. Un parc qui joue aussi la carte des attractions, avec une *escape room* et un simulateur de saut en parachute. Tyrolienne et parcours accrobranche également au menu.

Bayside Market Place *(zoom détachable Downtown / Brickell, E3)* **:** *401 Biscayne Blvd. • baysidemarketplace.com • Metromover : College Bayside. Accès tlj 10h (11h dim)-22h (23h ven-dim). Horaires des boutiques variables.* Statistiquement, c'est l'un des endroits les plus visités de Miami... Et pour cause, c'est par là que transitent chaque jour les passagers des géants des mers en escale ! Boutiques de souvenirs à foison et petits concerts de rue... Touristique en diable, mais c'est l'un des rares coins de Downtown à rester animé après 18h ! On y trouve également un super resto, *La Cañita* (voir plus haut « Où manger ? »).
– Tout près se trouve le ***FTX Arena,*** le repaire de l'équipe de basket-ball des *Miami Heat* (voir plus loin la rubrique « Où assister à un match de la NBA ? »).

LITTLE HAVANA

À ceux qui rêvent de vénérables demeures coloniales et de vieilles berlines américaines, on préfère annoncer la couleur : cet ancien bastion des primo-immigrés cubains n'a rien à voir avec La Havane ! Il y a belle lurette que la bourgeoisie cubaine, très impliquée politiquement dans la marche de la cité et dans ses affaires, a migré vers des quartiers plus cossus. Cependant, il est vrai qu'il règne une indéniable chaleur très « latina » sur la *Calle Ocho* (SW 8th Street), l'épine dorsale de Little Havana, qui regorge de restos et de bars tenus par des exilés d'Amérique latine. Rien à y faire en journée, mais dès l'heure de l'apéro, c'est chaud !

Transports

➢ ***Depuis Miami Beach :*** bus nº 120 jusqu'à *Governement Center,* puis bus nºs 51 ou 208.

➢ ***Depuis Brickell :*** Metromover jusqu'à *Governement Center,* puis bus nºs 51 ou 208.

Où dormir ?

La seule raison valable de séjourner à Little Havana ? Faire la fête jusqu'au bout de la nuit sans se soucier du retour, pardi ! On mentionne une adresse, parce qu'elle nous plaît beaucoup.

Chic

Life House *(plan détachable Miami, D4,* ***50****)* **:** *528 SW 9th Ave. ☎ 1-866-466-7534. • lifehousehotels.com/hotels/miami/little-havana • Doubles 120-400 $. Parking dans la rue.* Un hôtel nouvelle génération conçu comme une « maison à vivre » dont la philosophie est de favoriser l'immersion dans la vie locale. Ici, à Little Havana, c'est donc tout naturellement vers un Cuba colonial que se tourne le design des chambres, distribuées sur 3 étages et dotées d'une élégante déco en bois exotique, avec parquet sombre et éclairage soigné. Tout est fait pour qu'on s'y sente bien, à l'image du super *rooftop Terras* (voir plus loin « Où boire un verre ? Où sortir ? »).

Où manger ?

Bon marché

Yambo *(plan détachable Miami, C4, **101**) : 1643 SW 1st St. Tlj, 24h/24. Plats env 8 $.* Un boui-boui éminemment sympathique, à la déco insolite : poteries pendues au plafond par dizaines, fétiches en tout genre, néons et tables en mosaïque. On y dévore, sur le pouce et à toute heure (littéralement !), des spécialités du Nicaragua, entre autres le *puerco asado* (porc grillé), mais le bœuf et le poulet ne sont pas en reste. Pratique pour les fringales de noctambules.

De bon marché à prix moyens

Versailles *(plan détachable Miami, B4, **103**) : 3555 SW 8th St (au niveau de 35th Ave). ☎ 305-444-0240. Tlj 8h (9h dim)-1h. Plats env 12-30 $.* Une institution de Little Havana. Façade classique surmontée de balustres et d'angelots, déco intérieure pleine de miroirs, voilà le nom explicité... Niveau cuisine, en revanche, c'est du cubain pur jus : poissons et viandes à la créole, bonnes soupes, grosses salades et plats du jour à prix doux. Le tout est complété par une ***cafétéria*** attenante *(tlj 8h-22h, jusqu'à 1h ven-sam),* dont les vitrines regorgent de gâteaux et où se bousculent les gens du quartier pour prendre leur *café con leche* (café au lait).

Chic

Café La Trova *(plan détachable Miami, D4, **102**) : 971 SW 8th St. ☎ 786-615-4379. Tlj 16h-minuit (2h ven-sam). Plats 23-42 $.* Un poil excentré du *corazón* touristique de la *Calle Ocho,* ce resto cubain à la carte étonnamment courte est plein comme un œuf tous les soirs de la semaine. Les raisons derrière ce succès ? Une cuisine goûteuse et parfumée, une ambiance très *hot* (musique live tous les soirs) et une déco « havanesque » en diable avec ventilos au plafond, vieille bagnole en guise de cabine de DJ et 2 immenses bars carrelés de mosaïques. En revanche, oreilles sensibles s'abstenir : les décibels atteignent vite des sommets !

Mofongo *(plan détachable Miami, C4, **104**) : 1610 SW 8th St. ☎ 786-542-1645. Tlj sauf lun 11h-22h (23h ven-dim). Petits plats 6-12 $, grands plats 15-28 $.* Envie de cuisine portoricaine ? *Mofongo* vous accueille dans son resto tout en longueur où plane une bonne odeur de grillades. Tables joliment dressées, service souriant. Ici, la spécialité de la maison, c'est le *churrasco monfongo,* un plat populaire à la Dominique et à Porto Rico, préparé à base de bananes plantains (et accompagné, au choix, de poulet ou de fruits de mer). Sinon, salade de poulpe, *alcapurrias* (beignets de pâte de banane verte garnie de viande), ceviches et variations sur le thème de la morue *(bacalao).* Le tout épicé à souhait et présenté avec goût. Une bonne étape avant d'aller se remplir les oreilles de salsa.

Où faire une pause sucrée ?

Azucar Ice Cream Factory *(plan détachable Miami, C4, **106**) : 1503 SW 8th St. Tlj 11h-21h (23h w-e). Glaces 5-8 $.* Difficile de rater l'énorme cornet au chocolat qui dégouline sur l'enseigne de ce glacier situé en plein milieu de la *Calle Ocho.* Super glaces artisanales, avec des parfums qui sentent bon l'Amérique latine (*café con leche,* banane plantain...).

Los Pinareños Fruteria *(plan détachable Miami, C4, **122**) : 1334 SW 8th St. Tlj 7h-18h (15h dim). CB refusées.* Chouchou des parcours touristiques de Little Havana, une adresse qui propose d'excellents jus de fruits frais, coco, avocat ou gingembre... Du *café con leche* et des gâteaux aussi.

Où boire un verre ? Où sortir ?

Si vous êtes de passage un vendredi, les ***Viernes culturales*** sont à ne pas rater (lire plus loin « À voir. À faire »).

Terras *(plan détachable Miami, D4,* ***50****) : 528 SW 9th St. Tlj sauf lun-mar 16h-minuit (2h ven-sam).* Un *rooftop* au charme fou, perché sur le toit de l'hôtel *Life House* (voir plus haut « Où dormir ? »). Cocktails abordables, musique live ou DJ set quasiment tous les soirs, et vue imprenable sur la *skyline* illuminée de Downtown.

Ball & Chain *(plan détachable Miami, C4,* ***150****) : 1513 SW 8th St. • ballandchainmiami.com • Tlj 11h-minuit (2-3h jeu-sam).* C'est l'exact remake d'un *hotspot* des années 1930. Ici même se sont produits jadis Count Basie, Billie Holiday, Chet Baker, Nat King Cole et quelques autres grands noms du jazz. Dans l'obscurité de la vaste salle ou à l'arrière, sur la terrasse, l'ambiance est vite survoltée en fin de semaine (soirée salsa le samedi, notamment). Plus calme les autres jours, quand le DJ laisse place aux orchestres de jazz.

Cubaocho Museum & Performing Arts Center *(plan détachable Miami, C4,* ***132****) : 1465 SW 8th St (angle SW 15th St). Tlj sauf lun-mar 11h-0h30 (2-3h jeu-sam).* Des lampes Tiffany, une montagne de bouteilles qui luisent derrière le bar et des tableaux qui courent sur tous les murs. Sous la galerie extérieure, des anciens font claquer leurs dominos jusque tard dans la nuit... Vous êtes à La Havane ! Un vrai plongeon dans la culture cubaine, car cette adresse abrite l'une des plus grandes collections privées d'art cubain au monde. L'endroit a assurément de la gueule, dommage que le prix des consos s'enflamme un peu.

Hoy Como Ayer *(plan détachable Miami, C4,* ***147****) : 2212 SW 8th St. • hoycomoayer.us • Jeu-sam 20h30-4h.* Certainement l'un des clubs les plus suavement rythmés de *Magic City,* l'endroit tout trouvé pour transpirer collé-serré sur des rythmes latinos jusqu'à l'aube. Comme d'hab', inutile d'y aller dès l'ouverture, ça commence à chauffer vers minuit, pas avant.

À voir. À faire

Découverte du quartier : la révolution castriste en 1959 a engendré, dans les années et décennies qui ont suivi, un afflux de réfugiés, une loi fédérale américaine garantissant l'asile politique à tous ceux qui fuyaient un régime communiste. Le cœur de ce quartier est ***SW 8th Street,*** également appelée ***Calle Ocho.*** Si les soirées y sont plutôt animées, il n'y a pas grand-chose à faire de jour. Juste regarder les anciens jouer aux dominos et aux échecs le dimanche, dans le petit square sur SW 8th Street, à la hauteur de SW 15th Avenue. Et puis faire un tour dans les boutiques ouvertes et les ***fabriques de cigares,*** bien sûr.

Viernes culturales : *le 3e ven du mois, 16h-22h.* Partiellement piétonnisée, la *Calle Ocho* est alors animée par des artistes, marchands et musiciens, entre les 14th et 17th Avenues. Y participent aussi des galeries d'art et centres culturels, qui ouvrent gratuitement leurs portes pour l'occasion. Ambiance très bon enfant.

Bay of Pigs Museum *(plan détachable Miami, C4) : 1821 SW 9th St (et SW 18th Ave). En principe, lun-ven 10h-16h. GRATUIT.* Ce petit musée retrace, à travers de nombreux documents, photos et articles de journaux, la tentative manquée de la reconquête de Cuba en 1961 par les anticastristes soutenus par la CIA. Pour les passionnés d'Histoire (cubaine).

MIAMI

American Museum of the Cuban Diaspora *(plan détachable Miami, D5)* **:** *1200 Coral Way. • thecuban.org • Ⓜ Vizcaya. Mer-ven 10h-17h, sam 10h-16h, dim 12h-16h. Entrée : 12 $; réduc ; gratuit moins de 12 ans.* On y voit principalement des expositions d'art contemporain ayant trait à Cuba (les artistes sont majoritairement cubains), la fuite, les Droits de l'homme.

COCONUT GROVE

Surnommé *The Grove* (« Le Bosquet »), Coconut Grove était au XIXe s le quartier des immigrants des Bahamas. C'est aujourd'hui un quartier résidentiel agréable, noyé dans une végétation exubérante. Ceux qui ont les moyens (la zone est assez huppée) et qui disposent d'un véhicule peuvent envisager d'y séjourner. Une chose est sûre : il fait bon vivre à Coconut Grove...

Transports

➢ ***Depuis Miami Beach :*** bus n° 120 jusqu'à *Governement Center,* puis Metrorail jusqu'à *Coconut Grove* ou *Douglas Road* (puis 15 mn de marche ou taxi pour rejoindre le centre du quartier).

➢ ***Depuis Brickell :*** Metrorail jusqu'à *Coconut Grove* ou *Douglas Road* (puis 15 mn de marche ou taxi pour rejoindre le centre du quartier).

Où dormir ?

De prix à moyens à chic

Commodore Inn The Grove *(plan détachable Miami, B6,* ***49****)* **:** *3162 Commodore Plaza (suite 1H). ☎ 305-459-3711. • ordanucourt.com • Bureau ouv lun-ven 9h-17h. Réserver à l'avance, surtout en hte saison. Studios dès 140 $, parking inclus.* En plein cœur de Coconut Grove, une vingtaine de studios et apparts (1 ou 2 chambres), la plupart bénéficiant d'une terrasse. Une solution d'hébergement idéale pour ceux qui comptent rester un petit moment. Spacieux, excepté la salle de bains, ils sont bien équipés (cuisine, salon, machine à laver, etc.). Les plus chers disposent même de 2 salles de bains et d'un *sundeck* avec jacuzzi ! Magasins et restos sont à 2 pas.

Hotel Arya Coconut Grove *(plan détachable Miami, B6,* ***97****)* **:** *2889 McFarlane Rd. ☎ 305-529-2828. • hotelaryacg.com • Doubles à partir de 160 $, petit déj inclus.* Chambres spacieuses et bien équipées, qui surplombent toute la baie de Biscayne. Envie d'un petit plouf dans la piscine ? C'est au 8e étage que ça se passe, histoire de nager les yeux plongés dans l'horizon (quelle vue !). Espace de remise en forme avec sauna, bain à remous et court de squash. Une belle adresse.

Où manger ? Où boire un verre ?

De bon marché à prix moyens

Greenstreet Cafe *(plan détachable Miami, B6,* ***108****)* **:** *3448 Main Hwy. ☎ 305-444-0244. Tlj 7h30-minuit (1h30 ven-sam). Plats 13-25 $.* Happy hours *lun-ven 16h-19h.* Un resto-bar dont la vaste terrasse occupe l'angle stratégique de 2 des rues les plus animées du quartier. C'est plein de l'heure du petit déjeuner à celle du dernier verre (beaucoup de monde au moment des *happy hours*). Cuisine qui va à l'essentiel (pâtes, burgers, salades, pièces de viande) : simple et efficace.

Lokal *(plan détachable Miami, B6,* ***105****)* **:** *3190 Commodore Plaza. ☎ 305-442-3377. Tlj 12h-23h (22h dim).*

Burgers env 15 $. Une bonne adresse pour s'enfiler un burger ou un sandwich sur le pouce. Recettes créatives et plein d'options pour les végétariens. Bon point : les *sides* sont compris dans le prix du burger (mais les frites sont surgelées, personne n'est parfait !).

Monty's *(plan détachable Miami, C5,* ***100****) : 2550 S Bayshore Dr. ☎ 305-856-3992. Tlj 11h30-23h30 (1h ven-sam). Burgers et sandwichs 15-20 $; plats env 25 $. Happy hours lun-ven 16h-19h.* Depuis 1969, ce grand *tikibar* planté en bordure de la marina accueille les « démantibuleurs » de crabes et tous ceux qui en pincent pour le homard, les fruits de mer et le poisson. On s'installe aux tables de pique-nique, à l'ombre des vastes paillotes aux toits de palmes et c'est partie pour une orgie de *seafood* ! Ambiance plus-plus pendant les *happy hours,* quand les virtuoses du ukulélé sont de la partie. Un endroit sympa comme tout, bien qu'un peu à l'écart du cœur du quartier (voiture ou taxi indispensables).

Barracuda Taphouse & Grill *(plan détachable Miami, B6,* ***115****) : 3035 Fuller St. Tlj 11h30-2h.* Si vous voulez échapper le temps d'une bière à la Miami touristique et mercantile, venez donc pêcher le barracuda ! Entièrement construit avec les planches de récup' d'un ancien bateau de pêche à la crevette, ce rade que n'aurait pas renié Hemingway est réputé pour sa cinquantaine de bières artisanales à la pression. *Lager,* blanche, ambrée, stout, porter, *IPA* ou *pale ale,* elles sont toutes là ! Sinon, basket en boucle sur les écrans, billard et bon gros rock qui tache.

Chic

Peacock Garden Cafe *(plan détachable Miami, B-C6,* ***97****) : 2889 McFarlane Rd. ☎ 305-774-3332. Tlj 11h-22h (23h ven-sam). Plats env 23-38 $.* Dans la salle ouverte, lumineuse et ornée de vieux clichés racontant la fondation de Coconut Grove, ou (mieux) dans l'agréable jardin luxuriant, on déguste ici une cuisine soignée (fruits de mer, poissons grillés, pièces de viande, etc.) Le fond jazzy et la belle atmosphère aident à digérer la note, qui peut vite être salée...

À voir. À faire

Bahamian Cemetery *(nommé aussi Charlotte Jane Memorial Park) : 3575 Douglas Rd. Tlj 9h-17h.* Pour les inconditionnels de Michael Jackson (voir encadré) ou les promeneurs en goguette. Selon la tradition des Bahamas, les sépultures contenant les cercueils sont construites en surface, pour éviter qu'elles ne soient immergées à la moindre montée des eaux (la nécropole étant située pile au niveau de la mer).

LE CIMETIÈRE DES MORTS-VIVANTS

C'est en se baladant au Bahamian Cemetery de Coconut Grove que Michael Jackson aurait trouvé l'inspiration, en 1983, pour son clip interplanétaire Thriller. *Ce minifilm de 14 mn, révolutionnaire pour l'époque, est une œuvre marquante de la pop culture. Il a coûté la bagatelle de 1 million de dollars, un budget record. Quant au célèbre rire guttural final (ahh ahhh ahhh ahhh...), on le doit à l'icône du cinéma d'épouvante des années 1960, Vincent Price.*

Vizcaya Museum & Gardens *(plan détachable Miami, D5) : 3251 S Miami Ave. • vizcaya.org • Ⓜ Vizcaya. Tlj sauf mar 9h30-16h30. Fermé certains j. fériés. Entrée : 25 $; 10 $ enfants 6-12 ans. Audioguide (à télécharger sur son smartphone) inclus (durée de la visite : 1h30). Parking gratuit.* Les nouveaux riches américains du début du XXe s, sans doute frustrés d'être privés d'un patrimoine multicentenaire, se sont fait plaisir en bâtissant de véritables *palazzi* à coups de millions de dollars ! On doit cette superbe villa, érigée en 1914, à un certain James Deering, fabricant de machines agricoles. Amoureux d'art et d'architecture, c'est du côté de Florence, en Italie, que Deering craqua pour le ***style Renaissance italienne.*** La construction de Vizcaya, qui a requis la participation de près de 1 000 artisans, s'est échelonnée ***entre 1914 et 1916,*** alors que Miami comptait moins de 10 000 habitants... Et il faut avouer qu'ils ont bien bossé, ces artisans ! On a vraiment l'impression que cette maison est vieille de plus de 4 siècles. Ce qui étonne, c'est la cohérence de l'ensemble, malgré la diversité des provenances et le mariage des styles.

La visite (à faire dans le sens des aiguilles d'une montre) débute par la ***salle de réception*** et se poursuit par le ***living-room,*** dans lequel on notera une très étonnante tapisserie du XVe s où se mêlent symboles juifs et chrétiens, le tout bordé de calligraphies arabes. Le ***patio à la romaine*** (couvert d'un toit) est plutôt sobre avec son dallage de calcaire incrusté de coraux. Dans la ***salle de musique,*** une harpe confectionnée par le luthier privé de Marie-Antoinette (XVIIe s). Dans la ***salle à manger,*** levez les yeux pour admirer les plafonds très « labyrinthiques ». Le salon de thé est lumineux, il fait écho à la loggia située à l'est et s'ouvrait, à l'époque, sur le petit jardin à la française. Juste à côté, dans le vaisselier, une improbable collection... de faïences de Quimper ! À l'étage, les chambres, dont celle de Deering, de style Empire avec une tapisserie d'Aubusson. Belle peinture murale du XVIIIe s à voir dans la salle du petit déjeuner. La visite se poursuit à l'extérieur, dans le parc qui regorge de mille et un détails : fontaines, petits ponts, gloriette, bosquets, statues... et même une piscine !

Enfin, ne manquez pas d'aller voir, sur la terrasse, l'étonnant ***bateau en pierre*** à moitié immergé dans les flots... La villa Vizcaya est définitivement une œuvre d'art à elle seule.

UN PALAIS QUE TOUT LE MONDE S'ARRACHE...

Privatisable (il faut disposer d'un certain budget, forcément !), la villa Vizcaya en a vu passer, du beau linge, depuis sa fondation ! C'est là, notamment, que le président Reagan et le pape Jean-Paul II se sont rencontrés pour un entretien privé en 1987. En 1994, le Sommet des Amériques, conduit par Bill Clinton, y a accueilli les représentants de 35 pays. Elizabeth II et Juan Carlos y ont dormi (pas ensemble, bien sûr !)... Le site est souvent loué comme décor de cinéma (Bad Boys II, L'Enfer du dimanche...), *pour les mariages de la jet-set ou autres réjouissances comme la grande fête LGBT The White Party, chaque année en novembre.*

MIAMI

The Barnacle Historic State Park *(plan détachable Miami, B-C6)* **:** *3485 Main Hwy.* • *floridastateparks.org* • *Tlj sauf mar 9h-17h. Entrée : 2 $ pour le parc, 3 $ de plus pour la maison ; gratuit moins de 6 ans. Visites guidées de la maison, à 10h, 11h30, 13h et 14h30 : 3 $; réduc.* C'est ici que Ralph Middleton Munroe, pionnier devenu riche négociant, s'installa en 1886 et construisit la maison que l'on visite – l'une des plus vieilles de la région (1891). De style bahaméen, adaptée au climat tropical, elle conserve son mobilier d'époque. Le parc est un bel endroit pour pique-niquer. Tout au bout se dresse la *boat-house,* avec sa rampe faite de traverses de chemin de fer.

The Kampong Garden *(plan détachable Miami, B6)* **:** *4013 Douglas Rd.* • *ntbg.org/gardens/kampong* • Ⓜ *South Miami puis bus n° 37.* ***Accès sur rdv seulement.*** *Visites libres mar-ven à 9h, 11h30 et 14h : 15 $; 5 $ enfants 4-12 ans. Visites guidées nov-juin, jeu et sam à 10h et 12h (durée : 1h) : 25 $; 10 $ enfants 4-12 ans.* Superbe jardin d'arbres fruitiers, de fleurs et de plantes tropicales (plus de 2 000 espèces différentes), que l'on doit au botaniste David Fairchild (le même que celui du Fairchild Tropical Garden, voir plus loin à Coral Gables). Son nom signifie « village » en malais, les 1res plantations du jardin venant en effet d'Indonésie et de Malaisie. Une belle balade offrant une vue d'anthologie sur la baie depuis l'extrémité du parc, mais un peu chère tout de même !

À voir. À faire dans les environs

Coral Gables

Coral Gables est célèbre pour ses rues bordées de demeures époustouflantes de richesse, à peine abritées des regards, où le plus grand raffinement côtoie de sacrés délires mégalos ! Son centre-ville est réputé dans toute la Floride pour le shopping (et en particulier pour ses boutiques de robes de mariée) : le célèbre ***Miracle Mile,*** une enfilade quasi ininterrompue de boutiques et de galeries d'art qu'il n'est pas inintéressant d'arpenter.

Biltmore Hotel *(plan détachable Miami, A5)* **:** *1200 Anastasia Ave. • biltmorehotel.com • Visite guidée en anglais dim à 13h30 et 14h30. GRATUIT. Se pointer env 15 mn avt, mais l'hôtel peut aussi bien se visiter seul si vous savez vous montrer discret (dans les couloirs de chaque étage sont exposées des photographies d'époque relatant l'histoire de Coral Gables).* Construit en 1926, ce gigantesque hôtel (on le voit de loin) aligne un style espagnol (la tour de la façade est la réplique de la Giralda de Séville) avec des accents italiens et mauresques. Il a hébergé nombre de célébrités : Ginger Rogers, Judy Garland, Bing Crosby, Al Capone (l'une des chambres les plus luxueuses porte le nom de « Suite Al Capone »)... Outre les immenses salons, les plafonds à caissons, les salles de réception aux planchers éclatants, le bijou du *Biltmore,* c'est sa ***piscine,*** mise en valeur quand le soleil se couche. Un gigantesque bassin (le plus grand jamais construit dans un hôtel américain), entouré de colonnes, où se sont déroulés de nombreux shows aquatiques, dont un avec Johnny Weissmuller, le 1er Tarzan à l'écran. L'ensemble fait quand même un peu décor de théâtre : imitations de pierres et de marbres anciens, nombreux stucs, mélange de styles.

Venetian Pool *(plan détachable Miami, A5)* **:** *2701 De Soto Blvd. ☎ 305-460-5306. • coralgables.com • Tlj sauf lun 10h-16h30 (peut varier selon saison et j. de la sem, voir le site internet). Entrée : 21 $; 16 $ enfants 3-12 ans. Enfants de moins de 3 ans non admis.* Cette piscine ultra-photogénique, aux eaux émeraude, a été aménagée dans une ancienne carrière dont les pierres ont servi à construire, au début des années 1920, les belles demeures qui l'entourent. Plagette de sable, escaliers dans la roche, grottes, pont des soupirs, passages, douches d'une autre époque, etc., le tout dans un style vénitien et dans un écrin de verdure. Un bel endroit, souvent bondé en haute saison.

Lowe Art Museum *(plan détachable Miami, A6)* **:** *1301 Stanford Dr. • lowe.miami.edu • Ⓜ University. Jeu-sam 10h-16h. Fermé vac universitaires. GRATUIT.* Implanté sur le campus de l'université de Miami, cet intéressant musée d'art (le plus vieux de Miami, il date de 1950), dont la collection totalise 19 500 pièces (peu sont exposées, en revanche), présente des œuvres très variées, allant du contemporain (Zao Wou-ki, Lichtenstein, Keith Haring, Vasarely...) aux objets d'art « ethniques » (îles du Pacifique, Asie, Afrique et Amérique du Nord amérindienne). Également, au hasard de la rotation, des antiquités romaines, des toiles de la Renaissance italienne et du baroque. Bref, un joyeux melting-pot ! Également des expositions temporaires.

Fairchild Tropical Botanic Garden *(hors plan détachable Miami par B6)* **:** *10901 Old Cutler Rd. • fairchildgarden.org • Tlj 10h-16h. Entrée : 25 $; 12 $ enfants 6-17 ans ; réduc.* Le plus grand jardin tropical des États-Unis, créé en 1936 par le botaniste David Fairchild. Très bien entretenu et balisé, mais ne pas hésiter à sortir des chemins goudronnés dont les visiteurs s'éloignent généralement peu. On peut ainsi faire des rencontres amusantes avec des iguanes qui vous filent entre les jambes ou admirer tranquillement des ibis. On observe différents aspects de la végétation tropicale selon l'écosystème (sec, humide, mangrove, etc.), des fleurs (orchidées ou autres), des fruits, des bambous...

Restauration possible et boutique. Nombreux concerts, conférences, expositions, salons, lectures et projections vidéo ; consulter leur site internet pour la programmation.

Coral Gables Museum (plan détachable Miami, B5) **:** *285 Aragon Ave. • coralgablesmuseum.org •. Tlj 10h-17h (18h w-e). Entrée : 10 $; réduc. Audioguide en anglais et en espagnol.* Outre des expos temporaires, ce musée de quartier retrace l'épopée du visionnaire et créateur de Coral Gables, George Merrick, pour qui la devise était : « Faites de vos châteaux en Espagne une réalité. » Il a été aménagé dans l'ancienne prison et caserne de la ville.

Encore plus au sud
(hors plan détachable Miami par A6)

Zoo Miami (hors plan détachable Miami par A6) **:** *12400 SW 152nd St, à env 35 km au sud-ouest de Downtown. • zoomiami.org • En voiture par le Florida Turnpike (payant), sortie 16, ou par l'US 1 puis la SW 152nd St (gratuit). Tlj 10h-17h (dernier billet à 16h). Entrée : 23 $; 19 $ enfants 3-12 ans ; gratuit moins de 3 ans. Compter bien 3h de visite. Parking gratuit.* Un beau et vaste zoo avec peu de cages. Classés par continents, les animaux sont pratiquement tous installés dans des espaces entourés d'un fossé qu'ils ne peuvent franchir. Pas mal de bestiaux rares, tels ce grand gorille mâle et ses femelles qu'il honore sans pudeur en public (à la sauce Brassens), ainsi que panthère nébuleuse, okapi, rhinocéros d'Inde, oryx d'Arabie et lycaons. Possibilité de nourrir soi-même différents pensionnaires : girafes, chameaux, rhino, perroquets *(horaires spécifiés à l'entrée et sur Internet ; supplément : 3-12 $).*

OÙ ASSISTER À UN MATCH DE LA NBA ?

FTX Arena (zoom détachable Downtown / Brickell, E3, **164**) **:** *601 Biscayne Blvd. ☎ 1-786-777-1000. • aaarena.com • ticketmaster.com • Metromover Omni, arrêt : Parkwest. Les matchs commencent souvent à 19h30.* Avec ses 20 000 places, c'est le chaudron où s'expriment les **Miami Heat.** Ambiance survoltée, on ne vous raconte pas ! Le prix des places peut s'envoler en fonction du match, mais rassurez-vous, si on peut espérer un emplacement convenable à partir de 50-60 $ en réservant à l'avance (les places les moins chères sont à 30 $), il arrive que les prix s'effondrent en ligne plus on se rapproche du début du match. Si vous êtes 2, ou mieux, seul, il peut être avantageux de ***réserver au dernier moment.*** Pour éviter les arnaques, on conseille vivement de passer par *Ticketmaster,* le partenaire officiel de la NBA.

ACHATS

Malls et centres commerciaux

À Miami, les ***outlets*** (magasins d'usine) sont éloignés les uns des autres. Notre choix s'est porté sur les plus accessibles en transports en commun.

Lincoln Road Mall (zoom détachable Miami Beach, G3) **:** *Lincoln Rd (entre Washington Ave et Alton Rd). • lincolnroadmall.com •* *Mall* piéton qui égrène de grandes marques telles que

Anthropologie, J. Crew, Lucky Brand, All Saints, American Eagle Outfitters, Urban Outfitters, Havaianas, les cosmétiques new-yorkais *Kiehl's* et tant d'autres...

Brickell City Centre *(zoom détachable Downtown / Brickell, D4,* ***161****) : 701 S Miami Ave. • brickellcitycentre.com • Tlj 11h-21h (19h dim). Parking gratuit 6h sur validation et preuve d'achat.* Étonnante architecture à moitié ouverte sur l'extérieur qui enjambe plusieurs rues en plein centre de Brickell sur plus de 45 ha. Certifié LEED (bâtiment ayant été conçu et construit dans l'intérêt des humains et de leur environnement) grâce à un astucieux treillis enveloppant les bâtiments, c'est le 1er projet de ce type aux États-Unis. Toutes les grandes marques y sont représentées. Plusieurs restos (pas donnés).

Upper Buena Vista *(plan détachable Miami, D1,* ***166****) : 184-190 NE 50th Terrace. • upperbuenavista.com • De Downtown, trolley Biscayne, changement au niveau du Woodson Mini Park (NE 38th St), puis trolley Little Haïti jusqu'à NE 50th St. Tlj 10h-23h.* Entre Little Haïti et Edgewater, ce centre commercial en plein air qui se veut *ecofriendly* abrite une vingtaine de boutiques et quelques restos. Dans une ambiance très *hype,* baignée par une douce musique, on y trouve des boutiques de créateurs colorées, des galeries d'artistes locaux ou sud-américains, des barbiers, des tatoueurs, et même un centre de retraite et de méditation !

Shops at Merrick Park *(plan détachable Miami, B5) : SW 42nd Ave. • shopsatmerrickpark.com • Ⓜ Douglas Rd, puis 800 m à pied. Lun-sam 11h-21h, dim 12h-19h. Parking : 3 $ pour 2h.* Un vieil adage dans l'immobilier dit que « les commerces suivent toujours les toits ». Eh bien ici, dans ce centre commercial agréablement articulé autour d'une pelouse et de hauts palmiers, c'est tout le contraire. Depuis l'arrivée de quelques grandes marques du luxe, ce sont les condominiums qui poussent comme des champignons !

Miami Ironside *(plan détachable Miami, E1) : 7610 NE 4th St (le long de la ligne de chemin de fer). ☎ 305-438-9002. • miamiironside.com • Bus n° 3 depuis Downtown ou n° 16 depuis Omni. Tlj 8h-23h. Miami Ironside* est un centre commercial nouvelle génération qui a vu le jour à Palm Grove, un quartier historique situé dans l'Upper Eastside de Miami, aujourd'hui très prisé par les artistes. Coincée entre la NE 4th Street et la voie de chemin de fer, sa structure tout en long entrecoupée de placettes égrène un chapelet de boutiques tendance, donnant sur un espace végétalisé abritant la plus grande collection d'eucalyptus de la région, un potager expérimental et de nombreuses plantes indigènes. Pizzeria, café, terrain de pétanque, lieux d'expo et de rencontre un tout-en-un.

Aventura Mall *(hors plan détachable Miami par G1) : 19501 Biscayne Blvd. • aventuramall.com • Bus S ou n° 120 depuis Downtown Omni et Miami Beach. Tlj 11h-21h (20h dim).* Aux antipodes de *Miami Ironside, Aventura Mall* est le 6e plus grand centre commercial des États-Unis et le 2e de Floride après le *Sawgrass Mills.* Pour des prix un peu plus intéressants, nous vous conseillons plutôt le ***Sawgrass Mills,*** à Fort Lauderdale (voir « Au nord de Miami : Fort Lauderdale. Achats »), 4e plus grand centre commercial des États-Unis.

Livres et musique

Grooveman Music *(zoom détachable Miami Beach, G3,* ***162****) : 1121 Washington Ave. Tlj 12h-22h.* Adeptes de l'*urban wear* et de la *street,* vous voulez soigner votre look ? C'est ici qu'il faut venir. T-shirts à messages, sneakers, accessoires, gadgets, tout est là.

Walt Grace Vintage *(zoom détachable Wynwood, D3,* ***174****) : 300 NW 26th St. Mar-sam 11h-20h, dim-lun 12h-17h.* Une boutique de guitares qui vaut le détour pour son incroyable décor et une série de voitures de collection. On vous en parle dans la rubrique « À voir. À faire » à Wynwood.

Books & Books *(plan détachable Miami, B5,* ***160****) : 265 Aragon Ave. • booksandbooks.com • Tlj 10h-22h (19h dim).* Librairie avec petit **café-resto** et terrasse, à Coral Gables. Produits locaux pour une cuisine fraîche dans l'esprit « *farm to table* », servie du matin au soir (et à prix raisonnables).

Sweat Records *(plan détachable Miami, D-E2,* ***168****) : 5505 NE 2nd Ave (angle NE 55th St). • sweatrecordsmiami.com • Tlj 12h-17h (19h ven-sam).* Ce disquaire assorti d'un petit **café-resto** est une perle rare. On y trouve de vieux vinyles (dont certains sont franchement labourés) pas chers du tout et on y boit un petit café dans la décontraction la plus totale. Quelques groupes s'y produisent de temps en temps le week-end, et peut-être aurez-vous la chance d'y croiser Iggy Pop : il possède son studio d'enregistrement un peu plus au nord dans le quartier. Peut-être la seule bonne raison d'aller faire un tour à Little Haïti.

Vêtements, sport

Fritz's *(zoom détachable Miami Beach, G3,* ***5****) : 1014 Lincoln Rd. • fritzsmiamibeach.com • Tlj 11h-19h.* Ici, nombreuses promos sur le sportswear et tout ce qui touche au skateboard.

Lincoln Road Flea Market *(zoom détachable Miami Beach, G3) : Lincoln Road Mall, entre Meridian et Lenox Ave.* 1 dimanche sur 2, un très chouette marché aux puces aux stands variés, entre fringues vintage, bibelots, bijoux, etc.

KC 2000 *(zoom détachable Wynwood, D3,* ***169****) : 2504 NW 5th Ave. Tlj sauf dim 9h-17h.* Au débouché de 25th Street, cette friperie pour hommes propose un éventail de fringues originales et colorées assez impressionnant à des prix vraiment au ras des pâquerettes.

Voir aussi **The Wynwood Market Place** *(zoom détachable Wynwood, D3,* ***154****)* décrit plus haut dans « Où boire un verre ? Où sortir ? » et le **Fashion District** *(zoom détachable Wynwood, D3)* dans « À voir. À faire » à Wynwood.

Andrew *(zoom détachable Downtown / Brickell, D4,* ***170****) : 10 NE 1st Ave. Tlj sauf lun 12h-19h (18h w-e).* Une marque née en Floride en 2017 au lendemain du passage de l'ouragan du même nom. En peu de temps, elle est devenue incontournable en matière de skate. Ici, rien que du rare, des T-shirts aux *pants* en passant par les *boards,* et même des préservatifs au logo de la marque !

Fly Boutique *(plan détachable Miami, E1,* ***173****) : 7235 NE 72nd Ave (angle Biscayne Blvd). Tlj sauf sam 11h-19h.* Une boutique fouillis 100 % vintage comme on les aime, avec de la fringue, bien sûr, mais aussi des objets de déco, de vieux vinyles et des reliques des sixties.

DANS LES ENVIRONS DE MIAMI

LES ÎLES DE LA BISCAYNE BAY

Key Biscayne *(hors plan détachable Miami par F6) : • key-biscayne.com • En voiture, de Downtown, route US 1 vers le sud et, après 2 km, à gauche sur le Rickenbacker Cswy (péage 3 $, SunPass 2,25 $; collecte électronique uniquement, pas de guichet). Sinon, Ⓜ Brickell puis bus B (direction Crandon).* L'île la plus au sud de la baie forme une longue langue de terre, prisée des retraités fortunés et réputée pour la grande plage de sable blanc qui se cache au sein du verdoyant ***Bill Baggs Cape Florida State Park.*** Un bel endroit pour une escapade nature à quelques encablures de Miami.

MIAMI

Adresse utile

Key Biscayne Chamber of Commerce Visitors Center : *Village Hall, suite 100, 88 W McIntyre St. ☎ 305-361-5207. • keybiscaynechamber.org • Bus B depuis le Ⓜ Brickell. Lun-ven 9h-17h, mais le sas d'entrée reste ouv tlj 24h/24 !* Documentation sur Key Biscayne et le sud de la Floride. Également des coupons de réduction pour les attractions.

Où manger ? Où boire un verre ?

Lighthouse Cafe : *dans le* ***Bill Baggs Park,*** *au bout de la route, entre plage et parking. ☎ 305-361-8487. Tlj 9h-19h. Salades et sandwichs 8-12 $; plats env 15-28 $.* Un café tout en bois, séparé de la plage par la végétation (on aperçoit tout de même un bout de mer depuis la terrasse !). Cuisine assez basique, mais tarifs qui restent sages au vu de la situation.

Rusty Pelican *(plan détachable Miami, E5,* ***91****) : 3201 Rickenbacker Cswy,* ***Virginia Key.*** *☎ 305-361-3818. Fléché à gauche en arrivant sur Virginia Key, à la sortie du pont à péage. Tlj 12h-23h (minuit ven-sam). Happy hours lun-ven 16h-18h20. Plats env 50 $.* Un resto de *seafood* chicos et cher, mais la vue sur la *skyline* de Downtown, l'une des plus belles qui soient, justifie à elle seule les prix. On peut aussi se contenter d'un verre pendant les *happy hours* et c'est très bien comme ça !

À voir. À faire

Bill Baggs Cape Florida State Park : *1200 S Crandon Blvd. • floridastateparks.org • Tlj 8h-18h15. Entrée : 8 $/voiture, 4 $/conducteur seul, 2 $/piéton ou vélo.* À la pointe sud de l'île, ce parc abrite une **grande plage de sable blanc,** sauvage et pas trop fréquentée (mis à part, bien sûr, 7 espèces différentes de tortues qui viennent y pondre leurs œufs entre octobre et mars !). Si vous venez le matin, en semaine, vous serez presque seul(e) ! On y trouve des emplacements pour pique-niquer, des transats et vélos à louer, et un grand phare tout blanc datant de 1825 avec, à côté, la maisonnette en bois restaurée de son gardien. Le chenal est aussi réputé pour servir de couloir de passage aux lamantins...

La Biscayne Bay en bateau : *au départ de Bayside Market Place* *(voir plus haut « À voir. À faire. À Miami Downtown »).* On n'est a priori pas hyper fans de ce genre de balade touristico-nautique, mais voici quand même l'occasion de découvrir le port de Miami (spectaculaire lors de la sortie de nuit) et de mesurer le gigantisme de la ville. C'est aussi, pour le commun des mortels, le seul moyen d'approcher des îles de milliardaires et d'espérer apercevoir Shakira en train de boire un verre sur sa terrasse, ou Al Pacino barbotant dans sa piscine. Préparez vos jumelles et vos appareils photo, le bateau longe les rives et détaille une à une les villas de stars – et barons de la drogue... – construites sur ces îles complètement artificielles. Au 1er ou au 2d degré, on s'amuse bien. Il faut entendre les « oh ! » d'admiration quand le capitaine annonce les tarifs des baraques. Qu'on se rassure, on ne voit que ce qu'ils veulent montrer, et l'intimité de nos stars est préservée.

PALM ISLAND, LE CRIME NE PAIE PAS !

Al Capone ne fit que 8 ans de prison puisqu'il fut condamné pour fraude fiscale et non pour crime. Ensuite, il passa les 8 dernières années de sa vie dans sa magnifique villa de Palm Island (au nº 93 Palm Avenue ; ne se visite pas). Il y mourut en 1947, à 48 ans, d'un infarctus... et non de remords.

Island Queen Cruises *(zoom détachable Downtown / Brickell, XX)* **:** *401 Biscayne Blvd, Bayside Market Place. ☎ 305-379-5119. • islandqueencruises.com • Plusieurs types de croisières (45 mn-3h), la plus populaire étant le tour des milliardaires (1h30) ! Départ ttes les heures 11h-18h (jusqu'à 19h le w-e). Tarif : 28 $; 20 $ enfants 4-12 ans ; réduc en réservant en ligne. Commentaires en anglais et en espagnol.*

D'autres compagnies proposent des excursions équivalentes, comme ***Aquatours*** *(• miamiaquatours.com • ; tour de 90 mn : 30 $, 20 $ enfant ; bonnes promos en ligne aux heures les moins chargées)* ou ***Bayride*** *(• bayride.com •).*

Miami Croisière : *79 Collins Ave. ☎ 06-22-72-16-76. • croisiere.prive@gmail.com • croisiere-miami.com • Résa par e-mail ou tél. À partir de 390 $ la ½ journée (6 pers). Réduc de 5 % sur présentation de ce guide.* Sandrine et Christophe – un couple amoureux de la mer (lui est ancien sauveteur de la SNSM) – proposent des sorties dans la baie de Miami (demi-journée, journée, coucher de soleil ou sortie snorkelling) sur leurs 2 bateaux à moteur (8 et 13 m), repas parfois inclus. L'occasion de découvrir la ville à travers ses canaux, ses dauphins et ses maisons de stars. Possibilité de croisière sur plusieurs jours également.

AU NORD DE MIAMI : FORT LAUDERDALE

FORT LAUDERDALE

172 500 hab.

• Plan p. 120-121

On est loin du petit fort édifié par un certain major William Lauderdale en 1838 pour se protéger des Indiens séminoles... Cette ville balnéaire attire plus de 10 millions de vacanciers chaque année. La raison ? Le soleil, évidemment, qui brille ici plus de 240 jours par an, et la plage, longue et belle, qui borde la ville du nord au sud. Mais si Fort Lauderdale séduit tout autant les étudiants que les retraités, c'est aussi pour le coût de la vie, bien moins élevé qu'à Miami ou Palm Beach. Les 1ers installent généralement le camp de base au sud, sur le front de mer du *Beach Boulevard,* tandis que les pensionnaires plus âgés séjournent pour la plupart à *Lauderdale-By-The-Sea,* tranquille petite station balnéaire au nord. À l'arrière, dans les terres, la ville, tentaculaire, ne cesse de s'étendre autour des quelque 265 km de canaux lagunaires (bordés de splendides villas) qui valent à Fort Lauderdale son surnom (légèrement surestimé !) de « Venise de l'Amérique ».

À seulement 40 km de Miami, Fort Lauderdale peut constituer un bon camp de base pour rayonner dans la région et farnienter quelques jours.

SPRING BREAK

Vers la mi-mars, les étudiants débarquent de tout le pays en Floride pour s'éclater quelques jours entre clubs et plage. Si certains se contentent de faire « gentiment » la fête, d'autres poussent le curseur très très loin. Chaque année, notamment à Miami Beach, des incidents liés à l'excès de drogue ou d'alcool sont malheureusement à recenser. Fort Lauderdale fait également partie des destinations prisées par les « spring breaker »...

Arriver – Quitter

✈ ***Fort Lauderdale – Hollywood International Airport*** *(hors plan par A3)* **:** *100 Terminal Dr, à 5 km au sud du centre-ville.* • *broward.org/airport* • 4 terminaux, reliés par navette. Vols quotidiens en provenance et vers de nombreuses grandes villes américaines (dont Key West) et canadiennes, l'Amérique latine et les Caraïbes. Pour Paris-CDG, vols assurés par *Norwegian Airlines* avec 2-3 vols/sem.

➢ ***Pour gagner le centre,*** le bus n° 1 dessert la gare routière de *Broward Central Transit,* situé au 101 NW 1st Ave *(plan A2),* d'où partent la plupart des lignes. Prix : 2 $ (paiement à bord en espèces). En taxi ou VTC, compter env 15-20 $.

➢ ***Pour rallier directement Miami,*** compter 25-35 $/pers en navette et env 70-80 $ en taxi. En transport, privilégier le *Tri-Rail* (voir ci-dessous) qui relie les 2 aéroports. En voiture, prendre l'autoroute I-95 (gratuite ; env 45 mn de route).

Gare ferroviaire Amtrak et Tri-Rail *(hors plan par A2,* ***1****)* ***:*** *200 SW 21st Terrace, à 3 km à l'ouest de Downtown, de l'autre côté de l'autoroute I-95. • amtrak.com • tri-rail.com •* L'*Atlantic Coast Service* d'Amtrak propose 2 liaisons/j. vers West Palm Beach, Orlando, Jacksonville et Savannah sur le trajet reliant Miami à New York (et vice versa). Le *Tri-Rail,* géré par une compagnie indépendante, est une sorte de RER qui relie l'aéroport de Miami à West Palm Beach en passant par Fort Lauderdale (dont l'aéroport). Compter 3,75 $ pour Miami. ➢ ***Pour rejoindre Downtown et la plage,*** bus nos 9, 22 ou 81 jusqu'au terminal *Broward Central Transit,* situé au 101 NW 1st Ave *(plan A2),* où convergent pratiquement toutes les lignes. Ceux qui arrivent par *Tri-Rail* bénéficient de navettes gratuites pour le centre lun-ven ttes les 10-25 mn (fréquence réduite le w-e).

Gare ferroviaire Bright Line *(plan A2,* ***2****)* ***:*** *NW 2nd Ave (entre W Broward Blvd et NW 4th St). • gobrightline.com •* Elle accueille la ligne à grande vitesse. Plusieurs trains/j. Trajet : 30 mn pour Miami et West Palm Beach.

Gare routière Greyhound *(plan B2)* ***:*** *515 NE 3rd St. • greyhound.com •* Bus pour Miami, Tampa, Atlanta... Sur place : consigne et distributeur de billets.

Adresses et infos utiles

Informations touristiques

Greater Fort Lauderdale Convention & Visitors Bureau *(plan A-B2)* ***:*** *101 NE 3rd Ave. • sunny.org • Dans le centre administratif. Lun-ven 8h30-17h.* Infos et brochures, notamment sur les transports.

Transports

■ ***Broward County Transit Terminal*** *(BCT Terminal ; plan A-B2)* ***:*** *101 NW 1st Ave et Broward Blvd. • broward.org/bct • Ticket : 2 $; réduc ; pass journée 5 $.* Pour ceux qui ne sont pas véhiculés, le bus s'avère indispensable tant les distances sont grandes. Le réseau est tentaculaire mais on se contente de seulement 2-3 lignes en tant que touriste. La ***ligne n° 11*** est celle que vous utiliserez le plus. Elle relie le terminal BCT à Lauderdale-By-The-Sea, le boulevard Las Olas (Downtown) et le front de mer, où se situent la plupart des hôtels.

■ ***Sun Trolley :*** *• suntrolley.com • GRATUIT.* Parmi les 5 lignes existantes, 2 sont particulièrement intéressantes pour les visiteurs : la ligne ***Las Olas*** *(ttes les 30 mn ven-dim 10h30-17h),* qui relie le Downtown à la plage, et la ***Beach Link*** *(ttes les 30 mn tlj 10h30-17h),* qui part de l'US 1 *(plan D3),* prend la SW 17th Street Causeway puis longe la plage jusqu'au *Galleria Mall (plan D1).* Cette ligne est tracée sur le plan.

■ ***Lauder Go ! (water trolley*** *; plan A-B2)* ***:*** *• riverwalkwatertrolley.com • Ttes les 30 mn tlj 10h-22h. GRATUIT.* Petit bateau-taxi qui parcourt New River dans Downtown entre SW 4th Avenue et US 1. Pour prolonger la balade vers l'est et ses canaux, il faut passer à la version *water taxi,* plutôt un promène-touristes lent qu'un taxi rapide. Toutefois envisageable pour qui veut aussi visiter les canaux (lire plus loin « À voir. À faire »).

Broward B Cycle : *• broward.bcycle.com •* Vélos en libre-service au tarif exorbitant de 5 $ les 30 mn ! Environ 25 stations, dont une sur Las Olas et plusieurs autres sur la plage. Le *pass* à 35 $ par semaine permet de bénéficier de 30 mn gratuites, puis 1 $ les 30 mn à chaque prise en charge.

– ***Voiture :*** la circulation est plus fluide qu'à Miami mais le ***stationnement*** est presque aussi cher, notamment en bord de mer. Pour payer votre parcmètre, on vous conseille de télécharger l'application ***Paybyphone,*** qui fonctionne dans la plupart des zones de stationnement de la ville. Une bonne nouvelle, tout de même : la plupart des hôtels disposent d'un parking gratuit.

Adresses utiles

- Greater Fort Lauderdale Convention & Visitors Bureau (A-B2)
- 1 Gare ferroviaire Amtrak et Tri-Rail (hors plan par A2)
- 2 Gare ferroviaire Bright Line (A2)
- 3 Water Taxi (B2)
- 4 Water Taxi (D1)
- 5 Jungle Queen River Boat (D3)

Où dormir ?

- 10 The Hotel Deauville (hors plan par D1)
- 14 Premiere Hotel (D1)
- 16 Aqua Hotel (D1)
- 17 The Pillars Hotel & Club (D2)
- 18 The Drift (D2)

Où manger ?

- 29 Gran Forno Bakery (B2)
- 30 The Floridian Restaurant (B2)
- 32 Lester's Diner (hors plan par B3)
- 33 Lulu's Bait Shack (D2)
- 36 Greek Islands Taverna (hors plan par D1)
- 39 Casablanca Cafe (D2)
- 40 Southport Raw Bar (B3)
- 41 Loma (D1)
- 42 Coconuts (D2)
- 44 Canyon Southwest (C1)

Où manger une bonne glace ? Où boire un café ?

- 50 Kilwins (B2)
- 51 Ann's Florist & Coffee Bar (B2)

Où boire un verre ? Où sortir ?

- 61 Blue Martini (D1)
- 62 Original Fat Cat's (A2)
- 63 Rock Bar (D2)

Achats

- 70 The Swap Shop (hors plan par C1)
- 71 Sawgrass Mills et Colonnade Outlets (hors plan par C1)

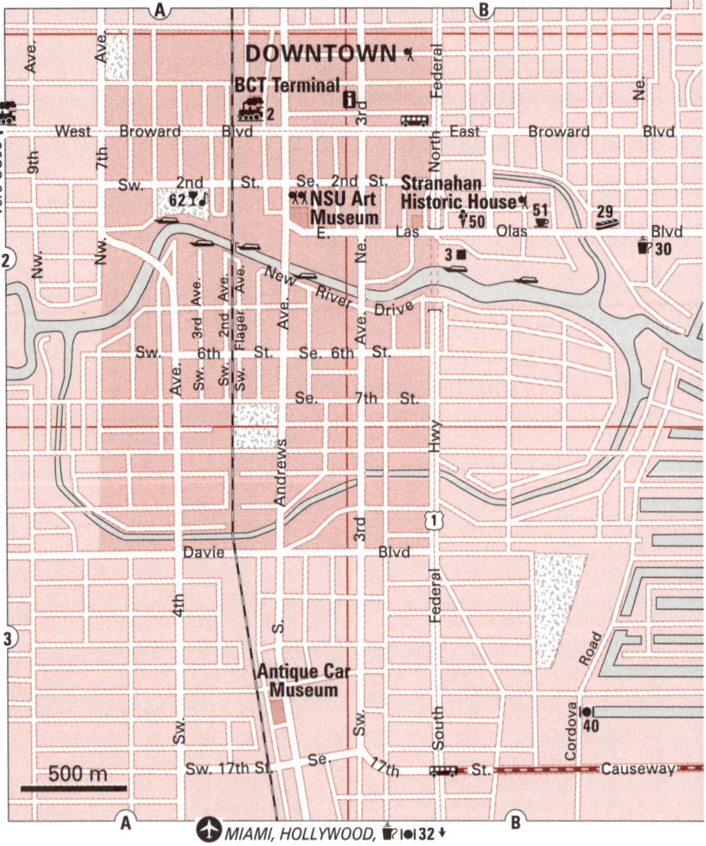

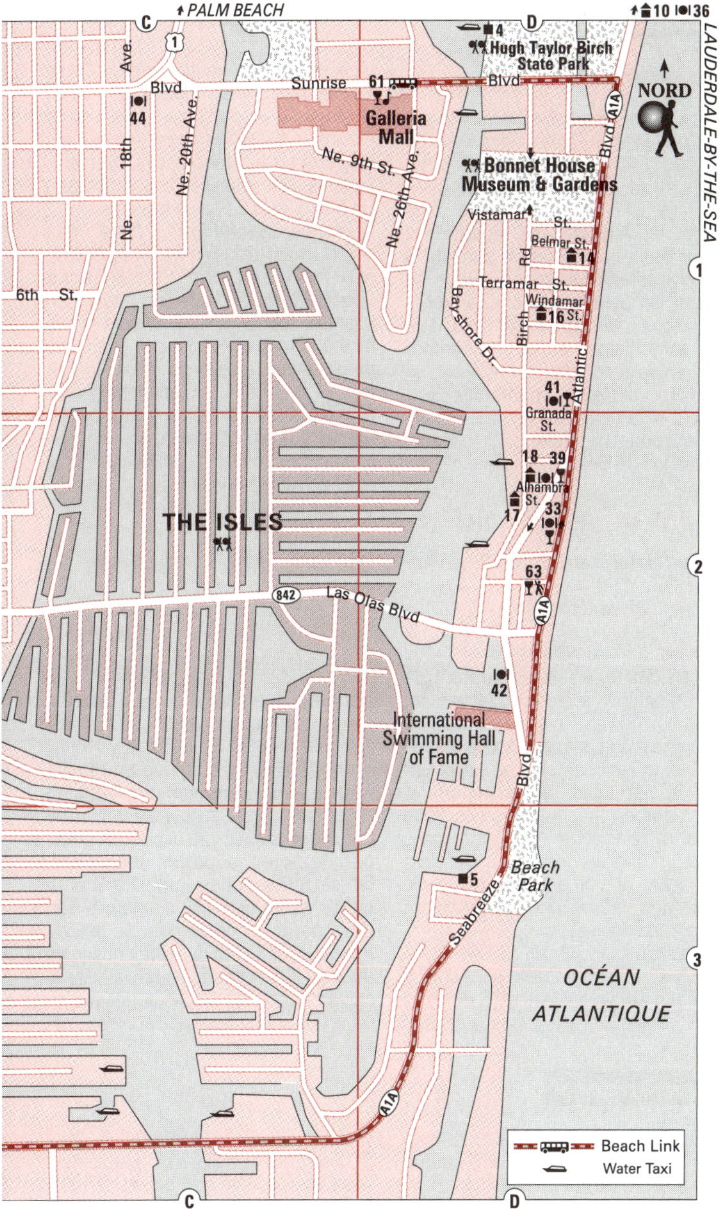

FORT LAUDERDALE

Où dormir ?

Bon marché

The Hotel Deauville *(hors plan par D1, **10**) : 2916 N Ocean Blvd. ☎ 954-568-5000. • thedeauvillehotel.com • Lits en dortoir 35-40 $; doubles 75-140 $.* Chambres et dortoirs (sans oublier les transats) se répartissent autour de la piscine (et au bord de la route, malheureusement). Pour sa popote, on peut aussi compter sur la cuisine commune. Côté chambres, elles sont sans histoire et de bon confort. L'ensemble est propre, convivial et d'un rapport qualité-prix imbattable. Seul bémol : si la plage est proche, voiture ou transport obligatoire pour rejoindre l'animation du Beach Boulevard.

De prix moyens à chic

Aqua Hotel *(plan D1, **16**) : 3016 Windamar St. ☎ 954-565-5790. • northbeachvillageresort.com • Doubles 130-250 $. Parking 10 $.* Bon début : la plage est à seulement 100 m et l'hôtel bien au calme, en retrait du front de mer. On dirait un peu un paquebot rétro, tout de blanc vêtu, avec ses 2 piscines à la proue et à la poupe. L'accueil est de bon aloi et les chambres ne déçoivent pas. Immaculées, *white on white,* ponctuées de touches colorées, elles semblent déjà voguer vers les tropiques (tiens, un surf au mur !). Les *standard* sont belles et même spacieuses, avec TV et frigo, les *deluxe* ont carrément une cuisine équipée.

The Drift *(plan D2, **18**) : 3005 Alhambra St. ☎ 954-774-2061. • thedrifthotel.com • Doubles 100-250 $. Parking gratuit.* Des bâtiments jumeaux servent d'écrin à ce cosy boutique-hôtel. On se repose dans une agréable cour centrale verdoyante et ombragée (mais sans piscine). Coursives et escaliers mènent aux chambres décorées sobrement, équipées d'un mobilier de bois sombre. Un bon plan, à 2 pas de la plage.

Premiere Hotel *(plan D1, **14**) : 625 N Fort Lauderdale Beach Blvd. ☎ 954-566-7676. • premierehotel.com • Doubles 129-200 $. Parking gratuit.* Un bâtiment tout blanc littéralement planté face à la mer, qui abrite des chambres de différentes catégories : assez petites avec juste un lit *king,* ou nettement plus grandes avec 2 *queens,* une cuisine et un balcon (quasiment de vrais apparts !). Le tout est fonctionnel et parfaitement tenu, avec 2 piscines en bonus pour ceux qui auraient la flemme de traverser la rue.

De plus chic à très chic

The Pillars Hotel & Club *(plan D2, **17**) : 111 N Birch Rd. ☎ 954-467-9639. • pillarshotel.com • Doubles à partir de 325 $. Parking gratuit.* Cette élégante demeure aux faux airs de petite plantation coloniale appartient aux très réputés *Small Luxury Hotels of the World.* On y trouve une petite vingtaine de chambres et suites cossues, distribuées autour de la piscine et décorées avec beaucoup de goût : parquet ou moquette, cheminées, tableaux exotiques, mobilier d'antiquaire, salles de bains en marbre, etc. Gros coup de cœur pour la grande terrasse qui donne directement sur les eaux de l'*Intracoastal Waterway.* Espaces communs au diapason des chambres, resto. Une très belle adresse.

Où manger ?

Voir aussi nos adresses à Lauderdale-By-The-Sea, village balnéaire situé à 8 km au nord de Fort Lauderdale.

Spécial petit déjeuner

The Floridian Restaurant *(plan B2, **30**) : 1410 E Las Olas Blvd. ☎ 954-463-4041. Ouv 24h/24. Plats 8-17 $.* On l'appelle tout simplement *The Flo.* Une institution datant de 1937, pour engloutir, à toute heure, un breakfast américain grassouillet à souhait. Pas bien fin mais tout y est, à commencer par la déco : photos de stars, bar aux tabourets chromés, mobilier dépareillé (il y a même des chaises de bureau !), moquette datant de JFK (au moins), TV aux murs... Vous êtes d'humeur festive ? Commandez le *fat cat breakfast* à 499 $... qui, pour accompagner vos œufs, est servi avec une bouteille de Dom Pérignon (le pauvre !). Sinon, spécialité de burgers et d'omelettes (œufs *Benedict* aussi), sandwichs et wraps.

On recommande aussi ***Lester's Diner*** *(hors plan par B3,* ***32****)* : voir plus loin.

De bon marché à prix moyens

Gran Forno Bakery *(plan B2,* ***29****) :* *1235 E Las Olas Blvd. ☎ 954-467-2244. Tlj 7h-21h. Autre adresse au 704 E Las Olas Blvd. Sandwichs env 6-9 $.* *Focaccie, panini, biscotti, cappuccini* et autres *macchiati* costauds, tout ici a un bon goût d'Italie. Les quiches et gros sandwichs façon pan-bagnat valent le détour. Également quelques plats chauds à l'ardoise (lasagnes, *meatballs,* etc.).

Lulu's Bait Shack *(plan D2,* ***33****) :* *17 S Atlantic Blvd. ☎ 954-463-7425. Tlj 11h-2h.* Populaire, jeune et animé à souhait, *Lulu's* regarde depuis son perchoir du 1er étage le boulevard, la plage, l'océan. Le soir venu, les groupes font péter les décibels sur la petite scène du fond. Et dans tout ça, le miam-miam ? Une *food pub* à la mode cajun : alligator, *jambalaya* et *Bourbon Street Entrées* à grignoter à table (penser à réserver) ou autour du bar. Même les bien élevés pourront y mettre les doigts, il y a d'énormes rouleaux d'essuie-tout sur les tables !

Lester's Diner *(hors plan par B3,* ***32****) :* *250 W State Rd 84 (angle SW 3rd Ave). ☎ 954-525-5641. Bus n° 6. Ouv 24h/24. Burgers 8-14 $; plats 15-20 $.* Excentré, mais ce *diner* populaire mérite le détour. Lieu de rendez-vous incontournable (depuis 1967) d'une clientèle hétéroclite venue se gaver des classiques de la bouffe américaine (burgers, hot-dogs et des parts de gâteau grosses comme des fers à repasser !). Ici on en a pour son argent. Carte-catalogue (dont des plats grecs) et décor des sixties : chromes rutilants, banquettes en moleskine, etc. Une vraie tranche de sociologie.

Southport Raw Bar *(plan B3,* ***40****) :* *1536 Cordova Rd. ☎ 954-525-2526. Tlj 7h30-23h. Plats env 10-16 $; poisson du jour au poids.* Pas besoin de se saper pour s'attabler dans ce resto de *seafood* aux tarifs démocratiques et à l'ambiance très « bonne franquette ». Poissons frits, crustacés, salades aux coquillages, huîtres et moules s'engloutissent à grandes lampées de bière. Essayez de trouver une place à l'extérieur, avec vue sur la marina.

Loma *(plan D1,* ***41****) :* *321 N Fort Lauderdale Beach Blvd. ☎ 954-245-3069. Tlj 11h30-1h (2h jeu-sam). Plats env 14-32 $.* Happy hours *lun-ven 16h-19h.* Un super resto mexicain qui fait le plein à toute heure. Pour sa cuisine d'abord, fusion des classiques du *país* à la sauce floridienne (*quesadilla* de homard, *enchiladas* au crabe, etc.). Et pour ces apéros dantesques, chaque soir, lorsque la grande terrasse fait le plein pour des *happy hours* alléchantes (5 $ la margarita le mardi soir !).

De prix moyens à chic

Greek Islands Taverna *(hors plan par D1,* ***36****) :* *3300 N Ocean Blvd. ☎ 954-565-5505. Tlj 11h (12h dim)-22h. Mezze 3-18 $; plats env 20-30 $.* Un poil excentré, situé le long d'un boulevard passant... a priori, l'adresse n'est pas la plus glamour de la ville. Et pourtant, c'est tous les jours *full* de chez *full* ! Pas de mystère : quand c'est bon, c'est bon ! Au menu, au moins autant de *mezze* et de plats à la carte que de perles dans un komboloï : soupes, feuilles de vigne farcies, poulpe, côtelettes d'agneau, moussaka (excellente), *gyros...* Tout y est ! Juste 2 bémols : le vin maison un peu sucré et les prix un peu salés.

Casablanca Cafe *(plan D2,* ***39****) :* *3049 Alhambra St (à l'angle du front de mer). ☎ 954-764-3500. Tlj 12h (8h w-e)-22h. Musique live mar-dim à partir de 20h. Plats 12-18 $ le midi, 19-39 $ le soir.* Jouant la carte du romantisme, le *Casablanca* est réputé pour son bar à cocktails bercé chaque soir par un pianiste, ses coins intimes et, à l'étage, son aguicheuse déco (vaguement) orientale. La cuisine, d'inspiration latino-méditerranéenne, est réussie

FORT LAUDERDALE

sans être fabuleuse, mais difficile de trouver mieux sur le front de mer.

Canyon Southwest (plan C1, **44**) : *1818 E Sunrise Blvd.* ☎ *954-765-1950. Bus n° 10. Tlj sauf dim, à partir de 17h30. Pas de résa.* Small plates *14-22 $*, large plates *28-32 $.* La petite salle résonne de bonne humeur, entre tintements de verres, conversations enlevées et bar où s'attablent les retardataires. On se met sur son trente-et-un pour venir déguster une excellente (on pèse nos mots) cuisine fusion, mêlant influences méditerranéennes et *South West* sur un fond de produits frais de qualité. On s'en lèche encore les babines ! Certains préfèrent toutefois commander un assortiment de petits plats et les partager entre amis, façon tapas.

Coconuts (plan D2, **42**) : *429 Seabreeze Blvd.* ☎ *954-525-2421. Tlj 11h30-22h. Plats env 25-30 $; poisson et crustacés au prix du marché.* Si vous aimez la *seafood,* repartir de Fort Lauderdale sans avoir fait escale au ponton du *Coconuts* serait un crime de lèse-majesté ! Ancré sur les bords de la marina, ce resto est une institution qui se mérite. L'équation est simple : beaucoup de monde (surtout le soir) et pas de résa. L'astuce ? Se présenter vers 19h (ou avant), donner ses coordonnées, puis aller boire un verre au bar à huîtres à côté ou sur le front de mer. Une petite heure (en moyenne) plus tard, on vous rappelle et hop, le tour est joué ! Une fois à table (en terrasse, c'est mieux), on vous conseille fortement de débuter par les *scoobies,* une mise en bouche au crabe à se damner. Pour la suite, laissez-vous guider... Soirée inoubliable en prévision !

FORT LAUDERDALE

Où s'offrir une bonne glace ? Où boire un café ?

Kilwins (plan B2, **50**) : *809 E Las Olas Blvd. Tlj 12h-22h30 (23h ven-sam).* Fondé dans l'immédiat après-guerre dans le Michigan, *Kilwins* a conquis tout le pays, et particulièrement la Floride. Ses glaces artisanales sont riches et onctueuses, comme celle, excellente, au *dulce de leche* (confiture de lait). On y trouve également de délicieux chocolats maison et plein de gourmandises appétissantes en diable.

Ann's Florist & Coffee Bar (plan B2, **51**) : *1001 E Las Olas Blvd. Lun-sam 8h (9h sam)-22h (23h ven), dim 10h-21h.* Ceux qui ont du nez aimeront ce lieu cosy. On plonge dans le jardin secret d'une (vraie) fleuriste qui a aménagé la moitié de son oasis en café-resto à l'inspiration très proche d'un « *French bistrot* ». On s'y attable à toute heure pour déguster une pâtisserie, une part de quiche ou boire un café.

Où boire un verre ? Où sortir ?

Original Fat Cat's (plan A2, **62**) : *320 Himmarshee St. Tlj 11h-4h.* Son nom dit bien de quoi il retourne : c'est un classique, un bon vieux *dive bar* (rade), où l'on descend une bière (80 sortes, dont une quinzaine à la pression et pas mal d'artisanales) pas bien chère. Les groupes y débarquent chaque jour vers 23h – à moins qu'un DJ ne prenne le relais. Pas de trucs commerciaux ici, mais de la bonne zik (rock les vendredi et samedi, reggae le mercredi). Entrée gratuite, ambiance chaleureuse et accueil débonnaire du patron. Billard. Voilà qui donne le ton à ce microquartier branché de Downtown, très populaire dès la fin d'après-midi.

Rock Bar (plan D2, **63**) : *219 S Fort Lauderdale Beach Blvd. Tlj 11h-4h.* Le QG de la jeunesse fêtarde, stratégiquement posé en bord de mer, au cœur de l'action. La grande terrasse attire les foules à l'heure de l'apéro ; plus tard, c'est sous les néons du *dance floor,* à l'intérieur, que la soirée se poursuit jusqu'à tard. Grosse ambiance en haute saison et durant le *spring break* (mi-mars en général), c'est carrément le feu !

Blue Martini (plan D1, **61**) : *2432 E Sunrise Blvd. Au rdc du Galleria Mall. Tlj 14h (16h dim)-2h (3h ven-sam). Happy hours tlj 14h-19h. Parking gratuit à côté.* L'un des *happening places* de la ville, où il faut venir se montrer autour du bar aux néons bleu fluo ou sur la large terrasse. Musique live du mercredi au dimanche dès 20h, puis DJ jusqu'à plus soif, toutes tendances mêlées (reggae, rock, international...). Plein de monde, on danse un peu où l'on peut, entre les tables. Restauration légère et *happy hours* du tonnerre.

Voir aussi les supers *happy hours* du resto-bar ***Loma*** (lire plus haut, dans « Où manger ? »).

Achats

The Swap Shop *(hors plan par C1,* ***70****)* **:** *3291 W Sunrise Blvd (entre le Florida Turnpike et l'autoroute I-95 – sortie 29B).* • *floridaswapshop.com* • *Bus n° 40. Tlj 7h-18h. Grand marché les mer-jeu et w-e.* Cette ***mégabrocante*** se répand sur un énorme parking envahi d'étals en plein air et d'immenses hangars abritant des échoppes et boutiques où l'on vend absolument de tout : fleurs, fruits, légumes, fringues à 5 $, valises, appareils électroniques, électroménager, et tout un bazar qu'on vous laisse découvrir. Ajoutez à cela une ***fête foraine*** bien kitsch qui sent le pop-corn (surtout animée le week-end) et un ***minimusée automobile*** *(hangar 12 ; gratuit)* où s'exposent quelques belles cylindrées. Dans son genre, c'est l'un des plus grands barnums commerciaux du monde ! Le soir, les parkings se vident pour se métamorphoser en ***Drive-in Theater.*** Le site possède 14 écrans et propose une dizaine de films différents *(ts les soirs ; entrée : 7 $, 2 $ enfants 5-11 ans).* Si vous maîtrisez assez l'anglais, c'est l'occase de se rejouer les films des années 1960 au volant de votre voiture de loc. Le son s'obtient alors sur votre autoradio en le réglant sur la fréquence FM inscrite en bas de l'écran. Une expérience amusante.

Sawgrass Mills et Colonnade Outlets *(hors plan par C1,* ***71****)* **:** *12801 W Sunrise Blvd.* • *simon.com/mall/sawgrass-mills* • *À env 25 km à l'ouest de Fort Lauderdale. Bus n°s 1, 6, 9, 10, 11, 14, 20, 22, 30, 31, 40, 50, 60 ou 81 jusqu'à Broward Central Terminal, puis bus n° 36. En voiture, suivre le Sunrise Blvd (route 838) jusqu'à N Flamingo Rd. Tlj 11h-19h.* Ces centres commerciaux jumeaux, parmi les plus grands des États-Unis, regroupent quelque chose comme 420 boutiques – les plus classiques et sportswear côté *Sawgrass Mills,* les plus chics et fashion côté *Colonnade Outlets.* Les affaires se font aussi chez les « dégriffeurs généralistes » comme *Ross* ou *Marshalls.* Un lieu incontournable pour les féru(e)s de shopping. Tout un tas de restos de chaînes bien sûr et un *food court* sur place.

À voir. À faire

La ***plage*** *(bus n° 11 ou* Trolley Beach Link*),* soulignée par une belle et large promenade, est un peu un cliché de Floride avec ses cocotiers altiers, ses cahutes de sauveteurs, ses tables de pique-nique en bois peintes en vert turquoise et, *last but not least,* son très large tapis de sable blanc (particulièrement fin du côté de South Beach Park). Contrairement à Miami Beach, Fort Lauderdale peut se targuer de posséder une vraie « croisette », bien agréable malgré la route passante à côté. Pas de lumière le soir entre mars et octobre ? C'est pour les ***tortues,*** qui viennent parfois pondre à cette période dans le sable chaud.

Hugh Taylor Birch State Park *(plan D1)* **:** *3109 E Sunrise Blvd.* • *parkandocean.com* • *Bus n°s 11 ou 40. Tlj de 8h au coucher du soleil. Entrée : 6 $/véhicule 2-8 pers, 4 $/pers seule ou 2 $/piéton. Loc de kayaks auprès du resto* Park and Ocean *(20 $/h).* Protégée des promoteurs depuis sa création, cette vaste réserve de 113 ha s'étire entre la plage et un canal. Elle a été léguée par un avocat de Chicago qui avait acheté le terrain en 1893 pour... 280 $! Sa maison Art déco est devenue *Visitor Center.* Au cœur de ce poumon vert, plein d'activités possibles. Joggeurs et cyclistes s'en donneront à cœur joie sur la route en boucle qui fait le tour du parc et donne accès à quelques belles vues côté canal (face aux résidences luxueuses). On peut aussi louer un kayak et découvrir la mangrove en pagayant (tours avec guide possibles, infos sur le site).

Bonnet House Museum & Gardens *(plan D1)* **:** *900 N Birch Rd. • bonnethouse.org • Bus nos 11 ou 40. Entrée au nord par Sunrise Blvd (parking gratuit) ou au sud par Bermar St. Tlj sauf lun 11h-15h (16h w-e). Visite libre : 20 $; réduc ; gratuit moins de 6 ans. Visite guidée, tlj à 9h30, 10h et 14h30 : 25 $. Brochure en français.* La maison Bonnet est nichée dans un parc de 18 ha étiré juste en retrait du front de mer, accessible par voie d'eau depuis le *waterway.* Dessinée puis construite en 1921 par l'artiste Frederic Clay Bartlett (1873-1953), elle doit son financement à son 1er beau-père, comme cadeau de mariage (pas mal !). Tout en roche corallienne et pin, elle compte une trentaine de pièces et des balcons en fer forgé qui rappellent un peu ceux de La Nouvelle-Orléans. À l'intérieur, meubles, orchidées, coquillages et peintures murales, ainsi qu'une importante collection de tableaux postimpressionnistes.
Verger planté de manguiers, avocatiers et agrumes. Également un jardin sec avec agaves et plantes acclimatées au désert. Le reste du parc ressemble à une oasis rafraîchie par des plans d'eau, piqués de nénuphars à bonnet (d'où le nom de la villa) et sur lesquels se penchent de vénérables palmiers. Pour les anglophones, visite guidée très intéressante, qui permet de se plonger dans l'Amérique des années 1920-1940.

The Isles **:** c'est le quartier chic et résidentiel de la ville, créé artificiellement par l'excavation de canaux dans les années 1920, entre le front de mer et Downtown. Pour se balader dans cette marina démesurée, le bateau est indispensable (voir ci-après). La navigation se fait alors sous les commentaires, souvent très bavards, de l'équipage invitant à admirer les demeures incroyables et les yachts de cette Amérique opulente où l'on compte en millions de dollars. Ici, le bateau de Spielberg, là, la villa de Johnny Depp... ou l'inverse en fonction du marché immobilier et du Bottin mondain.

RÉGIME SANS SEL POUR *MISTER GATOR*

La bande littorale qui jouxte la plage était jadis coincée entre lagune et océan : les alligators aimaient s'y dorer la couenne. Lors de la création des Isles, le creusement des canaux l'a isolée de la terre par un bras de mer... avec une eau salée que n'apprécient guère ces sauriens-là. Aussi ont-ils définitivement laissé la place aux vacanciers et aux requins... de l'immobilier.

Water Taxi **:** *• watertaxi.com • Lun-jeu et dim 10h-20h, ven-sam 10h-22h, ttes les 35-45 mn. Pass 1 j. 35 $; réduc ; 20 $ après 17h.* Relie Downtown *(Las Olas Riverfront ; plan B2,* **3***)* au Hugh Taylor Birch State Park *(plan D1,* **4***).* Une quinzaine d'arrêts dont certains facultatifs. Une fois le *pass* en poche, on adopte le principe du *hop-on hop-off* en s'aidant du plan pour monter et descendre selon ses centres d'intérêt (musées, *malls,* bars, restos...).

Jungle Queen River Boat *(plan D3,* **5***)* **:** *départ du Bahia Mar Yachting Center, 801 Seabreeze Blvd, juste au sud de l'hôtel* Bahia Mar. *• junglequeen.com • Bus no 40. Tlj à 12h et 14h30. Résa en ligne conseillée. Tarif : 23,50 $; réduc. Durée : 90 mn.* Touristique à souhait. Globalement, même parcours que le précédent, la souplesse de montée-descente en moins mais le look *steamboat* des temps modernes en plus ! Sympathique.

Downtown *(plan A-B2)* **:** on s'attardera surtout au musée d'Art et à la maison Stranahan avant de flâner sur le toujours très animé ***Las Olas Boulevard.***

NSU Art Museum *(plan A2)* **:** *1 E Las Olas Blvd. • nsuartmuseum.org • Bus no 11. Tlj sauf lun 11h (12h dim)-19h (20h le 1er jeu du mois). Entrée : 12 $ (mais peut doubler selon expos) ; réduc ; gratuit 1er jeu du mois.* Quelle surprise de trouver un musée de cette qualité dans une ville qui, à priori, n'a rien d'un hub culturel. Outre des expos temporaires de qualité, consacrées à des grands noms tels que Picasso, Keith Haring ou Frida Kahlo (voir le site), le musée dispose d'un riche fonds, exposé de façon tournante et composé notamment des œuvres de l'impressionniste américain William Glackens (dont les scènes de rue au crayon méritent assurément le coup d'œil), ainsi que des œuvres du mouvement Cobra (mouvement artistique européen des années 1940-1950, dont les membres les plus connus sont Karel Appel, Alechinsky ou encore Asger Jorn). Très bel espace sur 2 niveaux.

Stranahan Historic House *(plan B2)* **:** *335 SE 6th Ave. • stranahanhouse.org • Bus nº 11. Visite guidée obligatoire (en anglais) tlj à 13h, 14h et 15h (durée : 50 mn) : 12 $; réduc.* Frank Stranahan est l'un de ces pionniers pur jus qui ont fait l'histoire de la Floride, et que l'histoire a quasiment oubliés. En 1897, il installe un bac sur la New River (l'actuel canal du *downtown*), sur la route reliant les villes du nord à Key West. Rapidement, des fermes s'installent alentour et un village s'agglomère autour, signant la naissance de Fort Lauderdale, avec sa 1re école (1899) et sa maîtresse, Ivy, que Frank épousera en 1900. L'année d'après, il remplace sa cahute d'origine par la maison aujourd'hui visible. Le 1er étage sert de salle des fêtes aux villageois, le rez-de-chaussée aux activités commerciales de Frank qui est tour à tour postier, banquier, épicier... Les affaires fleurissent jusqu'au passage d'un 1er cyclone en 1926, puis d'un autre 2 ans plus tard, qui mettent le pauvre Frank sur la paille. Malade, il se suicide en 1929 dans la rivière même qui fut source de sa prospérité. Ivy occupera la maison jusqu'à sa mort en 1971, louant les étages inférieurs pour payer les dettes. Le rez-de-chaussée sera ainsi transformé en restaurant *(The Pioneer House)* de 1939 à 1979. Les intérieurs sont parfaitement conservés, lambrissés de pin, meublés et décorés avec des objets offerts ou ayant appartenu aux Stranahan. Parmi les curiosités : un étonnant coffre-fort enchâssé dans la base de l'escalier.

DANS LES ENVIRONS DE FORT LAUDERDALE

LAUDERDALE-BY-THE-SEA

À 8 km au nord de Fort Lauderdale, cette sympathique station balnéaire s'articule autour d'un long *pier* en bois typique (dont l'accès est payant, un scandale !) et de bars-restos de plage. La zone est plus tranquille que du côté de *Las Olas Beach,* et pour cause : ici, c'est le « territoire » des retraités ! Ambiance de petit village de bord de mer et, gros plus, pas de 4-voies entre la plage et les commerces.

Adresse utile

Lauderdale-By-The-Sea Chamber of Commerce Welcome Center : *4201 Ocean Dr. • discoverlbts.com • En hte saison, lun-sam 9h-17h ; horaires réduits le reste de l'année.* Infos, brochures, et même le magazine *Le Soleil,* édité en français. Accueil très serviable.

Où dormir ?

Southern Seas : *4520 El Mar Dr. ☎ 954-772-1660. • southern-seas.com • À 200 m au nord de Commercial Blvd. Doubles, suites avec kitchenette et apparts 120-290 $.* Côté rue, le grand mur blanc ne laisse rien présager de cette très agréable adresse posée directement sur la plage, les pieds dans le sable blanc ! Les chambres et appartements, répartis entre rez-de-chaussée et 1er étage, ne brillent pas par leur déco, assez quelconque, mais le cadre compense largement. Piscinette entourée de transats pour ceux qui préfèrent l'eau douce.

Castle by the Sea : *4520 N Ocean Dr. ☎ 954-772-8337. • thecastlebythesea.com • À 300 m au nord de Commercial Blvd. Doubles à partir de 90 $.* En guise de « château », voici plutôt un motel, flanqué d'une piscine bordée de palmiers. Un peu trop proche de l'avenue à notre goût, mais l'océan est à une centaine de mètres. Les chambres sont fraîches et colorées, avec kitchenette pour les plus chères. Accueil chaleureux, encore un bon point.

Où manger ? Où boire un verre ?

Toute l'animation du « village » se concentre, grosso modo, à l'angle de Commercial Boulevard et d'Ocean Drive.

Laspada's Original Hoagies : *233 E Commercial Blvd. À env 400 m du front de mer. Tlj sauf lun 10h (11h dim)-20h. Hoagies 8-13 $.* Ce petit snack prépare d'énooormes *hoagies,* les fameux sandwichs de Philadelphie au pain caractéristique (sorte de baguette à texture moelleuse). Le midi, l'ambiance est survoltée : la charcuterie vole derrière le comptoir et atterrit directement entre 2 morceaux de pain. On choisit sa garniture, comme au kebab du coin de la rue : fromage, légumes marinés, tomates, oignons, laitue... Le tout bien roulé, coupé en 2 et emballé dans de grandes feuilles de papier ! Faut se décider vite quand arrive son tour *(small or large ? wheat or white ?)* car derrière, ça pousse un max ! Portions gargantuesques.

Aruba Beach Cafe : *1 E Commercial Blvd. Face à la mer. Tlj 11h (9h dim)-1h (2h mer-sam).* Ce vaste bar-resto aux couleurs vives donne sur la plage et son *pier.* L'endroit est très populaire pour boire un verre ou manger un morceau, d'autant qu'il y a de la *live music* pratiquement tous les jours. Cuisine sans éclat mais généreuse.

Anglins Beach Cafe : *2 Commercial Blvd. Au début de la jetée. Tlj 7h-22h.* Dans le genre situation exceptionnelle, ce resto-bar tenu par une gentille famille grecque écrase tous ses concurrents ! Posée à l'entrée du *pier,* sa terrasse donne sur la plage et les flots bleus. Parfait pour un café le matin ou un verre un peu plus tard. Cuisine médiocre, en revanche.

Sea Watch on the Ocean : *6002 N Ocean Bvd. ☎ 954-781-2200. Tlj 11h30-15h30, 17h-21h. Résa conseillée le soir. Plats 15-25 $ le midi, 26-50 $ le soir.* La belle table chic de Lauderdale-By-The-Sea. Passée la porte d'entrée et son petit hublot qui donne le ton, on découvre une superbe salle en mezzanine, toute en baies vitrées. Dans l'assiette, une cuisine de grand standing, tournée vers l'océan (il y a même de la bouillabaisse !). Tarifs abordables le midi, beaucoup moins en soirée.

À voir un peu plus loin

Butterfly World (hors plan par A1) **:** *Tradewinds Park, 3600 W Sample Rd,* **Coconut Creek.** *• butterflyworld.com • À env 25 km au nord de Fort Lauderdale. Bus nº 10 jusqu'à Sample Rd, puis nº 34. En voiture, prendre l'autoroute I-95, sortie 39 ; le parc se trouve à 6 km à l'ouest. Tlj 9h (11h dim)-17h (dernier accès à 16h). Entrée : 33 $; réduc ; supplément (!) de 1,50 $/pers les w-e et j. fériés. Feuillet en français.*

Ce très beau parc est peuplé d'environ 20 000 papillons (quelque 150 espèces issues des 5 continents) qui virevoltent joyeusement dans une végétation luxuriante sur fond de musique douce. Le labo du parc en a déjà vu naître plus d'un million. On peut d'ailleurs observer la métamorphose des cocons en direct.

Les volières abritent également des oiseaux exotiques en « liberté » – colibris, perroquets et *oiseau soleil* venu spécialement d'Afrique –, sans oublier plantes et fleurs magnifiques. Les enfants apprécieront la rencontre avec les loriquets australiens, qui n'hésitent pas à venir se percher sur la main et, dans un genre moins ragoûtant, le *Bug Zoo,* vivarium avec scorpions, araignées...

FORT LAUDERDALE

AU SUD DE MIAMI : LES EVERGLADES ET LES KEYS

• Carte *p. 131*

Aux portes de Miami, le parc national des Everglades forme un immense et luxuriant marécage subtropical, couvert en partie de prairies humides piquetées de palmiers, mais aussi de forêts inondées de cyprès chauves, de pins, et de palétuviers sur le littoral. Les alligators règnent ici en maîtres des lieux, tout comme les oiseaux : ibis, tantales (cigognes), spatules roses, hérons divers et variés, aigrettes, balbuzards, pélicans, etc. Si les ratons laveurs et les lamantins se montrent facilement, il en va tout autrement des rares panthères de Floride (une sous-espèce de puma), qui a échappé de peu à l'extinction et compte seulement 200 individus. Les moustiques, eux, sont vraiment innombrables, surtout les soirs d'été...

Au-delà, à l'extrémité sud de la Floride, s'étire un archipel d'îlots d'origine corallienne, appelés *Keys,* que relient 42 ponts et l'*Overseas Highway,* une superbe route panoramique, sur 110 miles ! Tout au bout, Key West, l'île vedette, aux superbes maisons en bois, vous plonge dans l'univers d'Ernest Hemingway et de Tennessee Williams, qui y ont écrit leurs plus belles pages. Mais l'atmosphère qui règne ici n'incite guère à la mélancolie. Key West est une hédoniste, qui profite de la vie sous le soleil des Caraïbes. Fêtards, à vos marques !

FLORIDA CITY – HOMESTEAD

13 400 et 76 300 hab.

Villes jumelles, Florida City et Homestead constituent une bonne base arrière pour découvrir le parc des Everglades, dont l'entrée sud-est ne se trouve qu'à 17 km. Contrairement à Florida City (sans intérêt), le centre-ville de Homestead a un petit cachet avec ses devantures anciennes alignées sur Krome Avenue. La plage de Homestead Bayfront Park n'est pas désagréable non plus, avec ses postes de secours en bois coloré.

Cette région, en partie rurale, est aussi connue pour ses fermes établies au XIXe s pour alimenter Miami. Aujourd'hui encore, on s'y régale de fruits et légumes, et d'excellents jus et smoothies frais ! La plupart sont malheureusement fermées l'été, entre mai et octobre, mais on retrouve tous leurs produits dans les supermarchés spécialisés du coin.

Arriver – Quitter

➢ ***De Miami :*** prendre le *Metrorail* jusqu'au terminus de *Dadeland South.* De là, le bus n° 38 dessert Florida City. Trajet total : 1h30. De Miami Beach, bus S jusqu'au *Government Center,* puis *Metrorail* comme précédemment.

➢ ***Pour Key West (via toutes les îles des Keys) :*** bus n° 301 jusqu'à Marathon, puis bus de la *KWT*. Voir plus loin « Arriver – Quitter » dans les Keys.

➢ ***De Florida City à Royal Palm*** *(via Ernest F. Coe – entrée sud-est)* **:** la partie orientale du parc, proche de Florida City, est desservie par une ligne de trolley (gratuit) le w-e, fin nov-fin avr seulement. Compter 8 bus/j. : depuis Florida City, 9h30-16h ; depuis Royal Palm, 10h-17h30. Certains s'arrêtent au *Visitor Center* de l'entrée Ernest F. Coe.

➢ ***De Florida City vers Shark Valley, Big Cypress National Preserve et Gulf Coast :*** en voiture, prendre la FL 997 puis l'US 41 qui dessert *Shark Valley* et *Everglades City* (entrée ouest), en passant par *Big Cypress National Preserve*.

Attention : peu de transports publics en direction de ces entrées du parc, et rien dans le parc même. Il est recommandé de ***louer une voiture*** ou d'opter pour un ***circuit organisé*** auprès d'un prestataire local.

Adresses utiles

ℹ ***Tropical Everglades Visitor Info Center :*** *160 SE 1st Ave, Florida City. ☎ 305-245-9180. • tropicaleverglades.com • Tlj 8h-17h.* Nombreuses infos sur le parc et la Floride.

Walmart : *33501 S Dixie Hwy. À proximité de l'US 1. Tlj 7h-23h.* Un hypermarché pas cher, où l'on trouve de tout, notamment un *deli*.

Où dormir ?

De prix moyens à chic

Hoosville Hostel : *20 SW 2nd Ave, Florida City. ☎ 305-363-4644. • hoosvillehostel.com • Lits en dortoir à partir de 35 $; doubles avec sdb commune env 60 $, avec sdb privée 95-115 $. Pas de petit déj. Réduc avec la carte HI.* Seule AJ à proximité du parc, elle occupe une vieille maison des années 1930. Divers types d'hébergements (en dortoir ou chambre privative, avec ou sans salle de bains), cuisine tout équipée, chouettes parties communes avec meubles anciens chinés. Le tout est propre et bien tenu. Jardin sous les arbres très bien aménagé, avec « cascade » où l'on peut faire trempette. Grandes tentes pour se prélasser sur les coussins et canapés, et même des cabanes dans les arbres ! Location de vélos et de canoës-kayaks. Accueil très sympa. Bref, une excellente adresse.

Best Western Gateway to the Keys : *411 S Krome Ave, Florida City. ☎ 305-246-5100. • bestwestern.com • Doubles env 90-140 $.* Un hôtel de chaîne fort bien entretenu, tout confort et sans surprise, proposant des chambres claires et impeccables. Piscine (bon, l'environnement n'est pas super sexy). Valable pour passer une bonne nuit avant d'attaquer les randonnées dès potron-minet...

Où manger ? Où boire un jus frais ?

Farmer's Market Restaurant : *300 N Krome Ave, Florida City. Tlj 5h30-21h. Env 10-20 $.* Une coopérative montée à l'origine par des pêcheurs, qui ne propose que des produits de la mer ou de la ferme, cuisinés maison. Le cadre est peu avenant, parmi les hangars, et l'accueil façon cantoche, mais c'est dans l'assiette que tout se passe, du petit déj au dîner, une cuisine sans chichis mais à la fraîcheur garantie. Les locaux le savent bien, c'est souvent plein !

Capri Restaurant : *935 N Krome Ave, Florida City. ☎ 305-247-1544. Tlj sauf dim-lun 16h-21h. Buffet, le midi en sem, env 8,50-11 $; pâtes ou pizzas env 10-20 $.* Salle classique (tables rondes nappées de blanc et tableaux aux murs suggérant la patrie

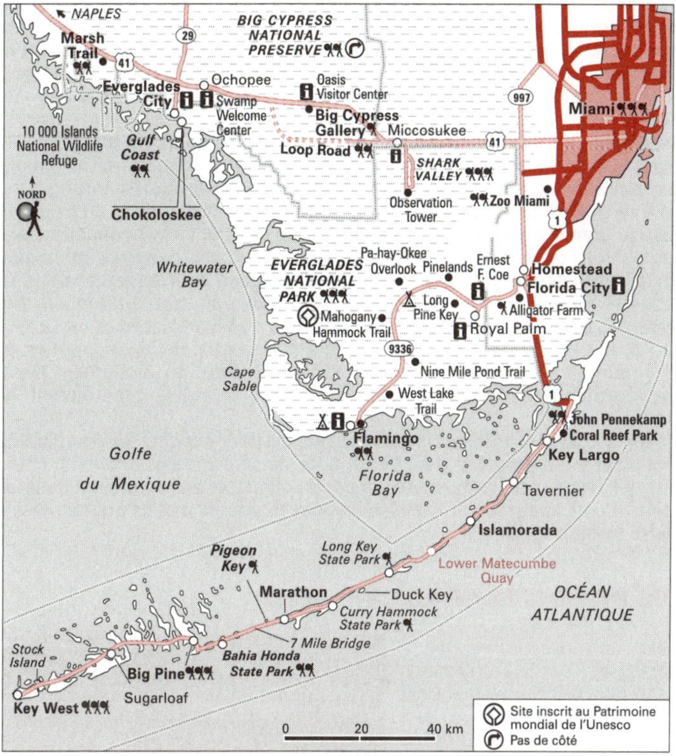

LES EVERGLADES ET LES KEYS

de Dante) pour une cuisine italienne traditionnelle convenable. Outre les classiques pâtes et pizzas, la carte propose des wraps, burgers, salades, plats de viande et fruits de mer à prix démocratiques.

Robert is Here Fruit Stand : *au coin de SW 344th St (Palm Dr) et de la 197th Ave, à Homestead. Tlj 9h-18h.* Une institution que ce *Robert,* qui propose, derrière un étal coloré, un vaste choix de fruits frais, exotiques ou locaux, en smoothies et milk-shakes. À déguster dans le jardin, devant les perroquets multicolores. Également des confitures et marmelades.

EVERGLADES NATIONAL PARK

Les Indiens séminoles l'appelaient *Pa-hay-Okee,* les « eaux herbeuses ». Ce gigantesque marécage, qui s'étendait jadis depuis le

grand lac Okeechobee jusqu'à la pointe sud de la Floride (sur plus de 10 000 km²), forme un ensemble d'écosystèmes interdépendants d'une grande richesse : prairies humides, lacs, forêts de cyprès chauves, étendues de pins, mangroves, etc. Plus de 400 espèces d'oiseaux y vivent, ainsi qu'une vingtaine d'espèces rares, dont l'emblématique panthère de Floride.
L'extrémité sud-ouest de ce territoire a été classée parc national en 1947 (sur 6 424 km²) et réserve de la biosphère, puis inscrit au Patrimoine mondial par l'Unesco en 1979. Cependant, sous leurs abords intangibles, les Everglades sont menacés par le détournement des eaux au profit de l'usage domestique et de l'agriculture intensive qui s'est beaucoup étendue au nord de la région (canne à sucre et agrumes), et à la pollution due aux phosphates. Les mesures gouvernementales pour endiguer un futur désastre se heurtent encore au puissant lobby sucrier, appelé ici « *Big Sugar* »... Résultat : l'Unesco a inscrit le parc des Everglades dans sa liste du Patrimoine mondial en péril... À cela s'ajoutent les conséquences du dérèglement climatique, la survie de la faune étant profondément liée à une alternance entre saison sèche et période de pluies qui inondent les marais.
L'hiver, sec et ensoleillé, est la meilleure saison pour explorer les Everglades : la chaleur y est agréable (19 à 24 °C) et la vie sauvage s'y affiche au grand jour : les oiseaux débarquent du nord et les alligators se regroupent dans les points d'eau. Mieux encore, les moustiques marquent à cette époque-là une pause salutaire !

LES INDIENS SÉMINOLES

Welcome to Miccosukee tribe of Indians of Florida. Le panneau, planté au pied du bâtiment qui abrite le siège de la tribu, juste à l'ouest de Shark Valley, surprend. Il y a donc des Indiens en Floride ? Une poignée, oui, descendant des Séminoles, un peuple composite formé principalement de Creeks venus de Géorgie et d'Alabama au début du XVIIIᵉ s pour échapper à la colonisation, et d'anciens esclaves noirs en fuite.

LA REVANCHE DES SÉMINOLES

Dans les années 1960, les Indiens séminoles de Floride ont construit une salle de bingo dans un coin des Everglades, malgré l'interdiction du jeu par l'État de Floride. Saisie, la Cour suprême à Washington a décidé que les lois de la Floride n'étaient pas applicables dans les réserves. Depuis, la tribu a fait fortune et est devenue la principale actionnaire de la chaîne Hard Rock Cafe. *Bingo !*

Au XIXᵉ s, les (3) guerres séminoles ont vu l'essentiel de cette population massacrée ou déportée dans l'Oklahoma par l'armée américaine ; seuls quelque 500 Indiens sont demeurés sur place, cachés au fond des marécages. Ce sont eux qui sont à l'origine des 2 tribus actuellement présentes dans les Everglades : les ***Séminoles*** proprement dits et les ***Miccosukees*** (plus traditionalistes) – qui n'ont toujours pas signé de traité de paix.
Plusieurs « villages » indiens essaiment ainsi au long de l'US 41, arborant leur bannière assez semblable au drapeau allemand, noir-rouge-jaune surmonté d'une 4ᵉ bande, blanche. On y vit désormais du tourisme (balades en *air boat* et pêche).
Chaque année, début février, des Indiens de toutes les tribus américaines (et quelques descendants d'Aztèques) se retrouvent à Hollywood (FL) pour le ***Seminole Tribal Fair & Pow Wow.*** Défilés, danses rituelles, chants de guerre... et même des combats avec alligators ! Infos : ● *semtribe.com* ●

ALLIGATOR, MODE D'EMPLOI

ALLIGATOR OU CROCODILE ?

L'alligator a une tête en forme de U, plus large et plus courte que celle du croco. Il aligne « juste » 92 dents, contre 120 pour son cousin ; seules les supérieures restent visibles quand sa mâchoire est fermée, contrairement au croco, qui les montre toutes en même temps. Enfin, l'alligator a la réputation d'être moins dangereux pour l'homme. Mais on n'a pas vérifié ! Quant aux caïmans, ils sont proches des alligators mais on les trouve uniquement en Amérique centrale et du Sud.

Sous ses airs préhistoriques, l'alligator est un animal parfaitement adapté à son milieu. Quand il s'enfonce dans l'eau, des clapets empêchent l'eau de pénétrer dans ses oreilles et dans sa gorge. En hiver, l'alligator réduit son activité et peut survivre plusieurs mois sans manger. Comme c'est un animal à sang froid, la chaleur extérieure est nécessaire pour accélérer les fonctions de son organisme. Voilà pourquoi il ne copule que le jour et au soleil *(sea, sex and sun !)*.
Aux alentours de juin, la femelle pond de 20 à 60 œufs. Si vous croisez une nichée de mignons petits alligators de quelques dizaines de centimètres, ***gardez une distance d'au moins 5 m*** : maman, jamais très loin, risque de mal le prendre... D'ailleurs, de façon générale, si ce vorace saurien a un air assoupi ou placide, c'est un sprinter hors pair qui peut bondir en un instant et monter en vitesse de pointe à 17 km/h sur une dizaine de mètres (dans l'eau, il peut atteindre 30 km/h). Il happe sa proie et l'enserre entre ses puissantes mâchoires, l'attire dans les eaux boueuses, la noie et la coince sous l'eau pour la laisser faisander et mieux la déguster quelques jours plus tard.
Pas de parano, mais soyez attentif, on tient à vous ! Sinon, inutile de nous envoyer des lettres d'injures si vous ne rencontrez pas d'alligators en été : en régime de hautes eaux, ils se dispersent et sont peu ou pas visibles.

Infos préliminaires

– ***Infos générales :*** ☎ 305-242-7700. ● *nps.gov/ever* ● Site officiel du parc, très complet.
– ***3 entrées*** donnent accès au parc. Au sud-est, à 17 km de Florida City, l'entrée principale ***Ernest F. Coe*** *(tlj 24h/24)*, avec son grand *Visitor Center*, donne accès à *Royal Palm* et *Flamingo*. Au nord, sur la route US 41, l'accès de ***Shark Valley*** *(tlj 8h30-18h)* ne communique avec rien d'autre. Idem pour l'entrée ouest *(Gulf Coast)*, également accessible par l'US 41, à ***Everglades City,*** sur le golfe du Mexique *(tlj 24h/24)*.
– ***Tarif :*** *30 $/véhicule ou 15 $/piéton ou vélo. Ticket valable 7 j. pour ttes les entrées du parc . Gratuit avec l'*Interagency Annual Pass *(pass des parcs nationaux).*
– ***Avant d'entrer dans le parc :*** faites le plein d'argent, d'essence et de nourriture pour pique-niquer. Prévoir également eau, chapeau, crème solaire, vêtements légers mais couvrants, ainsi qu'un ***répulsif antimoustiques efficace*** en été (et si vous partez sur le *Wilderness Waterway*). Les moustiques sont virulents ici, surtout au lever et au coucher du soleil, et après de grosses pluies. En journée, l'hiver, aucun problème
– ***Il est interdit de fumer*** sur les sentiers du parc, à cause du risque d'incendie.
– ***Urgences 24h/24 :*** ☎ 911.

À faire à l'extérieur du parc – Tour en *air boat*

L'*air boat* est un ***bateau à fond plat qui glisse sur l'eau et sur les surfaces de boue ou d'herbes,*** propulsé par une sorte de gros ventilo de cinéma. On commence la balade moteur coupé et croquettes en main, les animaux connaissent les horaires : alligators, tortues au nez pointu, échassiers... On bouche ensuite ses oreilles (coton ou casque fourni) et l'*air boat* s'élance à fond les manettes, moitié sur l'eau, moitié dans l'air. Pas franchement écolo (d'ailleurs l'*air boat* ne se pratique qu'en dehors du parc) et plutôt cher, mais sensations garanties, surtout quand le pilote s'amuse à faire des dérapages dans les virages. Les enfants et ados adoreront !

De ***nombreux prestataires émaillent l'US 41*** autour de Shark Valley, ainsi qu'à Everglades City. Sinon, à proximité de Florida City, l'*Alligator Farm* propose ces virées atypiques.

Buffalo Tigers Airboat Tours : *29701 SW 8th St (US 41), West Miami. ☎ 305-559-5250. • buffalotigerairboattours.com • Tlj 9h-17h (dernier départ à 16h30). Tour de 45 mn avec 3 arrêts : 45 $/pers ; réduc. Résa non nécessaire.* Une petite compagnie qui permet d'éviter les usines à touristes. Les guides partagent leur passion et leur respect pour la nature environnante en alliant humour et commentaires intéressants. Gros avantage, seulement une dizaine de personnes sur chaque *air boat* contre une grosse vingtaine en général. On marque un arrêt pour observer de très près les alligators, avant de visiter l'ancien village Miccosukee pour découvrir un mode de vie particulier au cœur des Everglades. Assez court (45 mn), mais instructif et ludique !

Everglades Alligator Farm : *40351 SW 192nd Ave, à Homestead. • everglades.com • Bien fléché depuis la route 9336 vers l'entrée Ernest F. Coe du parc. Tlj 9h-17h30. Départ des bateaux ttes les heures, 9h25-17h25 (20 pers max). Durée de la balade : 20-25 mn. Tarifs : à partir de 32 $; 24 $ enfant ; gratuit moins de 4 ans ; réduc sur Internet ou sur de nombreuses brochures.* Au retour de la virée en *air boat,* on visite la ferme aux alligators. Petits shows à 11h, 14h et 17h, où l'on peut caresser des bébés alligators (hmm...) et apprécier toutes les différences avec leurs cousins crocodiles. Repas des alligators à 12h et 15h. À 3-4 ans, la bête est tuée et transformée en ceinture pour les messieurs, en sac pour les dames et en steaks pour tout le monde... ! D'autres petits shows où sont présentés plusieurs serpents de Floride. Bon, vous l'aurez compris, on recommande des excursions plus naturalistes (type en canoë ou en kayak), respectueuses de l'environnement et de la cause animale.

LES EVERGLADES

ERNEST F. COE (ROYAL PALM ET FLAMINGO)

À 17 km au sud-ouest de Florida City par la FL 9336, l'entrée *Ernest F. Coe (ouv 24h/24)* est considérée comme l'accès principal au parc. De là, on atteint d'abord *Royal Palm* puis, par une route de 60 km, *Flamingo* à la pointe sud de la Floride continentale. Au programme de cette portion orientale du parc : sentiers de randonnée pédestre et circuits en canoë, à *West Lake* notamment. Attention : le soleil, comme les moustiques, darde sacrément en plein été.

Adresses utiles

Ernest F. Coe Visitor Center : *40001 SR 9336. Juste avt l'entrée du parc. Tlj 8h (9h de mi-avr à mi-déc)-17h.* Ce principal *Visitor Center* du parc propose de belles présentations de la vie sauvage, un film et toutes les infos nécessaires pour explorer le parc, dont un plan très bien fait et une petite doc en français.

Royal Palm Information Center : *à 6 km à l'ouest de l'entrée (fléché à gauche depuis la route principale). Tlj 9h-16h15.* Infos sur les randonnées organisées en hiver et sur les sentiers environnants. Propose aussi des balades guidées à vélo et *slough slog,* à savoir les pieds dans le marécage.

Flamingo Visitor Center : *☎ 239-695-2945. Tlj 8h-17h (hors saison, horaires limités).* Propose des randonnées et balades guidées dans la mangrove et sur la baie de Floride.

Station-service et ravitaillement : une *pompe à essence* sur la marina *(8h-19h).* Mieux vaut quand même faire le plein avant d'entrer dans le parc. Également une petite *boutique-épicerie* à la marina *(tlj 7h-19h).*

Location de vélos, canoës et kayaks, excursions en bateau : *à la marina. ☎ 855-708-2207. • flamingoeverglades.com • En hiver, résa conseillée. Tlj 8h-17h. Loc de canoës et kayaks (2h) env 20-28,50 $; vélo à partir de 15 $/adulte (2h). Divers forfaits et loc à la journée.* Pour les canoës, voir également avec l'auberge de jeunesse de Florida City ou auprès des *Visitor Centers.*

Où camper ?

Long Pine Key Campground : *à 10 km d'Ernest F. Coe. Infos et résas : ☎ 855-708-2207. • flamingoeverglades.com/camping • Ouv seulement nov-fin avr. Emplacements 30-355 $.* En pleine nature, dans une forêt de pins maigrichons, les emplacements sont bien au large, clairement délimités, avec chacun son barbecue, sa table et ses bancs. Douches froides. Les Robinsons apprécieront !

Flamingo Campground : *à Flamingo Village. Infos et résas : ☎ 855-708-2207. • flamingoeverglades.com/camping • Mêmes tarifs et confort qu'à Long Pine Key.* Quelques palmiers et autres arbres fournissent un minimum d'ombre, et la mer toute proche assure la ventilation. Propose aussi des *eco-tents (90 $),* sorte de tentes de safari avec lit et petite terrasse en bois.

Il existe aussi de nombreux ***sites de camping primitifs,*** accessibles seulement en bateau ou en kayak. Un permis (gratuit) doit être obtenu (la veille au plus tôt) au *Visitor Center* de Flamingo ou de la Gulf Coast.

LES EVERGLADES

Visites et balades de Royal Palm à Flamingo

On mentionne les balades dans l'ordre depuis l'entrée du parc jusqu'à Flamingo. Noter qu'elles ne sont pas connectées entre elles. On peut en enchaîner plusieurs dans la journée. Les chemins principaux sont aménagés pour les personnes à mobilité réduite. Certains peuvent être parcourus avec un ranger ; programme et horaires aux *Visitor Centers.*

Nike Missile Site HM 69 : *infos et résas auprès du Visitor Center Ernest F. Coe. Visite guidée (sur résa) de 1h30. GRATUIT. Rdv directement sur le site (bien fléché).* Ce site est une relique de la guerre froide et du fameux épisode de la baie des Cochons, en 1962. Une crise entre Cuba et les États-Unis qui aura duré à peine quelques jours, mais où le monde a tremblé, dans l'expectative la plus complète.

Randonnées pédestres

➢ **Anhinga Trail :** *accès à la hauteur du Royal Palm Information Center.* Une courte balade de 1 200 m, idéale pour les jeunes enfants, sur une petite route bitumée puis un large ponton sur pilotis qui s'enfonce au milieu du marais. La faune y est très riche : grands hérons cendrés, alligators (aisément visibles), tortues et parfois des ratons laveurs en fin de journée. Mais la star des lieux, c'est l'anhinga, un cousin du cormoran aussi appelé oiseau-serpent, car seul son cou dépasse de l'eau quand il nage !

Dans les environs, on croise aussi de nombreux panneaux routiers annonçant la rare panthère de Floride, dont on ne voit qu'exceptionnellement la couleur du pelage.

➢ ***Gumbo Limbo Trail :*** *à côté du circuit Anhinga.* Promenade de 20 mn à travers une végétation tropicale dense. Bien pour se familiariser avec la flore du site (nombreuses broméliacées, des orchidées, quoi !), car la faune est peu visible, sauf les moustiques, très nombreux !

➢ ***Long Pine Key Trail :*** *quelques km plus loin, sur la gauche de la route (panneau) ; commence au bout du camping.* Pour ceux qui veulent un peu pimenter leur exploration du parc, voici une boucle de 35 km, composée de route et de 11 km de chemins balisés à travers une forêt de pins et d'espèces végétales rarissimes, qui sont imputrescibles et insectifuges, et où vivent opossums et ratons laveurs. À réaliser à pied ou à vélo.

➢ ***Pinelands Trail :*** *sur la droite de la route (panneau).* Encore une petite marche fastoche sur un joli sentier de 650 m de long, à travers une forêt de pins habitée par de nombreux animaux. Les rangers y organisent des randonnées guidées.

➢ ***Pa-hay-Okee Overlook :*** *à 20 km de l'entrée (panneau).* Ce sentier surélevé, long de 250 m environ, aboutit à une plateforme d'observation, où l'on voit notamment de nombreux échassiers. À perte de vue s'étend le lit marécageux de la Shark River, véritable fleuve d'herbes. D'ailleurs, *Pa-hay-Okee* signifie « les eaux verdoyantes ».

➢ ***Mahogany Hammock Trail :*** *à 35 km de l'entrée.* Promenade de 20 mn (800 m) dans un petit coin de nature tropicale particulièrement dense, où se cache le plus gros acajou des États-Unis. Vous y verrez des épiphytes (ces plantes qui poussent en utilisant d'autres plantes comme support) et des escargots colorés à la saison des pluies.

➢ ***West Lake Trail :*** *à 47 km de l'entrée, à gauche de la route.* Un sentier qui serpente sur 800 m au cœur d'une forêt de palétuviers bien enracinés dans la lagune.

Randonnées en canoë

Le parc propose ***7 randonnées*** en tout, du très court (*Bear Lake Canal,* 2,5 km) au très, très long (1 semaine et 250 km à parcourir !). Demander la brochure *Flamingo Canoe Trails.* Bien se renseigner avant pour savoir si des canoës sont disponibles pour la rando de votre choix, car ce n'est pas toujours le cas. Possibilité aussi de s'adresser à l'auberge de jeunesse de Florida City.
Voici un aperçu de nos randonnées favorites.

➢ ***Nine Mile Pond Trail :*** *à env 45 km de l'entrée.* Petite boucle de 8 km (3-4h) pour découvrir la mangrove qui abrite une vie incroyable.

➢ ***Noble Hammock :*** *un peu après la précédente.* Une boucle de 3 km (1-2h) pour se faufiler au travers de passages parfois étroits dans la mangrove. Se renseigner sur le niveau de l'eau en saison sèche.

➢ ***West Lake Trail :*** *à 50 km de l'entrée, sur la gauche de la route (panneau).* Circuit de 12 km (5-6h) qui longe les berges du West Lake et vous emmène jusqu'à Alligator Creek. Un programme déjà bien complet !

➢ ***Florida Bay :*** *au départ de Flamingo.* Des balades à sa guise dans une baie étrangement épargnée par les moustiques. Possibilité de débarquer sur Bradley Key et d'observer la vie marine de plus près.

SHARK VALLEY

Sur l'US 41, à 62 km à l'ouest de Miami (Mile 36). Tlj 8h30-18h. Ce secteur du parc des Everglades se résume à une boucle goudronnée de 24 km avançant

dans la prairie inondée, au fil de laquelle on peut observer de très près une myriade d'alligators et d'oiseaux. En hiver, c'est tout simplement ex-tra-or-di-nai-re ! Le reste du temps, les animaux sont plus dispersés.
On ne trouve aucun hébergement dans le secteur immédiat, juste des campings primitifs dans la *Big Cypress Preserve,* dont certains le long de l'US 41 (voir plus loin). Shark Valley se situe en plein territoire tribal des Miccosukees, qui proposent de nombreux tours en ***air boat*** (pas tous recommandables).
La visite du *Miccosukee Indian Village* n'est pas franchement indispensable, à notre avis... Dans le genre, il vaut bien mieux aller voir le ***Ah-Tah-Thi-Ki Museum*** à ***Clewiston,*** au nord de la *Big Cypress Preserve* (*• ahtahthiki.com • ; tlj sauf j. fériés 9h-17h, dernier accès au* boardwalk *à 16h ; entrée : 10 $, réduc).*

Adresse et infos utiles

Visitor Center : *après l'entrée du parc. Tlj 9h-17h.* Toutes les infos (y compris en français) pour bien explorer le site. Choix complet de bouquins pour les ornithologues. Pour les anglophones, organise d'intéressantes promenades guidées en saison.
– Attention, en haute saison, le parking est souvent plein dès 10h. Venir de préférence avant, ou après 15h. Par ailleurs, toutes les voitures doivent avoir quitté le parking à 18h.
– Penser à prendre eau, crème solaire, chapeau et de quoi manger. Fontaine à eau en libre accès au *Visitor Center* et distributeurs de snacks.

LES EVERGLADES

Comment faire le circuit ?

La ***boucle goudronnée de 24 km*** traverse la *sawgrass* (littéralement « herbe-scie »), parsemée d'îlots de végétation dense (palmiers, ficus, etc.) appelés *hardwood hammocks.* À mi-chemin, une tour de 19 m de haut offre une vue panoramique sur la prairie inondée.
Pour explorer Shark Valley, 3 options s'offrent à vous :
– ***En petit tramway sur pneus :*** *ttes les heures 9h-16h, à l'heure pile (seulement à 9h30, 11h, 14h et 16h de mai à mi-déc), pour env 2h de visite. Réserver en hte saison : • sharkvalleytramtours.com • Tarif : 27 $; 14 $ enfants 3-12 ans.* Sincèrement un peu attrape-touristes, mais les commentaires distillés par un naturaliste du parc sont instructifs.
– ***À vélo :*** *loc de vélos à l'arrière du Visitor Center. Tlj 8h30-16h (dernier retour à 17h). En hte saison, arriver tôt car pas de résa possible. Env 35 $ la ½ journée.* La meilleure solution à notre avis, qui permet de parcourir toute la boucle en 3h minimum, et de s'arrêter là où l'on veut si l'on est fan de photo. Le matin tôt, il fait plus frais et les oiseaux sont plus actifs. Les alligators, eux, sortent surtout quand le soleil monte.
– ***À pied :*** difficile de parcourir la boucle complète dans la journée. Toutefois, les 2 premiers kilomètres sont ceux où l'on voit le plus d'animaux et on peut rebrousser chemin à sa guise.

À voir

La faune : elle est particulièrement riche ici, et vous verrez des alligators comme nulle part ailleurs... Quand ils ne pataugent pas dans les marais, ils se font rôtir sur le bas-côté, queue négligemment dardée sur la bande de bitume... Croyez-nous, passer à vélo tout près d'individus de plus de 2 m donne des sensations fortes ! Plus inoffensifs, on observe également de nombreuses espèces de hérons (petits patapons... mais aussi grands, bleus, gris), des aigrettes en pagaille, des gallinules (des poules d'eau arc-en-ciel !), des balbuzards (les seuls rapaces pêcheurs) et des vautours à tête noire (urubus) ou rouge (auras, plus rares). Les belles spatules roses se montrent parfois. Les tantales (cigognes américaines) et les ibis (les plus communs), au long bec orange incurvé, semblent préférer la *sawgrass,* vers le milieu du parcours.

ANIMAUX DE (MAUVAISE) COMPAGNIE

Les pythons de Birmanie, espèce invasive, prolifèrent après avoir été abandonnés par des particuliers dans les années 1980. Résultat, l'équilibre écologique des Everglades est compromis et la position dominante des alligators dans la chaîne alimentaire menacée. En 2019, une femelle de 5,20 m a été capturée (nouveau record) ! Des labradors et un beagle ont été spécialement entraînés pour traquer ces « envahisseurs » et leur montrer de quel boa ils se chauffent... Mais le recours aux chasseurs privés est encore le plus efficace.

BIG CYPRESS NATIONAL PRESERVE

« **Le temps est venu de se préoccuper de ce qui se passera lorsque nos forêts auront disparu.** »

Theodore Roosevelt (1908)

Cette réserve naturelle de 2 950 km² n'est pas gérée par le parc des Everglades, mais vous la traverserez forcément en reliant Shark Valley (à l'est) à Everglades City (à l'ouest) par l'US 41. ***Gros avantage : l'accès aux sites y est gratuit !*** Le paysage est ici bien plus boisé, avec ses cyprès des marais plantés dans des eaux noirâtres – d'où émergent leurs racines en forme de moignons. Si la variété naine (pas si petite d'ailleurs) subsiste largement, le grand cyprès, lui, a failli disparaître sous la cognée des forestiers, pour finir en gouttière, siège de stade, fût à cornichons... ou cercueil ! Ici aussi on observe très facilement alligators et échassiers, dont le tantale, seule cigogne d'Amérique. Il y a aussi d'innombrables anhingas (« oiseau-serpent »), hérons et aigrettes, des pics et dindons sauvages. Et puis c'est ici que résident principalement les derniers spécimens de ***panthères de Floride.*** Il en resterait environ 200... Un sursaut depuis le point bas des années 1990 (une douzaine), mais plusieurs sont percutées par des véhicules chaque année. Attention donc à votre vitesse : 60 miles/h grand max en journée, 45 miles/h de nuit.

Adresses utiles

Oasis Visitor Center : *52105 Tamiami Trail East (Mile 54,9),* ***Ochopee.*** • *nps.gov/bicy* • *Tlj 9h-16h30.* Feuillet en français et carte détaillée. Personnel serviable et compétent.

Big Cypress Swamp Welcome Center : *33000 Tamiami Trail East (Mile 73,7). Tlj 9h-16h30.* Pour l'anecdote, à 3 km à l'est, sur l'US 41, notez le ***bureau de poste*** qui serait le plus petit des États-Unis, toujours en usage !

Où dormir ?

La *Big Cypress Preserve* compte 8 ***campings*** sommaires *(compter 10-30 $/emplacement par nuit),* la plupart disponibles selon le principe du 1er arrivé 1er servi. Tous ont des toilettes, mais aucun n'a de douches. ***Midway*** (à réserver obligatoirement sur ● *recreation.gov* ●), situé contre l'US 41, dispose d'eau potable et d'électricité. On vous conseille plutôt ***Burns Lake*** (plus en retrait) ou ***Mitchell Landing,*** situé sur la *Loop Road* (mais attention aux serpents à sonnette ici !). Attention, certains campings sont fermés de mi-avril à mi-août.

La ***Big Cypress Gallery*** (voir juste après) propose, en retrait dans un environnement parfaitement préservé, un ***cottage*** *(tte l'année, 350 $ pour 4 pers, 3e nuit gratuite mai-sept)* et un ***bungalow*** *(oct-avr seulement, 295 $ pour 2),* très bien aménagés mais très chers et souvent réservés longtemps à l'avance *(respectivement min 3 nuits et min 2 nuits oct-avr ; attention, arrivée obligatoire avt 17h !).* En période creuse, il y a une petite chance de disponibilité en dernière minute. Promenades guidées et balades photographiques *(tlj, 125-195 $).*

À voir. À faire

Loop Road : *débutant au Mile 39,6 de l'US 41, à 3,5 miles à l'ouest de Shark Valley, cet itinéraire alternatif très nature la retrouve au Mile 59,2. Attention, si elle est bien indiquée en venant de l'ouest, elle ne l'est pas du tt en venant de l'est (Miami) !* Accessible à tous les véhicules hors grosses périodes de pluie, la *Loop Road* réunit 25 km de piste (côté ouest) et 13 km de goudron (côté est). On y chemine doucement au milieu des cyprès chauves (compter 1h), en essayant de repérer les alligators et oiseaux qui se cachent dans les trous d'eau formés sur les bas-côtés.
Un court ***sentier en boucle*** (800 m) et le très sauvage ***Gator Hook Trail*** (7,8 km aller-retour) permettent de s'enfoncer au-delà. Attention, sur ce dernier, en saison humide, on a de l'eau jusqu'aux genoux ! Une vraie aventure, entre alligators et mocassins (serpents). Pour ne pas se perdre, bien suivre les marques jaunes.

LES EVERGLADES

Big Cypress Gallery : *52388 Tamiami Trail, sur l'US 41 (Mile 54,1). ☎ 239-695-2428. ● clydebutcher.com ● Tlj 10h-17h, sauf principaux j. fériés.* Équipé de sa chambre photographique, Clyde Butcher, un vénérable barbu, immortalise en noir et blanc Big Cypress, les Everglades et les plus beaux espaces naturels américains, dans la tradition du grand photographe naturaliste Ansel Adams. D'autres photographes, notamment animaliers, sont exposés. Les prix sont très élevés, mais la galerie vaut le coup d'œil !

La « mare aux alligators » : *Mile 54,7.* Juste devant l'*Oasis Visitor Center,* les alligators ont pris possession d'une portion de canal. Ils sont très facilement observables, et de très près. Plein d'oiseaux leur tiennent compagnie.

HP Williams Picnic Area : *Mile 69,4.* C'est avant tout une aire de pique-nique, mais on peut y observer pas mal d'alligators et d'oiseaux depuis le *boardwalk.*

Turner River Trail : *départ au Mile 70,1.* Une belle descente en canoë de la Turner River, sur 16 km, depuis l'US 41 jusqu'à Chokoloskee, sur le golfe. Compter 5-6h. On traverse forêt de cyprès et mangroves basses. Pour une location et le transport, contacter *Ivey House (605 Buckner Ave N, à Everglades City ; ☎ 239-695-3299 ; ● evergladesadventures.com ● iveyhouse.com ●).*

Juste derrière le ***Swamp Welcome Center*** *(Mile 73,7),* un court *boardwalk* permet d'observer des lamantins en hiver ! Ils remontent là dès que la température de la mer fraîchit.

Marsh Trail : *à 13 miles à l'ouest de la bifurcation d'Everglades City.* On n'est plus là dans la *Big Cypress Preserve,* mais dans le ***10,000 Islands National Wildlife Refuge,*** plus à l'ouest. Du parking, un court sentier (800 m) mène jusqu'à une tour d'observation où les amateurs d'ornithologie se donnent rendez-vous une demi-heure avant le coucher du soleil. Des centaines d'ibis, de tantales, de hérons bleus et d'aigrettes déferlent alors vers ce lieu, où chacun rejoint ses quartiers dans sa propre rookerie (colonie d'oiseaux). Le sentier se poursuit au-delà, mais inutile de faire plus de 200 m.

GULF COAST (EVERGLADES CITY)

À l'extrémité ouest des Everglades, un peu à l'écart de l'US 41, la modeste bourgade d'Everglades City est située à seulement 59 km de Naples – qui marque le début de la côte ouest. La « capitale mondiale du crabe caillou noir » se vantent les locaux, qui ne rechignent pas sur les fruits de mer. Oh, rien d'affriolant au 1er coup d'œil, mais le golfe du Mexique est à 2 pas et, avec lui, le dédale verdoyant des ***10,000 Islands,*** un archipel très sauvage multipliant les îles, les plages indomptées et les mangroves – où l'on peut espérer observer dauphins et lamantins. On ne peut s'y aventurer qu'en bateau ou en kayak, à moins de sacrifier à l'incontournable *air boat.*
À quelques kilomètres, sur sa propre île desservie par la route, **Chokoloskee** est mignonne avec ses maisons en bois et son vieux magasin-musée sur pilotis *(Smallwood Store ; tlj 11h-16h mai-oct, 10h-17h nov-avr ; 5 $, réduc).*

LES EVERGLADES

Adresses utiles

Gulf Coast Visitor Center : *815 Oyster Bar Lane, tt au bout d'Everglades City, sur la droite. De mi-nov à mi-avr, tlj 8h-17h ; le reste de l'année, tlj 9h-16h30.* C'est le centre des visiteurs du parc des Everglades. Infos sur les randonnées en canoë-kayak et ***permis pour les campings primitifs*** des *10,000 Islands* et du *Wilderness Waterway* (voir plus loin). On y trouve aussi le concessionnaire proposant les sorties en bateau.

Location de kayaks : ***Everglades Adventures,*** *à l'Ivey House, 605 Buckner Ave N. ☎ 239-232-0441. • evergladesadventures.com • iveyhouse.com • Nov-avr.* Propose locations et tours guidés, ainsi qu'un service de navettes pour rejoindre le départ des *waterways* ou être récupéré à la fin.

Où dormir ? Où manger ?

The Ivey House : *605 Buckner Ave N. ☎ 239-695-3299. • iveyhouse.com • Doubles 100-240 $, petit déj inclus.* On peut y louer son kayak, s'y inscrire pour un tour organisé, mais aussi y passer la nuit, agréablement, dans l'une des grandes chambres bien tenues aux lits très confortables. Elles donnent toutes sur un patio avec petite piscine, fermé par des moustiquaires. Les mêmes proprios gèrent l'***Everglades City Motel*** *(309 Collier Ave ; ☎ 239-695-4224 ; • evergladescitymotel.com • ; mêmes prix),* un gentil motel aux chambres rénovées confortables, mais un poil bruyantes. Autres bémols : il faut faire le *check-in* et aller prendre son petit déj à l'*Ivey House*. Studios pour 4 un peu plus chers.

Camellia Street Grill : *202 Camellia St E. ☎ 239-695-2003. Tlj 11h-21h. Plats 11-25 $.* Les colliers de flotteurs annoncent le ponton où se dressent les tables, face à l'eau et aux bateaux. Dans l'assiette, plutôt copieuse, crabes, crevettes, mérou et alligator en sandwichs, salades ou tacos regardent avec nostalgie les *air boats* qui tournent juste devant. Le chef s'en sort pas mal et ça permet d'avaler les prix un peu plus élevés qu'ailleurs (l'offre de restos ne brille pas dans le coin). Commande au comptoir, service à table.

Havana Cafe : ***à Chokoloskee,*** *à 6 miles au sud d'Everglades City (au bout de la route). ☎ 239-695-2214. Ouv de mi-oct à mi-avr seulement, tlj 7h-16h. Plats 9-20 $.* Si le sandwich œufs-chorizo et les haricots rouges du petit déj ne seront pas forcément à votre goût, au lunch, vous apprécierez plus aisément les sandwichs et plats oscillant entre cuisine cubaine classique (relevée d'ail) et produits de la mer locaux. Les bananes plantains apportent leur note d'exotisme. En bonus : la belle terrasse entourée de végétation tropicale.

À voir. À faire

Museum of the Everglades : *105 W Broadway. ● evergladesmuseum.org ● Tlj sauf dim 9h-16h. GRATUIT.* Installé dans la 1re blanchisserie du bourg, ce petit musée local se penche sur l'histoire d'Everglades City, développée dans les années 1920 comme base arrière des travailleurs employés à la construction du proche *Tamiami Trail* (la Highway 41). L'occasion d'apprendre que 2,5 millions de bâtons de dynamite furent utilisés à cet effet ! Il s'intéresse aussi aux Indiens qui peuplaient la zone, aux 1ers pionniers et aux pêcheurs.

Everglades National Park Boat Tours : *infos et résas au Visitor Center, ou en ligne. ☎ 855-793-5542. ● evergladesfloridaadventures.com ●*
– **_Ten Thousand Islands Tour :_** *tlj, ttes les heures 10h-16h (sauf 13h) de mi-déc à mi-avr, ttes les 2h le reste de l'année. Durée : 1h30. Tarif : 40 $; 20 $ enfants 5-12 ans ; réduc.* L'occasion de naviguer entre les îles couvertes de mangrove et de voir des dauphins en liberté ! Les rangers embarqués (2 fois/j.) vous aideront à repérer les lamantins ou à reconnaître pélicans, frégates et autres oiseaux marins.
– La compagnie devrait aussi bientôt à nouveau proposer un **_Mangrove Wilderness Tour,_** plus spécifiquement axé sur ce milieu très particulier et sa riche faune.

Wilderness Waterway : *au départ d'Everglades City jusqu'à Flamingo (dans le sens du courant). Obtenez votre permis de camper la veille auprès du Visitor Center (21 $, plus 2 $/j. par pers).* Un parcours incroyable de 160 km de rivières, lacs et plages sauvages, à découvrir en autonomie complète (eau incluse) en une bonne semaine de kayak avec, certains jours, des bivouacs nocturnes sur des pontons en bois *(chickees).* Vraiment magnifique, mais ***uniquement pour les aventuriers aguerris*** et ceux qui ne craignent pas les moustiques... Par endroits, ils sont des millions et vous, bien seul(e) ! N'oubliez pas votre table des marées, pour ne pas ramer pour rien.

LES KEYS

● Carte Les Everglades et les Keys *p. 131*

Les Keys sont un étonnant chapelet de 1 700 îles, îlots et récifs coralliens qui s'égrènent sur 175 km, à la pointe sud de la Floride. Et comme aux États-Unis on ne fait rien comme les autres, une route non moins étonnante enjambe les 42 détroits qui séparent les 43 îles principales : « l'autoroute de haute mer » *(Overseas Highway).* Les sauts sont parfois impressionnants : entre Knights Key et Bahia Honda Key, le pont mesure plus de

CONCH REPUBLIC

Se sentant considérés comme une nation étrangère, les Keys ont proclamé leur indépendance en 1982 ! Depuis, le drapeau de la Conch Republic flotte au-dessus des bâtiments officiels, à côté de la bannière étoilée. L'indépendance est fêtée dignement chaque année pendant 10 jours, autour du 23 avril. Il existe même un passeport (vendu aux touristes) et un hymne national (enregistré par la Key Lime Pie Band !).

11 km ! À gauche, c'est l'Atlantique et ses eaux d'un bleu profond ; à droite, le golfe du Mexique et ses tons de turquoise et de lapis-lazuli. Au bout du bout, la route s'achève à Key West, le point le plus méridional des États-Unis, juste en face de Cuba. C'est de là qu'arriva Hemingway dans les années 1930, lorsqu'il posa le pied sur l'île pour la 1re fois, alors bastion des pilleurs d'épaves.
Aujourd'hui, Key West attire chaque année une noria de paquebots de luxe, tandis qu'automobilistes et *bikers* s'y pressent par la route. Alors évidemment, ça embouteille un peu, surtout le week-end ! Car Key West vit exclusivement du tourisme. Cela dit, la bourgade n'en a pas pour autant perdu son âme, avec ses vieilles maisons de bois de style *gingerbread* colorées, enfouies sous les palmiers et la végétation tropicale. Reste, aussi, un peu de cet esprit frondeur qui a forgé l'histoire des îles... Key West a longtemps été l'un des points de ralliement de la communauté homosexuelle du pays.
Plus calmes, même s'ils ont perdu une partie de leur charme consécutivement au passage de l'ouragan Irma en 2017, les autres districts, Key Largo, Islamorada, Marathon et Big Pine-Lower Keys, servent souvent de point d'ancrage aux amateurs de plongée, de snorkelling ou de pêche en mer.
Classé *National Marine Sanctuary* depuis 1990, l'archipel des Keys se prête admirablement à la plongée et au snorkelling, au kayak de mer, à l'observation des oiseaux et à la pêche au gros. Malgré la pression touristique, les Keys, assises sur le 3e récif corallien du monde, demeurent un véritable trésor écologique. Si les plages n'y constituent pas l'attraction majeure (pour la bronzette, mieux vaut rester à Miami), la baignade n'en demeure pas moins fort agréable, surtout en été, quand l'eau dépasse les 30 °C !

DE LA VOIE À LA ROUTE...

Jadis accessibles uniquement par bateau, ***les Keys sortent de leur isolement en 1912,*** quand ***Flagler*** (personnage omniprésent dans l'histoire de la Floride) inaugure la ***voie ferrée reliant Miami à Key West.*** Le projet d'envergure n'est pas de tout repos : des ouragans frappent en 1906 (135 morts), 1909, 1910... Les coûts s'accumulent et Flagler est contraint d'emprunter pour poursuivre les travaux.
Dans les années 1920, des sections de route sont construites parallèlement vers Key Largo. Bientôt, seul manque un tronçon pour relier les 65 km entre Lower Matecumbe Key et No Name Key : 2 ferries font alors la navette. Mais l'***ouragan dévastateur*** qui s'abat sur la région ***le 18 septembre 1926*** ravage tout sur son passage. Avec des vents enregistrés à plus de 240 km/h, les Keys et Miami sont balayés de la carte. La bulle immobilière qui s'était constituée depuis le début des années 1920 éclate, tant et si bien que le sud de la Floride entre dans la grande récession économique avant la crise qui frappe tout le pays en 1929. Puis ***les années 1930-1934 connaissent un véritable déclin*** ; faute de travail, de nombreux insulaires s'installent à Miami. Le ***cyclone meurtrier de 1935*** donne le coup de grâce à la ligne de chemin de fer, trop coûteuse

ÇA FAIT FLIPPER LE DAUPHIN !

De nombreux pays (Norvège, Belgique, Australie, Brésil) ont honni les delphinariums, jugeant cruel de capturer des dauphins pour les parquer dans des bassins, les stresser au contact des touristes, entre autres conséquences néfastes d'une vie en captivité. En revanche, les États-Unis continuent d'autoriser ces pratiques : on peut donc avoir son moment de gloire avec Flipper. Mais autant le savoir : s'il sourit en permanence, cela ne signifie pas qu'il est heureux. Il mourra plus jeune que ses congénères libres.

à reconstruire. La compagnie jette l'éponge. Une partie des anciennes voies ferrées est encore visible dans les Lower Keys, créant un spectacle étonnant et très photogénique.
Le gouvernement fédéral rachète les ponts et prend l'option de remplacer la ligne par une autoroute, en reliant entre elles les portions déjà terminées. ***L'Overseas Highway (US 1) est achevée en 1938.*** Elle permet aujourd'hui de rallier Key West en 3h depuis Miami.

UN ENVIRONNEMENT SOUMIS AUX ÉLÉMENTS

Les îles des Keys sont constituées d'***anciens récifs coralliens,*** qui ont sorti la tête de l'eau lors d'une régression glaciaire, il y a de cela 85 000 à 11 000 ans, lorsque la mer a baissé progressivement de près de 110 m. Le réchauffement qui a suivi a, a contrario, vu les eaux remonter. Aujourd'hui, les Keys « culminent » au nord à 7,50 m au-dessus du niveau de la mer et guère plus de 1,20 m au sud, ce qui les rend très vulnérables en cas d'ouragan.
En ***septembre 2017,*** l'archipel a été la zone la plus durement touchée en Floride par l'***ouragan Irma,*** avec des vents à plus de 215 km/h. Si les dégâts ont été considérables, les réparations et opérations de nettoyage ont été menées rapidement pour accueillir les touristes dans les meilleures conditions, quelques mois après la catastrophe. Seulement les Keys (à l'exception de Key West) y ont perdu une partie de leur âme. Les petites bicoques en bois et leurs vieux pontons en équilibre sur la mer, qui faisaient en grande partie leur charme, ont été reconstruits en béton, tandis qu'il a fallu évacuer les gravats et parfois même reconstruire parkings et voiries... La patine et le côté un peu « fouillis » se sont envolés, cédant leur place au neuf, au solide et au formaté. C'est pourquoi on vous conseille de concentrer votre visite des Keys dans la partie la plus éloignée de l'archipel, les ***Lower Keys et Key West,*** qui recèlent encore de belles plages et des coins de nature préservée, avec des constructions homogènes de style caraïbe et une végétation luxuriante. Une vraie carte postale !

Arriver – Quitter

➢ ***En voiture :*** compter **3h** pour couvrir les 215 km entre Miami et Key West, davantage le week-end. ***Stations-service*** tout le long (le gallon d'essence est un peu plus cher à Key West même). Si vous revenez des Keys pour prendre l'avion à Miami, prévoir une bonne marge car il peut y avoir de la circulation. L'autoroute (***Florida Turnpike,*** payante – voir « Péages autoroutiers en Floride » dans la rubrique « Transports. En voiture » du chapitre « Miami utile ») permet d'éviter la longue traversée du sud de la ville.

➢ ***En bus :*** env 4h30 de route entre Miami et Key West en direct avec ***Greyhound*** (● greyhound.com ●).
🚌 ***Miami Dade Transit :*** ● *miamidade.gov* ● La ligne n° 301 relie Florida City (SW 344 St/SW 2nd Ave) à Key Largo (MM 98), Tavernier (MM 87), Islamorada (MM 74), et certains continuent jusqu'à Marathon (MM 50, devant le *Publix*). Nombreux bus à l'aube pour les travailleurs, puis ttes les 1-2h pour Islamorada (trajet : 1h35 ; 2h10 jusqu'à Marathon).
🚌 ***Key West Transit :*** ● *kwtransit.com* ● Les *Lower Keys Shuttles* joignent Marathon (MM 53,5) à Key West (Whitehead & Eaton) via Bahia Honda, Big Pine Key, Stock Island et Key West Airport.
🚌 ***Keys Shuttle :*** ● *keysshuttle.com* ● En saison, env 6 transferts/j. en minivan depuis les aéroports de Fort Lauderdale et Miami jusqu'à Key West (via ttes les Keys principales). Pratique, mais nettement plus cher : env 110 $ pour 1 pers, 400 $ pour privatiser la navette (7 places). Dans tous les cas, réserver 48h à l'avance.

➢ ***En avion :*** vols vers Key West depuis Miami et d'autres villes de

Floride et des États-Unis. L'aéroport de Marathon est, lui, uniquement fréquenté par des vols privés.

➢ ***En bateau :*** le ***Key West Express*** *(plan détachable Key West, A1 ;* • *keywestexpress.net* •*)* assure 1-2 liaisons/j. tte l'année entre Fort Myers ou Marco Island, sur la côte ouest de la Floride, et Key West. Ouverture des guichets 1h30 avt. Durée de la traversée : 3h30. Compter 120 $ l'aller simple, 180 $ l'A/R (150 $ en réservant 8 j. avt pour un trajet effectué lun-jeu, ou 160 $ ven-dim) ; réduc. Venir min 1h avt l'appareillage du bateau.

Comment se repérer sur la route des Keys ?

Sur tout le trajet, on se repère facilement avec les ***mile markers (MM),*** les bornes milliaires égrenées tout au long de l'*Overseas Highway.* Dans le sens nord-sud, le 1er MM débute au MM 126 après Florida City et le dernier est le MM 0 à Key West, à l'angle de Fleming et Whitehead Streets. À défaut de noms de rue, les numéros donnés aux adresses correspondent presque partout aux *mile markers* (le nº 92630, par exemple, est le mile 92,6) SAUF à Marathon, où ils correspondent aux numéros de rues (le nº 12222, par exemple, est à la hauteur de la 122nd St).

Pour chaque adresse décrite dans le guide, ***nous indiquons la borne MM correspondante,*** ainsi que la position ***à droite* (bayside)** ou ***à gauche de la route* (oceanside)** par rapport à la direction nord-sud.

Infos utiles

LES KEYS

- ***The Florida Keys & Key West :*** • *fla-keys.com* • Infos sur les hébergements, les activités, les transports, la météo avec les alertes ouragans, etc.
- La ***brochure gratuite « See Florida Keys »*** donne une vue d'ensemble des activités de la région avec quelques coupons de réduction. On la trouve dans les *Visitor Centers,* parfois utiles aussi pour réserver une chambre.
- ***Haute et basse saisons :*** du 1er décembre au 15 avril, c'est la pleine saison touristique, avec un pic du 15 février au 31 mars. La météo est alors plus agréable mais les prix flambent.
- ***Oceanside ou bayside ?*** Mis à part à Key West, choisir son lieu de résidence n'est pas sans incidence dans les Keys. Côté *oceanside,* l'océan peut être agité et les plages rendues inconfortables en cas d'arrivée d'algues rouges. Côté *bayside,* en revanche, on est un peu plus épargné par le phénomène.
- ***Observer les dauphins :*** sur la route des Keys, plusieurs établissements proposent d'interagir avec les dauphins enfermés dans un bassin, tels *Dolphin Plus* à Key Largo, le *Theater of the Sea* à Islamorada ou le *Dolphin Research Center* de Grassy Key – où naquit Flipper, le héros de la série TV des années 1960. L'expérience, généralement interdite aux moins de 7 ans, coûte très cher et, bien souvent, le simple accompagnant (qui ne nage pas) paie aussi ! En outre, inutile de rappeler le stress causé par ce type d'interaction sur les dauphins. Une expérience à proscrire donc... ***Il est largement préférable d'approcher les dauphins en bateau*** (*Dolphin Safari* à Key West propose une sortie de 4h par exemple) ***dans leur milieu naturel, sans les toucher.*** Ils nagent, plongent, chassent et batifolent parfois devant l'étrave du bateau...
- ***Plongée :*** les Keys recèlent un véritable paradis sous-marin, avec ***près de 500 épaves*** qui émaillent la barrière de corail. Certains gros navires ont été coulés volontairement pour créer des récifs artificiels. Parmi eux, 3 sont des musts absolus pour les plongeurs de bon niveau : l'immense *Vandenberg* (158 m) au large de Key West (c'est le 2e plus grand navire du monde coulé à dessein, il gît entre 12 et 43 m de profondeur), le *Thunderbolt* à Marathon,

par 35 m de fond, et enfin le non moins considérable *Spiegel Grove* (155 m), qui se situe à 9 km des côtes de Key Largo, entre 18 et 40 m de profondeur. Autre spot à ne pas manquer dans le coin : le *Christ des Abysses,* situé à moins de 5 m de profondeur dans le John Pennekamp Coral Reef, copieusement recouvert de *Millepora* (corail de feu), alors pas touche !

KEY LARGO

La 1re des Keys doit une bonne partie de sa renommée au film *Key Largo,* interprété par Humphrey Bogart et Lauren Bacall – qui fut bien entendu tourné... à Hollywood. Cette longue bande de terre n'est pas la plus belle ni la plus authentique des Keys : très peuplée, elle s'étire du MM 110 au MM 87 le long de l'*Overseas Highway,* au trafic incessant. Les accès aux plages étant pour la plupart privés, Key Largo attire surtout les amateurs de fonds marins : plongeurs et adeptes du snorkelling rejoignent en bateau la barrière de corail pour explorer les récifs autour desquels gravite une myriade de poissons colorés. La municipalité s'est autoproclamée *diving capital of the world...*

BOUFFEZ DU LION !

Originaire de l'océan Indien, le lionfish *est considéré en Floride comme une espèce invasive car il ne connaît pas de prédateur sur son territoire d'adoption et se reproduit à vitesse grand V. Du coup, à l'inverse du* catch & release *qui anime les parties de pêche du coin, la* Reef Environmental Education Foundation *basée à Key Largo, d'ordinaire fervent défenseur du milieu marin, invite tous les pêcheurs à le cuisiner. Aujourd'hui, le* lionfish *figure à la carte de la plupart des restos !*

LES KEYS

Adresses utiles

Florida Keys Visitor Center : *MM 106, bayside (repérez l'enseigne* Scuba Outlet*).* • *keylargochamber.org* • *Attention, ne pas confondre avec l'organisme privé situé 200 m avt (marqué* Visitor Center *sur le toit). Tlj 9h-18h.* Petite expo interactive et nombreuses brochures, dont le guide gratuit *Oh, rangers* des parcs nationaux de la Floride du Sud. Réservation gratuite d'hôtel.

Supermarché Publix : *MM 101.4, oceanside. Tlj 6h-22h.* Très grand et bien approvisionné, avec des rayons traiteur et boulangerie parfaits pour préparer un pique-nique.

Où dormir ?

Ce serait un sacrilège de rouler vers Key West de nuit ! Alors si vous êtes en retard sur l'horaire, mieux vaut faire étape à Key Largo, Islamorada ou Marathon, pour reprendre la route au petit matin pour admirer le paysage.

Camping

Les campings, pas très engageants, bordent la *highway* (nuisances sonores) et sont plutôt aménagés à l'intention des camping-cars. Sans compter qu'il faut souvent réserver 1 an à l'avance !

John Pennekamp Coral Reef State Park Campground : *102601 Overseas Hwy (MM 102.5, oceanside).* • *reserveamerica.com* • *pennekamppark.com* • *Résa indispensable (accessible 11 mois à l'avance). Emplacement env 50 $.* Au cœur du parc, une petite cinquantaine d'emplacements sur sable de corail, parfois bien ombragés, parfois pas, distribués de part et d'autre d'un large ruban d'asphalte. Peu d'intimité. Sanitaires impeccables.

Chic

The Pelican : *99446 Overseas Hwy (MM 99.3, bayside). ☎ 305-451-4407. • pelicankeylargo.com • Double env 200 $, petit déj inclus.* Une petite trentaine de bungalows dans un jardin tropical courant jusqu'au littoral. Certains abritent plusieurs chambres, parfois minuscules avec le lit enchâssé entre 2 murs (intéressantes pour les petits budgets), d'autres forment de vrais apparts pour 2, 4 ou 6 personnes avec ou sans cuisine, coin salle à manger et terrasse. Déco assez banale. Optez, si possible, pour les *waterfront suites* (plus loin de la route). BBQ, canoës et kayaks à dispo gratuitement. Bon accueil.

Plus chic

Coconut Palm Inn : *198 Harbourview Dr, à* ***Tavernier.*** *☎ 305-852-3017. • coconutpalminn.com • Au MM 92, prendre à droite sur Harbourview Dr en venant du nord. Doubles 150-410 $, petit déj (léger) inclus. Resort fee 23 $.* Ce gentil petit hôtel, posé au calme, en retrait de la *highway,* donne sur une petite plage artificielle face à la baie de Floride. Il abrite une vingtaine de chambres de taille variable (certaines sont vraiment petites et tournées vers le jardin). Très confortables et soignées, avec mobilier en bois foncé, frigo, micro-ondes et machine à café. Belle piscine. Les kayaks et *paddleboards* en prêt sont les bienvenus.

Azul del Mar : *104300 Overseas Hwy. ☎ 305-451-0337. • azulkeylargo.com • Au MM 104.3 (bayside), à côté de l'Amoray Dive Resort. Doubles 200-390 $.* ***Adultes seulement*** *(enfants dès 16 ans).* Cette villa blanche, posée face à la baie de Floride, abrite une poignée de chambres d'un excellent niveau de confort : d'un côté, les vues sur « jardin », un peu sombres (car tournées sur un terrasson aveugle) ; de l'autre, les vues sur la « mer » (plein cadre), beaucoup plus attrayantes. Toutes disposent d'une cuisinette et s'apparentent à des studios assez spacieux. Le proprio, un Anglais de Manchester, parle plutôt bien le français ; il loue des kayaks et organise des balades en bateau sur le *reef* ou dans les Everglades (pas données toutefois).

LES KEYS

Où manger ? Où prendre un petit déjeuner ? Où boire un verre ?

Spécial petit déjeuner

Doc's Diner : *99696 Overseas Hwy (MM 99.7, bayside). ☎ 305-451-2895. Tlj 6h-14h. Moins de 10 $.* Fondé par un ancien médecin (d'où le nom), un lieu incontournable sur la route des Keys. La carte du petit déj est impressionnante : *eggs Benedict,* omelettes, *burrito,* pancakes, gaufres, mais la spécialité de la maison, c'est un méga-sandwich *(The Champ)* constitué d'une galette de pommes de terre, d'œufs et de corned-beef, le tout noyé dans une sauce blanche à la saucisse à vous retourner le foie ! Plein à craquer de locaux.

Harriette's Restaurant : *95710 Overseas Hwy (MM 95.7, bayside). ☎ 305-852-8689. Tlj 6h-15h. Moins de 10 $.* Ce petit *diner* de bord de route aux rideaux de grand-mère est installé dans une maisonnette en bois jaune et turquoise. Les habitués affluent, attirés par les œufs *Benedict* aux conques et les muffins du jour (dont le *Key lime muffin,* qui ravit ici la primeur à la *pie*). Ambiance familiale.

Cafe Moka : *91865 Overseas Hwy (MM 91.9, oceanside), à* ***Tavernier.*** *☎ 305-453-6271. Tlj 8h-15h. Sandwichs 10-12 $.* Les patrons, originaires de Perpignan, ont posé leurs valises ici en apportant leurs recettes de quiches et de viennoiseries (délicieux croissants), proposant aussi oranges pressées et tout un choix de bons cafés. Le tout à déguster dans la salle claire ou dans le petit *courtyard* gravillonné. Une bonne petite adresse.

De bon marché à prix moyens

Mrs Mac's Kitchen : *99336 Overseas Hwy (MM 99.3, bayside). ☎ 305-451-3722. Tlj 7h-21h30 sauf dim. Plats 8-18 $ le midi, jusqu'à 25 $ le soir.* Le resto « historique », notre préféré, se trouve en bord de route, *bayside* ; le nouveau *(99020 Overseas Hwy ; tlj 11h-22h sauf dim),* pas dénué de cachet non plus, un peu plus loin à gauche, entre les 2 doubles voies de la *highway.* L'ancien, pour y revenir, est une baraque bardée de plaques d'immatriculation. Dans l'assiette : excellents chilis (un must !) et *conch chowder* (chaudrée de conques), burgers, salades, sandwichs, poisson du jour, très bons *crabcakes* et mille et une autres choses entre terre et mer. Autre spécialité : la *Key lime pie* glacée.

Key Largo Fisheries Backyard Cafe : *1313 Ocean Bay Dr (oceanside). ☎ 800-432-4358. Tlj sauf dim 7h-20h (21h ven-sam). Plats 12-20 $.* Typique des Keys, cette poissonnerie propose de succulentes fritures de poisson frais (servies avec frites et *coleslaw*), de bons sandwichs au poisson (ou à la langouste !), des wraps, mais aussi du poulet. On avale le tout sur les grosses tables en plastoc imitation bois, tournées face au port de plaisance, en compagnie des pélicans et des mouettes.

Shipwreck's : *45 Garden Cove Dr. ☎ 305-453-3153. Tlj 11h-21h. Plats 10-15 $ le midi, jusqu'à 18 $ le soir ; ven 19h-22h, all-you-can-eat fish fry env 25 $.* Cette baraque en bois de récup' et pièces de bateau recyclées est à l'image des Upper Keys : populaire, bon enfant et un poil chahuteuse certains soirs. Sa terrasse, avancée contre le port de pêche, s'adosse à une salle intérieure serrée autour d'un bar constellé de billets de 1 $. Au menu : la traditionnelle *comfort food* version « marine » avec, en prime, des frites de patate douce ou des *onion rings* à la noix de coco. Tout ou presque est frit (!).

De prix moyens à chic

The Fish House : *102401 Overseas Hwy (MM 102.4, oceanside). ☎ 305-451-4665. Tlj 11h30-22h. Sandwichs 10-15 $ et pêche du jour env 16 $ le midi, 18-30 $ le soir (salades moins chères).* Les amateurs de produits de la mer ne peuvent rater ce resto réputé, bastion de la *Conch Republic*. Extérieurement, ça ne paie pas de mine, mais poissons et crustacés – livrés directement du producteur au consommateur – sont de 1er choix et cuisinés avec savoir-faire. Les prix sont un peu élevés en revanche.

Key Largo Conch House : *100211 Overseas Hwy (MM 100.2, oceanside). ☎ 305-453-4844. Tlj sauf jeu 8h-22h (21h lun-mer). Plats 10-19 $ le midi, 12-30 $ le soir.* Cette mignonne maison de style *gingerbread* est séparée de la route par un rideau de végétation et entourée d'une agréable terrasse. La journée débute par les *tropical pancakes* aux fruits frais pour se poursuivre avec *conch fritters,* salades, wraps, bons *fish tacos* et sandwichs originaux (poisson grillé du jour, *mahi-mahi*/coco/noix de macadamia, etc.). Poissons cuisinés le soir. Pour une pause goûter, belle carte de thés, cafés et smoothies. Accueil gentil.

Snappers Oceanfront Restaurant and Bar : *139 Seaside Ave (oceanside). ☎ 305-852-5956. Au MM 94.5, emprunter la Seaside Ave jusqu'à la mer. Tlj 16h (11h dim)-22h. Musique live tlj vers 20h.* Même si l'on n'est pas pêcheurs dans l'âme, ce *snapper*-là est de ceux qu'on apprécie de ferrer ! Gentiment abritée dans une petite anse, cette équipe enjouée s'est installée à la base d'un ponton où viennent s'amarrer les bateaux. On lève son verre face à l'océan et on oublie tout le reste !

Achats

Scuba Outlet : *106010 Overseas Hwy (MM 106, bayside). Juste à droite du Visitor Center. Lun-sam 9h-18h, dim 10h-14h.* Repérez le requin blanc en plastique, gueule ouverte, qui émerge du toit ! À proximité de tant de merveilles sous-marines, une boutique pour acheter du matériel de plongée à prix honnêtes.

À voir. À faire

John Pennekamp Coral Reef State Park : *102601 Overseas Hwy (MM 102.6, oceanside). • pennekamppark.com • Tlj de 8h au coucher du soleil. Entrée : conducteur et véhicule 4,50 $, si 2 pers 8 $ puis 0,50 $/pers supplémentaire ; 2,50 $/piéton ou cycliste. Au Visitor Center (☎ 305-451-1202 ; tlj 8h-17h), infos sur le parc, son camping (voir « Où dormir ? ») et ses sentiers nature ; un film, quelques dioramas et aquariums. Aires de pique-nique.* Vous voici donc aux portes de l'une des plus grandes barrières de corail au monde ! Le parc, étendu sur 40 km de long pour 55 de large, complète l'immense Florida Keys National Marine Sanctuary, qui s'étend plus au sud jusqu'aux Dry Tortugas, bien au-delà de Key West – englobant en tout plus de 7 500 km² de fonds marins.

Rien qu'au Pennekamp Park, le spectacle est grandiose : plus de 600 espèces de poissons et une quarantaine de variétés de coraux peuplent ses eaux, que l'on peut explorer de différentes façons en s'adressant à la ***Main Concession*** *(située juste à côté du Visitor Center, à l'intérieur du parc, sur le parking ; ☎ 305-451-6300 ; tlj 8h-17h ; sortie snorkelling de 2h30 env 50 $; kayak simple 15-20 $/h, paddle 30 $/h ; plongée 780 $/pers).* Sur place, snack, douches, téléphones, et puis les activités suivantes :

– ***Snorkelling :*** pas vraiment d'intérêt de le pratiquer du bord, mieux vaut s'inscrire à une sortie organisée sur le *reef (plusieurs snorkelling tours/j. ; résa conseillée).* Le 1er tour de la journée est préférable (moins de monde et l'eau est souvent plus claire grâce à l'absence de vent). En général, une escale est incluse aux Dry Rocks sur le site du *Christ of the Deep* (« Christ des Abysses »), une statue ancrée par 7 m de fond depuis 1965.

– **Paddle, *canoë et kayak :*** on vous file un plan, et c'est parti pour un très agréable circuit de 4 km dans un beau paysage de mangrove. Un moyen idéal pour découvrir les nombreux oiseaux et ratons laveurs. En revanche, aucune chance d'atteindre le *reef* : il est à 5 km au large.

– ***Glass bottom boat*** *(bateau à fond de verre)* **:** *3 départs/j., pour 2h30 d'excursion.* Déconseillé à ceux qui ont le mal de mer... car les récifs visités sont situés à une dizaine de kilomètres au large. Pas de visite du *Christ des Abysses,* les eaux y sont trop peu profondes.

– ***Scuba Tours :*** *infos et résas au Gold Palm Dive Shop, situé à droite du Visitor Center. ☎ 305-451-6322.* Plongée avec bouteilles. Si vous avez déjà votre brevet *PADI Open Water,* 2 sorties possibles par jour (à 9h et 13h30). Si c'est votre 1re expérience, tentez donc le *resort course* : instruction dès 8h30 dans la marina pour plonger dans l'après-midi. Possibilité également de passer son brevet *PADI Open Water...*

Laura Quinn Wild Bird Sanctuary : *93600 Overseas Hwy (MM 93.6, bayside). • missionwildbird.com • Tlj du lever au coucher du soleil. Entrée libre (donation de 10 $ suggérée).* Il existe plusieurs de ces centres dans les Keys, où des volontaires se consacrent à soigner les oiseaux. Vous pourrez y voir des dizaines de pélicans, des aigrettes, des ibis, des hérons, des chouettes, des grands ducs et des rapaces dans leurs cages – et plein d'autres, aussi, en liberté mais fort peu farouches. Nourrissage des pélicans tous les jours à 8 et 14h30.

African Queen : *MM 99.6, oceanside. ☎ 305-451-8080. • africanqueenflkeys.com • Départ depuis Marina del Mar. Balade de 1h30 : 59 $, réduc.* Avis aux cinéphiles : on peut voir sur le port l'*African Queen,* le célèbre (petit) bateau du film homonyme qui réunit en 1951 Humphrey Bogart et Katharine Hepburn. Entièrement restauré, il propose de courtes balades sur les canaux environnants. Cher.

➢ **Florida Bay Outfitters :** *104050 Overseas Hwy (MM 104, bayside). ☎ 305-451-3018. • paddlefloridakeys.com • Tlj 9h-17h. Mangrove Tunnel Kayak Tour de 3h (kayak ou paddleboard), compter 60 $/pers.* Ce spécialiste de l'*outdoor* loue canoës, kayaks et *paddleboards (env 25 $/h pour un kayak, 30 $/h pour un*

LES KEYS

paddleboard) à ceux qui voudraient explorer les îles de la Florida Bay par eux-mêmes, et il organise des visites guidées. Une bonne manière de comprendre l'enjeu écologique de l'écosystème des Keys au fil d'une balade qui va de la mangrove à l'océan – au cours de laquelle on voit pas mal d'oiseaux. Groupe de 6 à 8 personnes en général, mais possible à partir de 2 (plus cher). Sorties en *paddleboard* à la pleine lune également (donc 1 fois/mois).

ISLAMORADA

Islamorada (prononcer « Aïleumoreudeu ») tient son nom des Espagnols, qui l'avaient baptisée « l'île pourpre ». C'est un spot mondialement connu de pêche au gros en général et au tarpon en particulier – une sorte de gros hareng verdâtre immangeable et très combatif, qui peut peser jusqu'à 80 kg. Physiquement parlant, les lieux jouent la continuité avec Key Largo : fin ruban de terre très construit de part et d'autre de l'*Overseas Highway,* pas vraiment serein. Islamorada a servi de cadre à la série Netflix *Bloodline.* Pour les fans, pèlerinage obligatoire au *Moorings Village,* la maison des Rayburn à l'écran (qui accueille un petit *resort* de villas ultra-chic). C'est à Islamorada que le rapport qualité-prix des hébergements et restos nous a semblé le plus acceptable.

Adresses utiles

i *Islamorada Chamber of Commerce Visitor Center :* *87100 Overseas Hwy (MM 87.1, bayside). ☎ 305-664-4503. • islamoradachamber.com • Tlj 9h-17h (16h sam, 15h dim).*

Supermarché Publix : *MM 83.2, bayside. Tlj 6h-22h.* Parfait pour se concocter un pique-nique.

LES KEYS

Où dormir ?

Chic

La Jolla Resort : *82216 Overseas Hwy (MM 82.2, bayside). ☎ 305-664-9213. • lajollaresort.com • Doubles 150-220 $.* Avec son architecture vaguement *Mid-century modern* aux couleurs acidulées, ce motel est l'un des tout 1ers construits à Islamorada. Fonctionnelles, la plupart des chambres possèdent un lit *queen size* et presque toutes une cuisinette (ou frigo et micro-ondes), balcon ou terrasse. Elles peuvent accueillir de 2 à 7 personnes. La moins chère, située à l'étage, n'a pas de cuisine. Celles donnant sur la plage et le golfe du Mexique (avec large baie vitrée) sont les plus chères, mais aussi les plus calmes. Une adresse discrète, d'un honnête rapport qualité-prix. Mini-piscine, kayaks, *paddleboards* ou matériel de snorkelling et vélos à dispo.

Best of Both Worlds : *75700 Overseas Hwy (MM 75.7, bayside). ☎ 305-664-4747. Doubles 135-200 $. Séjour de 3 j. min dans la maison.* Au sud d'Islamorada, bien en retrait de la route, Kevin et Dana Walsh louent leur grande maison (jusqu'à 6 personnes), 2 cottages pour 2 et un petit bateau, le *Cosmos,* dont les commodités sont à l'extérieur. Du coup, les proprios habitent en caravane ! Il y en a vraiment pour tous les prix et tous les goûts. L'ensemble est très propre, idéal pour un séjour en famille ou entre potes, d'autant que tout est situé en bordure de la baie et que l'on peut louer kayaks et *paddleboards.* Un vrai bon rapport qualité-prix.

De plus chic à très chic

Islander Resort : *82100 Overseas Hwy (MM 82.1, oceanside). ☎ 305-664-2031. • islanderfloridakeys.com • Doubles 180-325 $. Resort fee 30 $.* Un *lobby* brillant de mille feux donne le *la* de cette très belle réalisation hôtelière où règne une ambiance « rilax » ! Ici, une centaine de chambres allant de la *standard* – sans vue, tournée vers le jardin – à la *deluxe seaview,* balcon et tout le tralala. N'empêche, elles sont toutes plus ou moins équipées de la même façon : frigo, micro-ondes, machine à café, tandis que leur mobilier, vaguement colonial, leur confère un charme certain. Côté détente, belle et large plage, 2 piscines d'eau de mer chauffée, jacuzzi extérieur, 2 restos, matériel nautique en location accessible depuis le ponton en bois face au soleil levant (idéal pour taquiner la carangue). Les vacances, quoi !

Cheeca Lodge and Spa : *81801 Overseas Hwy (MM 81.8, oceanside). ☎ 305-664-4651. • cheeca.com • Doubles 300-650 $.* Resort fee *45 $.* Ce vaste domaine de 10 ha intègre un golf de 9 trous (inclus dans le *resort fee*), 4 courts de tennis, une lagune artificielle, un *snorkelling lagoon,* 3 piscines, dont une construite à même la (fausse) plage, 2 jacuzzis, un spa, un quai et un front de mer privés, 3 bons restos – on en passe et des meilleures. Pas routard pour un sou, c'est juste une oasis de grand confort pour amateurs de séjours « parfaits ». Les chambres, diverses et variées, sont toutes spacieuses, voire ultra-spacieuses, certaines avec cuisine. Les plus chères, face à l'océan, ont un large balcon où repose un jacuzzi rond rempli par le haut, façon cascade. Chic, chic, chic...

Où manger ?

LES KEYS

Spécial petit déjeuner

Mangrove Mike's : *82200 Overseas Hwy (MM 82.2, bayside). ☎ 305-664-8022. Tlj 6h-14h. Moins de 10 $.* Authentique : voilà le mot qui vient à l'esprit. Pancakes grands comme des assiettes, œufs très copieux et burgers énormes le midi s'avalent sur fond de déco rétro, voire de country à la radio. Les murs sont peints de poissons et couverts de photos souvenirs de pêche – dont une en compagnie de Bush Senior, *a great guy to share a bonefish flat with* (« un gars super pour une partie de pêche »).

De bon marché à prix moyens

Lazy Days Restaurant : *79867 Overseas Hwy (MM 79.9, oceanside). ☎ 305-664-5256. Tlj 11h-22h (23h ven-sam).* Fresh-catch *sandwichs du jour 15 $ au déj, 16-22 $ le soir ; salades 15-20 $.* Lassé de la *highway* et de sa circulation ? Le *Lazy,* resto les pieds dans l'eau, lui tourne le dos ! Un petit ruban de sable blanc, 3 cocotiers, un ponton au pied duquel picorent des oiseaux de mer, et on oublie presque de regarder sa *conch chowder,* sa salade, son burger, pourtant copieux et servis avec rapidité. Rien n'interdit de se contenter d'un verre tout en profitant de la mer. Excellent expresso pour clore le repas...

M.E.A.T. : *88005 Overseas Hwy (MM 88, oceanside). ☎ 305-852-3833. Tlj 11h-21h (22h ven-sam). Compter 10-18 $.* Bon, OK, on vous l'accorde, ce n'est pas l'adresse rêvée pour la Saint-Valentin ! Mais pour les burgers, paraît qu'il n'y a pas mieux dans le coin. La raison ? Ici, on le prépare à l'*Angus beef,* au *pulled pork* fondant (effilochée de porc comme dans le Sud), au poisson du jour, au chorizo maison... et on sert le tout avec des frites à la graisse de canard et un ketchup maison à base de tomates du coin ! On se parque sur les travées de tables en alu sous les auspices d'une tête de wapiti XXL, ou au bar, pour écluser l'une de la douzaine de bières proposées (échantillons gratuits). Il y a aussi les *adult only milk shakes... Guinness* et *Nutella* ! Musique rock bien forte ou TV pour pimenter l'ambiance.

Très chic

Chef Michael's : *81671 Overseas Hwy (MM 81.7, oceanside).*

☎ *305-664-0640. Tlj 17h-22h sauf dim. Plats env 32-48 $.* Envie d'une adresse plus raffinée pour une soirée en tête à tête ? *Peace, love and Hogfish,* devise de la maison, vous confirmera la spécialité du lieu : le *hogfish,* alias labre capitaine, même si le plus commandé reste le *lionfish.* Tendre et goûteux, servi de manière plus imaginative qu'à l'accoutumée : à la créole, à l'asiatique, fusion ou juste grillé avec herbes et huile d'olive. Les carnassiers ne sont pas oubliés. Les cuissons sont parfaites, le service au poil, les vins au verre de bon aloi, quoique franchement pas donnés. Terrasse.

À voir

Diving Museum : *82990 Overseas Hwy (MM 83, bayside). • divingmuseum.org • Tlj 10h-17h. Entrée : 15 $ (réduc en ligne) ; 7 $ enfants 6-11 ans.* On y entre un peu dubitatif, mais on en ressort conquis. Un couple de médecins de l'Ohio, passionné de plongée, a fondé ce musée autour de sa collection privée. Il ravira tous ceux qui aiment faire des bulles sous l'eau. On y trouve un incroyable ensemble de scaphandres et de casques du monde entier, remontant pour les plus anciens aux XVIIe et XVIIIe s ! Certains sont des exemplaires uniques, comme le 1er casque de plongée mis au point par Halley (celui de la comète) en 1691. D'autres sont de vraies œuvres d'art. Toute une section expose des scaphandres originaux bricolés dans des hangars ou des garages... dont un fabriqué avec une chaudière ! Plus avant, on découvre le MarkV de l'US Navy (68 kg), alimenté à l'hélium, puis les énormes armures conçues pour les opérations à très grande profondeur (là, on atteint la tonne !).
La visite se fait en suivant un parcours ponctué d'ateliers pour les jeunes scaphandriers (feuillet au guichet).

LES KEYS

MARATHON

Marathon est un spot de plongée très prisé qui offre, d'après les spécialistes, une meilleure visibilité que les eaux entourant Key West. On y embarque aussi facilement pour une journée de pêche, sans compter la découverte en kayak du *Curry Hammock State Park,* certainement le plus agréable du coin, avec ses plages pour une fois éloignées de la route. Chaque année en mars, la ville accueille le *Seafood Festival,* 2 jours de gastronomie et de festivités sur le thème de la mer, qui attirent plus de 20 000 personnes. *• marathonseafoodfestival.com •*
Mais le meilleur reste à venir : l'*Overseas Highway* quitte Marathon vers le sud par le célèbre Seven Mile Bridge, le plus long de l'itinéraire, qui survole les eaux pendant 11 km ; au-delà, les Keys retrouvent leur visage nature.

LE MARATHON DE... MARATHON

Tous les ans au printemps se tient le Seven Mile Bridge Run, une des rares courses à pied entièrement au-dessus de l'eau du début à la fin, sur le plus long pont des Keys.

Adresse utile

Greater Marathon Chamber of Commerce : *12222 Overseas Hwy (MM 53.3, bayside). • floridakeysmarathon.com • Tlj 9h-17h.* Infos très complètes, cartes marines des sites de plongée à dispo gratuitement. Demandez l'*Environmental Passport* pour ses réductions sur les attractions du coin.

Où dormir ?

Camping

Possible de camper au ***Long Key State Park*** *(MM 67.5)* et au ***Curry Hammock State Park*** *(MM 56.2). ☎ 1-866-422-6735 (résas). • reserveamerica.com • Résa possible jusqu'à 11 mois à l'avance. Compter 45 $ l'emplacement.* Attention, le camping du Long Key State Park est toujours en reconstruction suite au passage de l'ouragan Irma, renseignez-vous sur sa réouverture. Quant au *Curry Hammock* : 28 emplacements gravillonnés, la plupart en plein soleil, sur une boucle largement conquise par les camping-cars (bien proches les uns des autres). En revanche, la plage, juste devant, est très jolie.

De prix moyens à chic

Key Colony Beach Motel : *441 E Ocean Dr. ☎ 305-289-0411. • kcbmotel.com • Doubles 150-230 $, petit déj (léger) inclus.* Situé au bord de l'eau, ce motel blanc et bleu propose une quarantaine de chambres correctes, dans un endroit relativement calme. La plupart ont 2 lits doubles, une dizaine un *king,* toutes ont frigo et TV. Notre préférence va aux 4 petites « suites » pour 4-5 personnes, qui donnent sur la petite plage privée... un peu destroy, il faut bien l'avouer, suite au passage de l'ouragan Irma en 2017. Piscine. Machines à laver. Accueil variable.

Bonefish Bay Motel & RV Sites : *12565 Overseas Hwy. ☎ 305-289-0565. • bonefishbaymotel.com • Doubles 180-250 $.* Pas bien loin de la route mais pourtant tranquille, ce tout petit motel géré par Mark, pêcheur devant l'Éternel, dispose d'une poignée de chambres proprettes avec cuisinette (frigo, micro-ondes). La plupart possédant 2 lits *queen,* ça en fait une étape d'une nuit en famille appréciable, sauf si Mark vous emmène à la pêche, évidemment. Bon accueil.

De chic à plus chic

Tranquility Bay : *2600 Overseas Hwy ☎ 305-289-0888. • tranquilitybay.com • Doubles env 150-400 $ (promos sur Internet).* Un endroit qui porte bien son nom ! Une oasis de tranquillité, idéale pour se ressourcer après une balade dans les Everglades ou pour rejoindre la ville de Key West. Déco *West Indies* revisitée, cocotiers, sable blanc, transats, resto, sports nautiques, tout est là pour satisfaire le confort des hôtes. Les appartements (1 à 3 chambres), sur 2 niveaux et hyper bien conçus (cuisine équipée, grande terrasse), conviendront aux amoureux comme aux familles ou aux bandes d'amis. Toutes les chambres ont vue sur la mer sauf celles du *tropical garden,* proches de la route et forcément plus bruyantes. Le soir, on vous conseille vivement de boire un verre au *TJ's Tiki Bar* en admirant le coucher de soleil. Luxe, calme et volupté...

LES KEYS

Où manger ?

Spécial petit déjeuner

The Stuffed Pig : *3520 Overseas Hwy (MM 49, bayside). ☎ 305-743-4059. Jeu-lun 7h-13h. Fermé mar-mer. Petit déj et lunch env 8-20 $.* Avec son ouverture dès potron-minet, c'est le « porc » d'attache des pêcheurs qui partent aux aurores. Un tout petit bistrot à la déco archinulle, prolongé sur l'arrière par un *tiki garden* (une paillote) plein de chaises en plastoc et un petit jardin. Les sandwichs et omelettes aux fruits de mer tiennent au ventre, et la carte aligne aussi burgers, paninis, wraps et *lunch platters* de toutes sortes. La maison organise le 1er mars de chaque année, à l'occasion du *National Pig Day,* une course de cochons dont la recette est reversée à une œuvre caritative.

Prix moyens

Fish Tales Market & Eatery : *11711 Overseas Hwy (MM 53.1, oceanside). ☎ 305-743-9196. Lun-ven 10h-20h30. Fermé le w-e. Plats 8-16 $ le midi, 13-19 $ le soir.* Mi-poissonnier mi-resto (et surtout resto !), la maison est ultra-populaire auprès des locaux le midi (lunch servi jusqu'à 16h) à cause des prix planchers qu'elle pratique. En vedette, bien sûr, le poisson, généralement frit – ou, mieux, grillé, comme le thon. Le *catch of the day* est d'un excellent rapport qualité-prix, et les desserts vraiment peu chers. Simple et bon.

Keys Fisheries : *3502 Gulfview Ave. ☎ 305-743-4353. Tlj 10h (13h pour le bar à l'étage)-20h. Sandwichs 12-23 $; plats 12-35 $.* Ce vaste entrepôt ouvert à tous les vents s'entoure d'une étroite terrasse en U donnant sur l'eau, avec tables et bancs en bois. Mis à part quelques plats du jour à l'ardoise, ici, la spécialité, c'est le *lobster reuben,* que l'on commande au comptoir avant d'aller s'asseoir. Si vous voulez sacrifier à la tradition de ce corpulent sandwich de pain frit à la langouste et à la choucroute, demandez-le sans fromage... et n'oubliez pas de donner votre nom, on vous appellera quand ce sera prêt ! Sinon, grimpez au bar (interdit aux moins de 21 ans) pour vous régaler de pinces de crabe (de mi-octobre à mi-mai) et autres ceviches en provenance directe de la poissonnerie attenante. Un classique des Keys.

Où boire un verre ?

Porky's Bayside : *1410 Overseas Hwy (MM 47.5, bayside). ☎ 832-332-5393. Juste avt le célèbre Seven Mile Bridge. Tlj 7h-22h.* À coup sûr, l'esprit de Hemingway hante encore cette baraque de bric et de broc ouverte en 1950 entre chenal et *highway.* On y grille du bœuf et du cochon, et on y descend des bières à longueur de journée. Sur les coups de 18h, quand se terminent les *happy hours* (eh oui, ici ça commence à 15h !), un groupe vient pousser la chansonnette.

À voir. À faire

Long Key State Park : *MM 67.4, oceanside. • floridastateparks.org/park/Long-Key • Tlj de 8h au coucher du soleil. Tours guidés ven à 11h. Entrée : conducteur et son véhicule 4,50 $, si 2 pers 5,50 $ puis 0,50 $/pers supplémentaire ; 2,50 $/ piéton ou cycliste.* À mi-chemin d'Islamorada et de Marathon, ce petit coin de nature sauvage enserre une mangrove à explorer en kayak (en location) – un *canoe trail* a même été tracé. Plage de sable immaculé, mais les eaux sont vaseuses et peu profondes. On y trouve aussi le *Golden Orb Trail,* un sentier en boucle d'un peu moins de 2 km en partant du *primitive campsite.*

Curry Hammock State Park : *56200 Overseas Hwy (MM 56.2, oceanside). • floridastateparks.org/park/curry-hammock • Tlj de 8h au coucher du soleil. Quasiment les mêmes tarifs que ci-dessus. Loc de kayaks simples, doubles et de paddleboards.* Étendu sur environ 400 ha, le parc est surtout fréquenté pour sa toute petite plage retirée de la route, face à laquelle on trouve aires de pique-nique et barbecue, ainsi que des jeux pour enfants (sans oublier le camping le plus agréable des Keys ; voir « Où dormir ? »).

Sombrero Beach : *en venant du nord sur l'US 1, au niveau du MM 50, prendre Sombrero Beach Rd à gauche, juste avt le* Publix, *et la suivre tt au bout, vers le sud.* Une des rares plages publiques (donc gratuite) dans le coin ! Longue et belle, avec du sable fin et même quelques cocotiers pour se mettre à l'ombre. Éloignée de la route principale, elle est au calme. Eaux peu profondes, idéales avec des enfants. Aires de pique-nique et de jeux, toilettes, douches. Un endroit tout trouvé pour pique-niquer.

Crane Point Museum & Nature Center : *5550 Overseas Hwy (MM 50, bayside). • cranepoint.net • Lun-sam 9h-17h, dim 12h-17h. Entrée : 15 $; réduc ; gratuit jusqu'à 5 ans. Prévoir 1h30 de visite.* Ce petit bout de forêt de *key thatch palm* (une sorte de palmier de la région), subsistant en plein cœur de Marathon, abrite un petit musée d'histoire naturelle et plusieurs sentiers. On y découvre l'une des toutes 1res maisons de pionniers des Keys *(Adderley House),* typiquement bahaméenne avec ses murs en pierre de corail et sa cuisine séparée. Plus loin, le *Wild Bird Center* s'est donné pour mission de soigner les oiseaux blessés.

Turtle Hospital : *MM 48.5, 2396 Overseas Hwy. • turtlehospital.org • Tlj 9h-18h. Visites guidées de l'hôpital (obligatoires et en anglais) de 1h30, ttes les heures 9h-16h (dernier départ).* ***Résa conseillée à l'avance.*** *Entrée : 30 $; 15 $ enfants 4-12 ans.* Cet hôpital un peu particulier a ouvert ses portes au public en 1986 dans un ancien motel reconverti ! Une véritable nurserie pour ninjas de toutes les tailles et de toutes les couleurs, blessées par un filet, un hameçon ou une hélice, ou malades de la pollution (90 % des animaux traités ont des tumeurs). Leur mission : *Rescue, Rehab, Release* (« sauver, soigner, relâcher »).

FILLE OU GARÇON ?

Les tortues ont, avec les crocodiles, une particularité surprenante. Quand les femelles pondent leurs œufs, elles les enterrent dans le sable à une profondeur variable. Plus l'œuf est enfoncé, plus sa température est basse. C'est cette différence de chaleur qui détermine le sexe des petits (et non les chromosomes) ! Les mâles viennent ainsi du froid et les femelles du chaud.

LES KEYS

Le tour permet de rencontrer, selon les périodes, 3 ou 4 des 5 espèces de tortues de mer de la région (parfois jusqu'à 300 pensionnaires s'y trouvent), avec visite des urgences, de la salle d'opération et du bassin (l'ex-piscine du motel !) où les convalescentes récupèrent avant d'être relâchées. Vous assisterez d'ailleurs peut-être à l'arrivée d'une patiente en ambulance ou en hélicoptère.

Pigeon Key : *• pigeonkey.net • Accès par bateau. Rdv au Visitor Center situé 2010 Overseas Hwy (juste après l'hôtel* Courtyard Marriott *en venant du nord). Tlj 9h30-16h. Pas de résa : 1er arrivé, 1er servi. Bateaux à 10h, 12h et 14h ; retours à 12h20, 14h20 et 16h. Compter 15 $/pers ; réduc.* Au début des années 1900, l'îlot de Pigeon Key (2 ha), ancré juste à côté du Seven Mile Bridge, servit de camp aux travailleurs qui le construisaient. Désormais classés, les lieux abritent quelques bâtiments d'époque et un petit musée retraçant l'épopée du chemin de fer de Flagler. On y trouve aussi une petite plage où l'on peut faire du snorkelling (prévoir un pique-nique).

Snorkelling : à Marathon, 2 sanctuaires marins sont particulièrement dédiés à la pratique du snorkelling. Le 1er, ***Coffin's Patch,*** est situé à environ 7 km de la plage. C'est un récif corallien avec une multitude de petits poissons. Pas trop impressionnant car la profondeur varie entre 3 et 7 m ; quant à la visibilité, elle est d'une douzaine de mètres en moyenne. Le 2d spot, ***Sombrero Reef,*** est un tombant situé à environ 11 km du rivage, au niveau du phare du même nom. Là, si les conditions météo sont réunies, la visibilité peut atteindre 30 m ! Mis à part ces 2 grands spots, il existe aussi de nombreux petits récifs dispatchés un peu partout, mais l'eau n'est pas toujours très cristalline.

Pêche en mer : Marathon donne l'occasion d'appareiller pour une partie de pêche en mer. Si la pêche au gros est plutôt réservée aux amateurs confirmés, qui affréteront un bateau, on peut aussi très bien pêcher des poissons plus petits en étant totalement novice et prendre part à une sortie en groupe. Pour ça, voici 2 adresses :

■ ***Florida Keys Reel Adventures :*** *☎ 305-481-0589. • floridakeysreeladventures.com • Résa impérative. Min 750 $ pour max 4 pers pour une sortie* *de 4h ; 50 $/pers supplémentaire, max 6 pers.* Possibilité de combiner sorties pêche et snorkelling.

■ ***Marathon Lady :*** *Marathon Lady Docks-Vaca Cut Bridge (MM 53, oceanside).* ☎ *305-743-5580.* • *marathonlady.net* • *Résa impérative au min la veille. Compter 55 $ la ½ journée. 70 pêcheurs max sur le bateau.* Dorothee vous accueillera pour votre partie de pêche tout compris : permis, matériel, etc.

Plongée : le spot de Marathon est indéniablement l'épave du *Thunderbolt,* un navire de 57 m coulé volontairement en 1986 pour en faire un récif artificiel. Situé par 30 m de fond, dans une position parfaite qui permet de le voir intégralement en une seule plongée, il est couvert d'éponges colorées et de coraux, offrant refuge aux poissons-anges et autres barracudas. La poupe du navire a été coupée de manière à montrer l'intérieur de la coque, et la salle des moteurs est gardée par plusieurs mérous géants. Voici 2 ***clubs de plongée*** recommandés pour leur sérieux :

■ ***Captain Hook's Diving :*** *11833 Overseas Hwy (MM 53, oceanside).* ☎ *305-743-2444.* • *captainhooks.com* • *À gauche juste après le pont. Départs à 8h30 et 13h (se présenter 1h avt). Dès 80 $ la sortie de 4h env (matériel en sus 32 $) ; snorkelling 46 $, équipement compris. Résa de dernière mn par tél uniquement.* Membre de l'association *Blue Star,* une garantie de sérieux, ce centre de plongée organise également des sorties de pêche en mer à la demi-journée ou à la journée, ainsi que des sorties snorkelling. Il dispose de 4 instructeurs agréés. Kayaks et *paddleboards* (en sortie accompagnée seulement).

■ ***Hall's Diving Center :*** *5050 Overseas Hwy (MM 49.8, bayside).* ☎ *305-743-5929.* • *hallsdiving.com* • *Tlj à 9h30 et 13h30 (comprend 2 plongées par session, se présenter 30 mn avt). Compter 130 $ la plongée avec équipement (90 $ sans).* Une institution dans le coin.

Survol des Keys : ***Coastal Biplane,*** *à l'aéroport de Marathon (MM 52.3, bayside).* ☎ *843-340-5079.* • *coastalbiplanetours.net* • *Nov-avr seulement, 10h-17h. Vols 10 mn-1h 120-660 $ pour 1 ou 2 pers.* Le biplan utilisé date de la Seconde Guerre mondiale et permet de s'offrir une vue plongeante sur le Seven Mile Bridge et les récifs coralliens. C'est beau mais, pour en profiter un minimum, il faut compter au moins 200-300 $ (jusqu'à Pigeon Key et voir le phare de Sombrero). Sur place, petit musée de l'aviation géré par des retraités passionnés *(mar-sam 10h-16h, dim 13h-16h ; fermé lun ; GRATUIT).*

BIG PINE – LOWER KEYS

Plus basses, plus vastes, plus nombreuses, plus déchiquetées, les ***îles des Lower Keys*** offrent le visage le plus naturel de l'archipel. Exit les constructions tout au long de la route, bonjour la verdure ! La raison ? La présence d'eau potable et de sources pérennes à Big Pine Key et No Name Key. Malgré son développement depuis 2 décennies dans le sillage de l'envolée des prix de l'immobilier à Key West, Big Pine tient encore un peu de la carte postale qui a bâti l'image des Keys, avec ses petites maisons de bois bordant pontons et canaux et ses tapis de gazon bien arrosés qui attirent, chaque soir, les mignons petits cerfs des Keys *(Key deer)* – une espèce endémique. Une petite base nautique située au pied du pont menant à No Name Key est l'endroit idéal pour partir, en kayak, à la découverte de la mangrove au coucher du soleil.

CONCERT SOUS-MARIN

Un festival sous-marin a lieu chaque année depuis plus de 30 ans vers la mi-juillet, à Big Pine Key. De la musique est diffusée via des haut-parleurs subaquatiques, pour sensibiliser les plongeurs à la protection de l'unique barrière de corail vivant des États-Unis.

Adresse utile

Lower Keys Chamber of Commerce : *31020 Overseas Hwy (MM 31, oceanside), à Big Pine Key.* • *lowerkeyschamber.com* • *Tlj sauf dim 9h-17h (15h sam).* Infos sur les activités et hébergements du coin.

Où dormir ?

Bahia Honda State Park : *36850 Overseas Hwy (MM 37, oceanside), à* ***Bahia Honda Key.*** *☎ 305-872-2353.* • *reserveamerica.com* • *Emplacement env 45 $.* ***Résa vivement conseillée,*** *possible 11 mois à l'avance.* Ce joli petit parc dispose de petits terrains de camping. Le plus agréable, ***Sandspur Campground,*** situé en bord de mer, sérieusement amoché par l'ouragan Irma, devrait rouvrir prochainement. Restent le ***Buttonwood Campground,*** un peu trop près de la route à notre goût et surtout squatté par les camping-cars, et le ***Bayside Campground,*** côté golfe du Mexique, donc de l'autre côté de la route et un peu proche de celle-ci aussi.

Barnacle Bed & Breakfast : *1557 Long Beach Rd, à Big Pine Key. ☎ 305-872-3298.* • *thebarnacle.net* • *Doubles 185-265 $, petit déj inclus. Min 2 nuits.* ***Pas d'enfants de moins de 16 ans...*** Les options de logement à Big Pine sont très limitées et pas vraiment bon marché, mais cela reste envisageable, surtout en basse saison (de juin à mi-décembre). 3 chambres, 2 dans la maison à l'architecture biscornue pratiquement les pieds dans l'eau, une autre dans un cottage séparé noyé dans la végétation. Propres, pas désagréables, avec en prime, *oh my deer,* de petits cerfs des Keys qui viennent batifoler dans le jardin le matin et le soir ! Kayaks et vélos en prêt.

Old Wooden Bridge Marina & Resort : *1791 Bogie Dr, à l'angle de N Watson Blvd. ☎ 305-872-2241.* • *oldwoodenbridge.com* • *Dans la petite marina juste avt le pont qui relie Big Pine à No Name Key. Aqualodges pour 6 adultes et 2 enfants 160-230 $/j. ; 150-210 $/j. pour les grands cottages, 135-195 $/j. pour les petits. Min 2 nuits.* Amarrés près du centre de kayak, 2 *aqualodges* (sortes de cottages flottants) pouvant accueillir chacun 6 adultes et 2 enfants, avec cuisine tout équipée, 2 lits *queen* dans 2 chambres séparées, une mezzanine pour 2 et un *sofa-bed.* Terrasse pour regarder les bateaux. Petite piscine juste à côté. Le proprio loue aussi 2 cottages sur la terre ferme à 2 pas de là, l'un avec 1 chambre, l'autre avec 2. Un bon camp de base pour les amateurs de virées en kayak.

LES KEYS

Où prendre un petit déj ? Où manger ? Où boire un verre dans les parages ?

Bagel Island Sandwich Shoppe : *Key Deer Blvd. Dans le centre commercial* Winn Dixie *(local 205). Tlj sauf dim-lun 7h-14h. Petits déj 5-8 $.* Pour un petit déj sur le pouce ou un en-cas en passant, vous trouverez ici bagels frais du jour, muffins et croissants, œufs et gaufres, mais aussi, le midi, des salades et des sandwichs préparés à la commande.

No Name Pub : *30813 N Watson Blvd, à Big Pine Key. ☎ 305-872-9115. Tlj 11h-22h. Salades 10-15 $; pizzas 12-27 $ selon taille.* Il se mérite, ce bar tout en bois planqué bien en retrait de la *highway.* Les gens du coin y jettent l'ancre depuis 1936. Ce fut d'abord une épicerie, avec bordel à l'étage... Au menu, rien que du très classique : salades, *nachos* pimentés à souhait et des pizzas très *cheesy.* Mais le plus hallucinant, ce sont ces 450 000 billets de 1 $ punaisés du mur au plafond ! Demandez un feutre pour personnaliser le vôtre et l'agrafer, si vous trouvez la place !

Kiki's Sandbar Bar & Grill : *183 Barry Ave, à* ***Little Torch Key.*** *☎ 305-872-4500. Prendre la 1re rue à droite après le pont venant de Big Pine Key, c'est à 200 m. Tlj 11h-minuit (cuisine jusqu'à 22h). Brunch et salades 10-15 $; le soir, plats 17-32 $.* Grosse bicoque en bois dont l'étage surplombe les flots. Un panorama en cinémascope à admirer au travers de larges baies vitrées. Les amateurs de brise marine resteront au rez-de-chaussée, dans un espace aménagé sous la maison, pratiquement sur la plage. Il y a même des hamacs. L'endroit idéal pour s'installer devant un verre ou grignoter sandwichs, salades, plats du jour au déjeuner. Le soir, c'est plus cher et ça ne les vaut pas vraiment. *Live music.*

À voir. À faire

Bahia Honda State Park : *36850 Overseas Hwy (MM 37, oceanside). ☎ 305-872-3210 (tours, loc) ou 305-872-2353 (camping). • floridastateparks.org/park/bahia-honda • Tlj de 8h au coucher du soleil. Entrée : conducteur et sa voiture 4,50 $, si 2 pers 9 $ puis 0,50 $/pers supplémentaire ; 2,50 $/piéton ou cycliste.* Ce petit parc occupe l'intégralité de l'île du même nom, grande comme un mouchoir de poche (2 km²). C'est la 1re sur laquelle on débarque en descendant du Seven Mile Bridge. Au nord, la bronzette est à l'ordre du jour sur le sable clair de *Sandspur Beach* **(accès fermé jusqu'à nouvel ordre).** En attendant sa réouverture, on peut se prélasser sur *Calusa Beach,* côté golfe du Mexique. Le snorkelling est excellent : on peut observer pas mal de poissons et coraux, parfois même des langoustes et des conques par moins de 2 m de fond – idéal avec les enfants ! Le concessionnaire du parc *(☎ 305-872-3210 ; • bahiahondapark.com • ; tlj 8h-17h, loc jusqu'à 15h30)* loue palmes, masque et tuba, ainsi que des kayaks. Il propose des sorties snorkelling d'environ 3h (1h30 dans l'eau) dans le Looe Key National Marine Sanctuary, à 9h30 et 13h30 *(résa conseillée).* Enfin, les rangers organisent des promenades commentées à la découverte de la mangrove. Petite cafétéria sur place *(tlj 8h-17h).*

Key Deer National Wildlife Refuge : *Visitor Center (lun-sam 10h-15h) au 179 Key Deer Blvd, à Big Pine Key. • fws.gov/refuge/National_Key_Deer_Refuge/ • Parc ouv tlj de 30 mn avt le lever du soleil à 30 mn après son coucher. Accès GRATUIT.* En remontant le Key Deer Boulevard sur environ 5 km depuis la *highway,* on rejoint le site du ***Blue Hole,*** un petit lac d'eau douce. Aux côtés de gros poissons-chats, quelques alligators y habitent (2 semblent même abonnés à la 1re plateforme d'observation !) et des balbuzards pêcheurs nichent dans les pins qui l'encadrent.

En reprenant le boulevard sur quelques centaines de mètres, on atteint le départ de 2 petits chemins aménagés : les ***Watson*** et ***Manillo Trails,*** émaillés de panneaux explicatifs sur la géologie, la flore, la faune. Bien lire le panneau concernant le *poison tree* (on traduit ?). Un peu partout sur Big Pine Key, mais aussi sur No Name Key, et surtout aux heures fraîches où le soleil se lève ou se couche, il est assez facile d'observer des ***Key deers.*** Ce ravissant petit cerf endémique, aux airs de daim, mesure au mieux 75 cm au garrot pour un poids de 20 à 35 kg. Sa population est estimée à un petit millier d'animaux, dont plus d'une centaine meurent, chaque année, d'une collision avec un véhicule. Alors, attention, roulez au pas !

➢ **Big Pine Kayak Adventures :** *1791 Bogie Dr, à l'angle de N Watson Blvd. ☎ 305-872-7474. • keyskayaktours.com • Dans la petite marina située juste avt le pont qui relie Big Pine à No Name Key. Tlj 8h30-17h. Tour découverte en kayak env 50 $/pers (durée : 3h) ; loc seule 35 $/j.* Une petite base nautique gérée par Bill, guide naturaliste et photographe professionnel, installé ici depuis des lustres. Il

LES KEYS

connaît les Keys comme sa poche et ses circuits tiennent compte d'une approche mesurée et respectueuse de l'environnement. Mention spéciale au tour en kayak dans la mangrove effectué au coucher du soleil. Loue aussi des kayaks pour ceux qui voudraient explorer le coin par eux-mêmes.

KEY WEST

• Pour les plans de Key West, se reporter aux plan d'ensemble et zoom détachables en fin de guide.

Point final de l'*Overseas Highway,* ***à 240 km au sud-ouest de Miami,*** la légendaire Key West pointe à l'extrême sud des États-Unis, à seulement 145 km de Cuba. Cette charmante petite ville est aux antipodes de l'architecture américaine habituelle : ici, pas de rue portant uniquement un triste numéro, pas de grands immeubles – ou si peu. Partout, au contraire, des arbres centenaires, des jardins foisonnants où prospèrent bouquets d'hibiscus, orchidées, bougainvillées, palmiers et autres tulipiers aux énormes fleurs rouge orangé, des habitants qui préfèrent la bicyclette à la voiture...

Key West ne grandira plus : ***les nouvelles constructions y sont interdites.*** Au centre, nostalgique à souhait, les rues sont bordées de maisons en bois de style caraïbe, impeccablement entretenues, toutes blanches ou bien peintes en rose, en bleu ciel, en vert menthe à l'eau. Toutes différentes, ces vieilles dames bordées de fins lambrequins dentelés, aux allures tantôt victoriennes, tantôt bahaméennes, constituent un ***ensemble d'une extraordinaire homogénéité.*** À cela s'ajoutent des jardins tout aussi soigneusement entretenus, garnis d'arbres et plantes exotiques. Une belle carte postale !

HUMOUR NOIR

Fondé en 1847, le cimetière de Key West a vu passer bien des cortèges funèbres, dont quelques excentriques. Un certain Jose Abreu a inscrit sur sa pierre tombale ses 17 surnoms : Nuts *(cinglé),* Baldy *(crâne d'œuf)... Certaines épitaphes valent aussi leur pesant d'or :* « I told you I was sick ! » *(« je t'avais dit que j'étais malade ! »). Plus loin, une veuve a fait inscrire ces lignes :* « At least, I know where he's sleeping tonight. »

Certaines demeures ont appartenu à des personnages illustres, le plus célèbre étant ***Hemingway,*** bien sûr ! Entre 2 voyages, de fréquentes sorties en mer et un nombre incalculable de daiquiris (les fameux « *Papa Doble* »), l'écrivain turbulent rédigea dans son pigeonnier certains de ses romans les plus célèbres : *Pour qui sonne le glas, L'Adieu aux armes, Les Neiges du Kilimandjaro,* entre autres. « Papa » Hemingway écrivit son 1er récit de fiction à l'âge de 10 ans ! Le carnet contenant la nouvelle a été retrouvé ici, en 2017. Aujourd'hui, Key West vit à son heure, avec sa maison-musée, son concours annuel de nouvelles et de sosies, et ses 2 bars fétiches... Là, le soir, autour de Duval Street, les familles cèdent la place aux fêtards. Les ruelles s'imbibent de rock, blues et country live, à l'heure où les *easyriders* garent leur Harley pour venir s'humecter la glotte à la bière.

Bout de route, ultime dérive, Key West est aussi un refuge. Nombre d'***artistes*** et de marginaux en ont fait leur bastion. La ***communauté LGBT*** y possède sa propre église où officient un pasteur et son mari.

Bien sûr, Key West est ultra-touristique. En saison, les prix sont délirants et la foule est garantie les week-ends. On vous conseille néanmoins de prévoir au moins 2-3 jours sur place pour bien profiter de ce patrimoine unique aux États-Unis.

UN PEU D'HISTOIRE

En ***1513,*** les conquistadors débarquent sur une île déserte, où ils découvrent un grand cimetière indien : la voici baptisée *Cayo Hueso* (l'« île aux Ossements ») – un nom que les Américains transformeront en Key West.

L'île, un temps britannique (1763-1783), redevient espagnole – mais sans jamais être vraiment gouvernée par quelque puissance que ce soit. Il faut attendre la ***vente de la Floride aux États-Unis (1819)*** pour voir les choses changer. Un commodore de l'US Navy en prend officiellement possession en 1822. Une importante ***population en provenance des Bahamas,*** les *Conchs,* s'y installe pour exploiter les éponges et le sel marin. Par ailleurs, le renflouage des épaves devient vite une activité très lucrative (voir encadré).

Le port en eau profonde, véritable clé stratégique sur le détroit de Floride (on parle du « Gibraltar de l'Ouest »), est investi par la marine américaine pour tenter de juguler la piraterie qui sévit dans toute la Caraïbe. En 1864, la fabrique de cigares de Vincente Martinez Ybor quitte Cuba pour Key West. Des dizaines l'imiteront dans les années qui suivent, marquées par les combats cubains pour l'indépendance. L'***industrie du tabac*** apporte du sang neuf à la ville et, bientôt, 166 fabriques y produisent près de 100 millions de ***cigares,*** contribuant à la prospérité ambiante. Durant la guerre de Sécession, Key West reste aux mains de l'Union, malgré ses sympathies sudistes.

Un nouveau chapitre de l'histoire des Keys s'ouvre avec l'arrivée de ***Flagler*** et de son projet de ***chemin de fer.*** Mais un ouragan dévaste l'archipel à l'automne 1935, emportant de nombreux ponts.

La ville, en partie désertée depuis les années qui ont suivi la crise de 1929, tombe dans une certaine léthargie. L'inauguration de l'***Overseas Highway en 1938*** renverse la vapeur, transformant peu à peu l'île en ***centre de villégiature pour artistes et écrivains.*** Hemingway puis Tennessee Williams s'y installent, contribuant à enraciner le mythe de la vie au grand air.

Key West devient touristique. Le président Truman y installe sa « petite maison blanche », les Beatles viennent s'y ressourcer en 1964 après leur tournée triomphale aux États-Unis, et le commun des mortels doté d'un certain pouvoir d'achat leur emboîte le pas. Aujourd'hui, Key West doit son développement au secteur touristique, la ville étant devenue aussi une escale de choix pour les grands navires de croisière.

PILLEURS D'ÉPAVES

Ici, autrefois, on était spécialisé dans la récupération des épaves. Lorsqu'on en découvrait une, il suffisait de s'écrier « wreck ashore » pour en devenir propriétaire ! Vers le milieu du XIXe s, le développement du commerce maritime dans le golfe du Mexique vit de plus en plus de navires s'échouer sur les dangereux récifs du Florida Reef. Bientôt, le port de Key West compta une cinquantaine de bateaux officiellement habilités à conduire des opérations de récupération. Les précieuses cargaisons (bois, coton, argent) transformaient les pilleurs en nantis. Un temps, Key West fut même la plus grande et la plus riche ville de Floride !

Arriver – Quitter

✈ ***Key West International Airport*** *(plan détachable Key West, C2)* **:** *3491 S Roosevelt Blvd, au sud-est de l'île.* • *eyw.com* • Desservi par de nombreuses compagnies *(Delta, American Airlines, United).* Sur place : distributeur de billets, agences de location de voitures, etc.

Key West Transit : • *kwtransit.com* •

➢ ***Pour le centre de Key West :*** avec la ***South line*** (arrêt côté aéroport), tlj, ttes les 1h30 env, 6h30-19h30. Une option assez longue ; on fait le tour de Stock Island à l'est, avant de rejoindre le centre-ville, tlj 6h39-22h08, mêmes fréquences.

➢ ***Pour Big Pine Key et Marathon :*** voir « Arriver – Quitter » au début du chapitre des Keys.

Greyhound *(plan détachable Key West, C2) : 3535 S Roosevelt Blvd, à l'aéroport (bureau 104). • greyhound.com • Tlj 7h30-11h, 16h30-18h.*

➢ Départs tlj pour ***Miami*** à 8h30 et 17h45.

Adresses et info utiles

Informations touristiques et services

Key West Chamber of Commerce *(zoom détachable Key West, A1,* ***1****) : 510 Greene St, dans l'Old City Hall (1er étage). • keywestchamber.org • Tlj 8h (9h w-e)-17h.*

Key West Business Guild & Visitor Center *(zoom détachable Key West, A2,* ***2****) : 808 Duval St. • gaykeywestfl.com • Tlj sauf dim 9h-17h.* Bureau de promotion et d'infos touristiques du *Gay Key West.*

– ***Key West Vacation Pass :*** *• keywestvacationpass.com •* Vendu au prix de 55 $, ce *pass* donne droit à des réductions du type « 2 pour le prix de 1 » (dans certains musées, restos et attractions). Il est surtout utile pour qui prévoit des excursions. Attention, non valide les jours fériés. Il faut obligatoirement l'acheter en ligne à l'avance et n'existe pas en version numérique ; pour les étrangers, une seule solution : se le faire livrer à une adresse locale (son hôtel par exemple).

Lower Keys Medical Center *(hors plan détachable Key West par D1,* ***3****) : 5900 College Rd, sur* ***Stock Island,*** *l'île voisine. ☎ 305-294-5531. • lkmc.com •*

Supermarchés

Publix *(plan détachable Key West, C1,* ***4****) : 3316 N Roosevelt Blvd, au Searstown Shopping Center. Tlj 7h-22h. Pharmacie : lun-ven 9h-21h, sam 9h-19h, dim 11h-18h.* On y trouve absolument de tout, à des prix vraiment plus abordables qu'au centre-ville. Également un rayon traiteur idéal pour se confectionner un pique-nique.

Fausto's Food Palace *(plan détachable Key West, B2,* ***5****) : 1105 White St. Tlj 7h30-20h (19h dim). Autre adresse au 522 Fleming St.* La famille Fausto œuvre à Key West depuis 1926 ! Tout pour s'approvisionner ou se concocter un pique-nique. Rayon traiteur.

Circuler à Key West

Ici, tout le monde circule à pied, à vélo ou en voiturette de golf, ce qui rend l'ambiance encore plus agréable.

Location de vélos, scooters et voiturettes électriques

■ ***Eaton Bikes*** *(zoom détachable Key West, A1,* ***6****) : 830 Eaton St. ☎ 305-294-8188. • eatonbikes.com • Lun-sam 8h-18h, dim 8h-12h. Selon modèle, env 18-20 $ pour 24h (casque et antivol inclus).*

■ ***Conch Electric Cars of Key West*** *(zoom détachable Key West, A1,* ***7****) : 100 Grinnel St, au Ferry Terminal. ☎ 305-294-0995. • conchelectriccars.com • Tlj 9h-17h. À partir de 180 $ le véhicule 2 places pour 8h.*

– Par ailleurs, de nombreux hôtels et *guesthouses* proposent la location de vélos.

Bus réguliers et touristique

City Routes : *• kwtransit.com • Tlj, ttes les 1h30-2h, 5h-21h env. Ticket : 2 $ le trajet, 4 $/j. ou 8 $/sem.* 2 lignes municipales (bon marché) sillonnent Key West et font le tour de Stock Island, ainsi que la ***Duval Loop,*** bus touristique gratuit qui fait le tour du centre *(fonctionne tlj 6h-minuit ; ttes les 30 mn 6h-10h, ttes les 15 mn le reste*

LES KEYS

du temps). Il dessert les principaux centres d'intérêt.

Voiture

– À noter : distance oblige, l'***essence*** est plus chère à Key West ; pensez à faire le plein auparavant, sur la route des Keys.

🅿 ***Stationnement :*** attention, les ***hôtels*** facturent cher le stationnement. En ville, on trouve ***parkings et parcmètres,*** mais ils sont loin d'être bon marché *(jusqu'à 5 $/h en centre-ville).* À 300-400 m du centre, c'est gratuit, comme sur Truman Avenue : profitez-en ! Faites en revanche très attention aux zones « *Residential parking only* ».

– À savoir : un ***parking municipal*** se situe à l'angle de Grinnell et Caroline Streets *(plan détachable Key West, B1 ; tarif : 4 $/h, max 32 $ pour 24h ; fonctionne en libre-service 24h/24).* Le ticket donne droit à un transfert gratuit par le *City Bus* pour tous les passagers du véhicule (départ au coin de la rue) ; cela dit, Duval n'est qu'à 5-10 mn à pied.

Où dormir ?

Autant le savoir, ***la vie à Key West est très chère, surtout le week-end et en saison,*** de Noël à Pâques. Certes, les ***guesthouses de charme*** occupent de jolies maisons coloniales, mais cela a un prix ! Tarifs adoucis de mai à octobre, hormis les longs week-ends fériés, où ils s'envolent ! Pour les budgets ric-rac, pas vraiment de solution, si ce n'est de voyager à 4 et de dormir dans une chambre à 2 lits doubles pour minimiser le coût. ***En haute saison et le week-end, réservation indispensable*** pour ne pas vous retrouver le bec dans l'eau.

Enfin, de nombreuses adresses parmi les plus chics ***refusent les enfants de moins de 12, 14, ou même 18 ans,*** pour préserver la tranquillité des hôtes (sic !) ; et tant que faire se peut, nous recommandons dans ces pages plutôt des hébergements ouverts à tou(te)s.

Camping et auberge de jeunesse

⛺ ***Boyd's Key West Campground*** *(plan détachable Key West, D1,* ***20****) :* *6401 Maloney Ave, sur* ***Stock Island,*** *l'île juste à l'est de Key West. ☎ 305-294-1465. • boydscampground.com • Emplacements 69-87 $.* Emplacements pour tentes riquiqui, peu (ou pas) ombragés et sans intimité. Une grande partie du terrain est dévolue aux camping-cars. Piscine chauffée et épicerie. Pour le centre-ville, les 4 lignes du *City Bus* passent à proximité, mais vous n'y passerez pas vos vacances.

🏠 ***Not Your Average Hotel*** *(zoom détachable Key West, A1,* ***21****) : 420 Margareth St. ☎ 844-399-6924. • nyahostel.com • Lits en dortoir 4-6 pers 45-200 $, petit déj compris.* Resort fee *3 $/nuitée.* Une AJ idéale pour faire des rencontres. Côté confort intérieur, c'est plutôt correct, pour peu qu'on aime les lits métalliques superposés et le blanc-hôpital. La plupart des dortoirs sont transformables en chambre privée moyennant quelques assemblages de lits, mais ce n'est pas très glamour. Non, la vraie différence ici, ce sont les extérieurs, avec un *courtyard* bien ensoleillé, idéal pour la bronzette, pas moins de 3 piscines (dont une chauffée) et un *hot-tub.* Café et thé à dispo 24h/24, location de vélos et tout un programme de réjouissances affiché à la réception. Une adresse jeune et dynamique.

De prix moyens à chic (115-300 $)

🏠 ***Key West B & B*** *(zoom détachable Key West, A1,* ***22****) : 415 William St. ☎ 305-296-7274. • keywestbandb.com • Doubles 115-165 $ sans sdb, 145-285 $ avec, petit déj inclus.* Dans une rue tranquille, voilà une vénérable demeure tout en bois, construite en 1898 par un armateur bahaméen. Les chambres, calmes, mignonnettes et patinées, mêlent l'esprit vieux loup de mer à quelques toiles contemporaines. La plupart n'ont qu'un seul lit *queen*, certaines 2 – comme celle du rez-de-chaussée au grand tableau à la Gauguin –, d'autres se partagent la salle de bains. Des bouquins jetés sur le sofa, un hamac sur le balcon, ici, on aime se laisser vivre. D'ailleurs Lise (sud-africaine), la maîtresse des lieux, est aux petits soins pour ses hôtes, comme au petit déj, servi avec moult fruits et tartines au bord de la petite piscine, dans le jardin. Sauna.

Author's Guesthouse *(plan détachable Key West, B1, **23**) : 725 White St. ☎ 305-294-7381. • authors keywest.com • Doubles 140-210 $; cottages plus chers ; petit déj continental inclus. On se gare dans la rue.* Un peu à l'écart de l'animation, cet ensemble assez intime propose une dizaine de chambres pour 2 à 4 personnes et 2 cottages donnant sur un petit jardin dominé par un banian et un araucaria. Même si toutes ne se valent pas, elles sont assez bien décorées, avec 1 ou 2 lits doubles ou un *king size*, et parfois un sofa convertible (dans les cottages). Toutes ont un frigo, certaines un micro-ondes, voire une cuisine. 2 d'entre elles donnent, à l'arrière, sur une petite piscine à remous. Excellent accueil.

Angelina Guesthouse *(zoom détachable Key West, A2, **24**) : 302 Angela St. ☎ 305-294-4480. • angelinaguest house.com • Doubles 120-150 $ avec sdb partagée, 180-250 $ tt confort, petit déj inclus. Min 2 nuits. **Interdit aux moins de 18 ans.*** Cette belle maison *conch* peinte en jaune abrite de belles chambres (dont une suite) aux tons pastel. Claires et coquettes, avec parquet, leur nom (« Susie », « Dolly »...) fait référence aux filles qui faisaient ici commerce de leur corps dans les années 1920... 4 partagent 2 salles de bains, les autres ont la leur, ainsi qu'un frigo et un micro-ondes. Une petite piscine chauffée entourée de chaises longues occupe l'adorable jardinet ombragé de palmiers. Une bonne adresse.

Douglas House *(zoom détachable Key West, A2, **25**) : 419 Amelia St. ☎ 305-294-5269. • douglashouse.com • Doubles 140-250 $. Pas de petit déj. Parking privé inclus. **Moins de 16 ans refusés.*** Véritable oasis en plein cœur de la ville, cette petite unité hôtelière entièrement en bois dispose d'une quinzaine de chambres et 5 apparts (avec 2 chambres ou couchages dans le living). Les moins chères sont à l'étage (sans balcon), certaines sont assez hautes sous plafond, d'autres sont ventilées par un gros brasseur d'air. Déco minimaliste qui reste dans l'esprit *West Indies*. Le tout bien au calme, dans le jardin, autour de la piscine (chauffée) et de son petit bar. Thé ou café à dispo. Bon accueil.

De chic à plus chic (150-360 $)

Best Western Hibiscus Motel *(zoom détachable Key West, B2, **26**) : 1313 Simonton St. ☎ 305-294-3763. • bestwestern.com • Doubles 160-390 $, petit déj inclus. Parking gratuit.* Idéalement placé, un motel classique avec des chambres réparties en U sur 2 niveaux, entourant la piscine pour la grande majorité d'entre elles. Comme la plupart sont dotées de 2 lits *queen*, on peut indifféremment y dormir à 2, 3 ou 4, ce qui est intéressant pour les familles. Côté confort, rien à redire, les chambres sont grandes, bien insonorisées, avec frigo, machine à café et micro-ondes. Personnel avenant.

Old Town Manor *(zoom détachable Key West, A1, **27**) : 511 Eaton St. ☎ 305-292-2170. • destinationold town.com • Doubles 160-350 $, petit déj compris ; suites et apparts (sans petit déj pour ces derniers). Min 2 nuits. Parking payant.* Ce *B & B* occupe une maison certes patinée et sans double vitrage, mais très élégante, entourée d'un petit jardin. On y trouve des chambres confortables aux belles salles de bains, avec DVD en prêt. Les hôtes ont accès à la piscine des *Rose Lane Villas*, qui comptent 6 apparts de 1 à 3 chambres (et un parking réservé). Bon accueil.

Duval Gardens *(zoom détachable Key West, A2, **28**) : 1012 Duval St. ☎ 305-292-3379. • duvalgardens.com • Doubles 180-330 $ (jusqu'à 400 $ le w-e), petit déj continental*

LES KEYS

inclus. Encore une maison caraïbéenne, jaune citron aux corniches rehaussées de blanc et au plafond de la galerie couleur vert d'eau. Mimi comme tout. Ses petites chambres flirtent avec le style Laura Ashley (lit à baldaquin, voilages...) ; elles sont charmantes, parfaitement tenues et tout confort (petit frigo, TV), malgré la clim un peu bruyante. Les plus chères sont plus spacieuses ; l'une d'elles dispose même d'une vraie cuisine. Petite piscine. Choisir celles donnant sur Julia Street, plus calmes.

Atlantis House *(plan détachable Key West, B2,* ***29****) : 1401 Atlantic Blvd. ☎ 305-292-1532. • atlantishouse.com • Doubles 250-350 $. Min 3 nuits, sauf exceptions.* Installés à l'orée de Higgs Beach, Steve et Nilüfer (alias Kayla) ne disposent que de 2 chambres décorées de façon très personnalisée, et chacune dotée d'un jacuzzi. La « Garden Suite », la plus petite (32 m^2 !), tire sur le kitsch orientalisant. La « Master Suite » (56 m^2 !) n'est pas en reste avec son plafond haut de 5 m et ses couleurs pétulantes. Le vrai plus ici, c'est que *captain* Steve propose des sorties en mer : découverte du milieu naturel, plongée, snorkelling ou pêche – il se fera un plaisir, au retour, de vous préparer votre prise.

The Inn on Fleming *(zoom détachable Key West, B1,* ***30****) : 1016 Fleming St. ☎ 305-294-4043. • theinnonfleming.com • Doubles 160-360 $, petit déj inclus.* Cette maison de bois bâtie en 1894 abrite une grosse poignée de chambres et suites (prix très proches). De tailles inégales (certaines sont vraiment petites), toutes sont bien équipées (frigo, machine à café) et décorées de couleurs tendance qui mettent en valeur des œuvres d'artistes. À l'arrière, agréable terrasse et petite piscine chauffée. Bon accueil.

Travelers Palm Inn & Suites *(zoom détachable Key West, B2,* ***31****) : 815 Catherine St. ☎ 305-304-1751. • travelerspalm.com • Suites et studios 220-370 $. Parking.* ***Moins de 16 ans non acceptés.*** Dans un quartier tranquille, à 5 mn à pied de Duval Street, un joli petit ensemble de 6 suites noyées dans la végétation tropicale. Une formule originale et écolo (eau chaude solaire, récupération des eaux de pluie). Certaines possèdent une kitchenette (« Sugar » et « Coconut Palm »), la plus grande (« Royal Palm ») une vraie cuisine, les autres au moins un frigo et un micro-ondes. Belle petite piscine chauffée. On se gare dans la rue.

De plus chic à très chic (min 250 $)

Marquesa Hotel *(zoom détachable Key West, A2,* ***32****) : 600 Fleming St (angle Simonton). ☎ 305-292-1919. • marquesa.com • Doubles à partir de 250 $. Parking payant.* ***Pas d'enfants de moins de 14 ans.*** L'adresse chic emblématique de Key West. Les différentes unités se répartissent entre la bâtisse historique (donnant sur un jardin fermé comprenant 2 piscines, l'une chauffée, l'autre non) et une nouvelle extension en face, composée de 3 petits bâtiments, ***Marquesa 1-4-1.*** Ici aussi les *guests* ont leur piscine mais ils peuvent également profiter des 2 autres. Les chambres arborent un style caraïbe chic d'un goût exquis, entre parquet vitrifié, mobilier ancien et lampes contemporaines, stores vénitiens et gros ventilos. Tout est soigné, impeccable et d'un accueil cousu main. Le **Cafe Marquesa** *(zoom détachable Key West, A1 ; tlj 17h30-22h ; plats 35-50 $)* est l'une des tables les plus cotées de tout Key West.

The Southernmost House *(zoom détachable Key West, A2,* ***33****) : 1400 Duval St. ☎ 305-296-3141. • southernmosthouse.com • Doubles et suites env 300-540 $, petit déj continental inclus. Parking payant.* ***Moins de 18 ans non acceptés.*** Cette remarquable maison victorienne édifiée en 1897 dans le pur style Queen Anne (et électrifiée par Thomas Edison *himself*) accueillit un *speakeasy* pendant la Prohibition (ces bars clandestins où l'alcool coulait à flots). En route vers La Havane, de nombreux gangsters de l'époque ont fait escale ici, dont Al Capone – à qui, dit-on, était destinée la balle qui a laissé un petit trou dans la fenêtre située à gauche derrière la réception. D'autres personnalités ont fréquenté ces lieux : Hemingway encore et toujours, Tennessee Williams, Truman Capote et pas moins de 5 présidents américains. Aujourd'hui reconvertie en hôtel de luxe, la maison abrite des chambres aménagées dans un style colonial assez épuré, avec lits à baldaquin, fenêtres à jalousie et de spacieuses salles de bains en marbre. Certaines ont conservé leurs sols en *terrazzo,* d'autres ont un parquet ou juste du carrelage moderne. Les n°s 201 et 301, avec leur balcon, offrent de superbes vues sur l'océan. Attention, quitte à payer une fortune, de ne pas vous faire refiler une des chambres de l'annexe et autres *cabañas* bordant la piscine.

Où manger ? Où prendre un petit déj ?

Pour manger comme pour dormir, Key West est une ville très touristique et **chère** ; forcément, le rapport qualité-prix s'en ressent. Cela dit, on trouve aussi un panel de petits établissements qui pratiquent des prix raisonnables. Côté spécialités locales, ne manquez pas les 2 grands classiques du lieu : la chaudrée de conques ***(conch chowder)*** et la tarte au citron vert ***(Key lime pie).***

– ***À noter :*** certains restos sont fermés en septembre (saison creuse).

LES KEYS

Sur le pouce

Eaton Street Seafood Market *(zoom détachable Key West, A1,* ***43****)* ***:*** *801 Eaton St. ☎ 305-295-3474. Tlj 11h-21h. Sandwichs et plats 13-20 $.* Cette ancienne station-service Art déco a laissé la place à un fast-food de poisson assez atypique. On vous prépare ici la pêche du jour, et quand il n'y en a plus, il n'y en a plus ! C'est comme les tables, aussi rares que prisées : il faut parfois consommer au minuscule comptoir ou emporter sa commande. Thon, homard et ceviche (du poisson cru mariné) sont à l'honneur, simplement servis dans des corbeilles en plastique. Du frais sans se ruiner. Bonne pêche.

B.O.'s Fish Wagon *(zoom détachable Key West, A1,* ***48****)* ***:*** *801 Caroline St. ☎ 305-294-9272. Tlj 11h-21h30 (en général). Plats 15-21 $.* En bout de parking, une baraque de bric et de broc où le service se limite à sa plus simple expression : couverts en plastique et barquettes en carton. Tout est frit ici, ou presque. N'empêche, le *B.O.'s* est un grand classique avec ses sandwichs au poisson du jour ou aux *cracked conchs* – un lamellé de conque frit entre 2 bonnes tranches de pain à la cubaine. Copieux. Le vendredi, *jam session.*

Garbo's Grill *(zoom détachable Key West, A1,* ***50****)* ***:*** *409 Caroline St (pas de numéro visible, entre le 407 et un parking). ☎ 305-304-3004. Tlj 11h (12h dim)-22h. Plats 9-15 $.* Un mini-*food truck* argenté façon baraque à frites ; une poignée de tables partagées avec le bar du voisin où l'on commande d'ailleurs sa boisson ; l'ombre de grands palmiers ; un gars aux fourneaux et 2 filles gouailleuses en devanture. Les *burritos* et tacos du jour ne manquent pas d'allure – au *mahi-mahi* (poisson) avec mangue et *jalapeño,* au BBQ coréen, aux crevettes marinées à la mangue, au gingembre et au piment *habanero... Live music* le soir, et c'est généralement de qualité car le patron est exigeant.

Ana's Cuban Cafe *(zoom détachable Key West, B2,* ***44****)* ***:*** *angle South St et Simonton St. ☎ 305-916-5580. Tlj 7h-19h. Petit déj et sandwichs 7-11 $.* Cette terrasse étire sa longue galerie sur rue(s) à quelques pas de Duval Street, et déjà les prix sont à marée basse. On se pose sur des bancs et tables en bois jaune citron, sandwich cubain en main. Gras ce qu'il faut. Les garnitures sont également proposées en plats principaux, à manger avec des couverts en plastique.

Key West Cuban Coffee Shop *(zoom détachable Key West, A2,* ***52****)* ***:*** *517 Truman Ave. ☎ 305-440-2452. Tlj 8h-17h. Sandwichs 9-16 $; lunch special 14 $.* Un petit rade avec plein de références à La Havane où s'active un couple de Cubains pour produire *picadillos, arroz con pollo* et autres *moros* *y cristianos* (riz blanc et haricots noirs), sans oublier de bon gros (et gras) sandwichs à tout ce qu'on veut. Bref, une cuisine pleine de saveur, sinon côté confort, juste un petit comptoir et basta !

Sandy's Cafe *(plan détachable Key West, B2,* ***47****) : 1026 White St. ☎ 305-296-4747. Tlj 5h-23h. Sandwichs 8-10 $; plats moins de 14 $.* Ce petit snack-laverie propose quelques plats simples, des *quesadillas,* des tacos et surtout de gros sandwichs *Cuban mix* à engloutir sur un petit bout de comptoir.

Voir aussi **Old Town Bakery** *(zoom détachable Key West, A1,* ***60****),* décrit plus loin dans la rubrique « Où faire une pause sucrée ? ».

De bon marché à prix moyens

The Cafe *(zoom détachable Key West, A1-2,* ***57****) : 509 Southard St. ☎ 305-296-5515. Tlj 10h (9h w-e)-22h. Sandwichs et salades 10-15 $; plats 16-22 $.* Un bon petit végétarien (mais pas que...), coloré aux murs et dans l'assiette. La cuisine est assez éclectique. Le tofu s'invite dans les burgers et les salades, aux côtés du *kale* (chou frisé bourré de vertus pour la santé), de la mangue, des betteraves, des pousses de soja... avec des accents asiatiques. Hmm, de la fraîcheur ! Également des tartes salées et des plats de pâtes. Attention cependant au prix de la bière.

Date & Thyme *(zoom détachable Key West, A1,* ***49****) : 829 Fleming St. ☎ 305-296-7766. Tlj 8h-18h (repas servi jusqu'à 15h seulement). Petits déj 9-12 $; bowls et salades 7-14 $; juices 6-9 $.* Petit *corner* extérieur brassé par de gros ventilos où l'on prend place après avoir commandé à l'intérieur. Salades, jus détox et smoothies, *organic food* et *gluten free.* Telle est la messe dite ici, point de ralliement des jeunes fêtards après une nuit agitée. Bonne ambiance.

Pepe's Cafe *(zoom détachable Key West, A1,* ***56****) : 806 Caroline St. ☎ 305-294-7192. Tlj 7h30-21h30. Plats 9-20 $ le midi, 19-36 $ le soir.* La (très) vieille façade décatie en bois donne le *la* : *Pepe's* avait déjà planté ses planches ici en 1909 ! Si on n'opte pas pour les compartiments-banquettes plus que centenaires, on peut privilégier le jardin attenant. Viandes et poissons sont servis très copieusement, et avec le sourire. On en regrette presque d'être repu avant que n'arrive le choix de prendre ou pas une *Key lime pie* !

El Siboney Restaurant *(plan détachable Key West, B2,* ***45****) : 900 Catherine St. ☎ 305-296-4184. Tlj 11h-21h30. Plats env 10-16 $.* Allez-y de bonne heure, c'est souvent plein à craquer. Ce resto cubain au cadre simplissime sert une cuisine familiale généreuse. Laissez-vous tenter par un demi-poulet, à accompagner de bananes plantains. On trouve aussi du cochon et du poisson, et toutes les spécialités cubaines roboratives, d'un bon rapport qualité-prix.

Thai Island Restaurant & Sushi-bar *(plan détachable Key West, B1,* ***58****) : 711 Eisenhower Dr. ☎ 305-296-9189. Tlj 11h-22h. Salades et soupes 6-8 $; plats et currys 15-22 $.* Le bar d'en bas écope les esseulés et ceux qui s'y amarrent en bateau, en attendant qu'une table se libère sur la terrasse dominant la marina. Car c'est bien là qu'il faut dîner (la salle et le *sushi-bar* sont tristounes). Dans l'assiette, les classiques de la cuisine thaïe : soupes, riz, currys... Tout cela fort bien réussi mais peu épicé pour ne pas froisser le palais des Américains. La maison œuvre aussi dans le centre de Key West sous un autre nom : **Misohappy Sushi & Thai** *(zoom détachable Key West, A2,* ***58*** *; 504 Southard St ; ☎ 305-509-7868 ; tlj 11h-22h ; même cuisine, mêmes tarifs).*

De prix moyens à chic

Blue Heaven *(zoom détachable Key West, A2,* ***40****) : 729 Thomas St (angle Petronia St). ☎ 305-296-8666. Tlj 8h-14h (petit déj), 12h-15h30 (lunch), 17h-22h (dîner) ; pas de lunch dim. Plats 12-17 $ le midi, 25-46 $ le soir.* Cet ancien bar-bordel-billard-salle de jeux, où Papa Ernest venait s'encanailler (et, accessoirement, arbitrer des matchs de boxe), abrite aujourd'hui un vaste resto-bar à l'atmosphère ultracool, fort prisé des visiteurs. Après l'attente réglementaire (c'est souvent plein), on mange dans une petite salle assez sombre, ou dans le jardin, sous les arbres, sur fond de rock un peu envahissant – live à l'occasion. Carte variée avec des spécialités caraïbéennes, mais aussi les classiques US et quelques plats végétariens. Desserts gargantuesques (délicieuse *Key lime pie*). Bons petits déj aussi. Dommage que l'addition grimpe vite, mais le lieu reste un incontournable de Key West.

|●| ⛱ ***Salute ! On the Beach*** *(plan détachable Key West, B2,* ***55****) : 1000 Atlantic Blvd. ☎ 305-292-1117. Tlj 11h-21h30. Sandwichs, salades et plats 10-18 $ le midi ; compter presque le double le soir.* Ici, c'est le *Blue Heaven* (voir ci-dessus) à la plage ! Alors on vous prévient, l'adresse est connue et appréciée, et la concurrence pour avoir une table est rude. Il faut dire que la terrasse et la grande salle sont agréablement ouvertes sur la plage, alors évidemment ça fait des émules. Les plats (pâtes, poisson du jour, sandwichs, salades...), servis en petites portions (le pain est bienvenu), sont néanmoins frais et goûteux. Une bonne adresse balnéaire.

☕ |●| ⛱ ***Sarabeth's*** *(zoom détachable Key West, A1,* ***54****) : 530 Simonton St (et Southard). ☎ 305-293-8181. Tlj 8h-14h, 17h30-21h30. Petit déj et plats le midi 10-16 $; plats le soir 27-32 $.* La success-story de Sarabeth Levine commence en 1981 quand elle ouvre une petite boulangerie à New York, où elle sert des confitures selon les recettes de sa grand-mère juive. Aujourd'hui, elle possède sa propre marque d'épicerie fine, plusieurs adresses réputées à New York, une à Key West et même une à Tokyo ! Omelettes légères, pancakes aériens, porridge, pain et confitures maison, tout est bon, sain et joliment présenté. Pas donné bien sûr, mais pas exagéré vu la qualité. À savourer sur l'adorable petite terrasse ombragée.

|●| ***Seven Fish*** *(zoom détachable Key West, B2,* ***46****) : 921 Truman St (et Packer). ☎ 305-296-2777. Tlj sauf mar 17h30-22h. Résa conseillée. Plats 20-48 $; sélection du chef (poisson et fruits de mer) pour 2 pers 68 $.* Dans ce resto échoué en plein quartier résidentiel, la déco fait dans la sobriété, sous un haut plafond. À la (courte) carte, poisson et crustacés voisinent avec quelques grands classiques *(meatloaf)* et des plats aux touches exotiques, mettant en valeur des produits frais parfaitement assaisonnés. Une adresse presque gastronomique mais pas guindée et dont les prix sont justifiés.

|●| ***Café Solé*** *(zoom détachable Key West, B1,* ***53****) : 1029 Southard St (entrée sur Frances St). ☎ 305-294-0230. Tlj 17h30-22h ; happy hour 17h-18h. Résa souhaitable. Plats 36-48 $.* Une des bonnes tables de Key West. En plein cœur d'un quartier résidentiel calme, dans une charmante maison ancienne avec terrasse couverte, on déguste une cuisine *conch* avec quelques échappées méditerranéennes. Bien entendu, poisson et fruits de mer sont à l'honneur – tout particulièrement le *hogfish* (labre capitaine) –, mais il y a aussi de nombreuses options végétariennes à la carte.

|●| Voir aussi le ***Cafe Marquesa*** *(zoom détachable Key West, A1,* ***32****)*, dont on parle plus haut, dans « Où dormir ? ».

Où manger sur Stock Island, l'île voisine ?

|●| ***Hogfish Bar & Grill*** *(plan détachable Key West, D1,* ***42****) : 6810 Front St. ☎ 305-293-4041. Accès depuis l'US 1, direction Miami. Tlj 11h (9h dim)-minuit ; brunch dim. Sandwichs 10-16 $ le midi ; plats 19-28 $ le soir.* Un *tiki* traditionnel grand ouvert sur les quais de la pittoresque marina de Safe Harbor. La spécialité du chef, c'est le *hogfish,* un poisson exotique qui semble rigoler tout le temps. Taillé en filets dans un sandwich, il fait moins le malin ! Également de bonnes salades et des *today's specials* aux accents caraïbes – mais pas mal de choses frites quand même. Fréquenté par les habitants de Key West, notamment le week-end quand, en fin d'après-midi, on y gratte quelques accords de country.

Où faire une pause sucrée ?

Un séjour à Key West est l'occasion de goûter à la fameuse ***Key lime pie.*** Hélas, 3 fois hélas, pression touristique oblige, elle a perdu son âme citronnée là même où elle aurait vu le jour ! Elle est ici trop souvent d'aspect industriel, servie dans une barquette en plastique et cher payée. Il reste quelques adresses recommandables, et pour les gourmands, de quoi déguster quelques bonnes spécialités sucrées.

Old Town Bakery *(zoom détachable Key West, A1,* ***60****) : 930 Eaton St. ☎ 305-396-7450. Tlj 7h-15h (petit déj servi jusqu'à 11h seulement). Moins de 10 $.* Croissants nature ou fourrés à la framboise, sacristains, palmiers, *danishes* aux myrtilles, *sticky buns* (à la cannelle) qui collent bien aux doigts... à accompagner d'un café, à dispo sur le comptoir. Pas de tables : ici, c'est à emporter. Les baguettes sortent du four entre 8h et 8h30, les autres pains s'échelonnent jusqu'à 11h. Pour le pique-nique, bons sandwichs à composer soi-même.

Funky Rooster Coffee House & Wine Bar *(zoom détachable Key West, A1,* ***63****) : 713 Caroline St. ☎ 305-741-7563. Tlj 7h (8h dim)-22h.* Muffins, cookies et *Key lime pie,* à consommer avec un excellent café, un thé ou un smoothie. À l'heure de l'apéro, jolie sélection de vins au verre. On profite du décor chaleureux, entre coin canapé avec coussins, parquet et toiles colorées aux murs. Et une douce musique jazzy qui tranche avec les sonorités en vogue à Key West.

Key Lime Pie Bakery *(zoom détachable Key West, A1,* ***62****) : 412 Greene St. Tlj 9h-23h.* La maison se vante d'avoir inventé cette tarte en 1856 et continue d'en vendre plus de 300 par jour ! Si ce n'est pas l'usine...

Kermit's *(zoom détachable Key West, A1,* ***61****) : 200 Elizabeth St (angle Greene St). Tlj 10h-21h30 (ouv dès 9h ven-dim).* Une chaîne populaire qui compte plusieurs échoppes en ville (on indique la plus centrale), spécialisées dans la *Key lime pie* sans gluten et autres gâteaux aromatisés au citron.

Où boire un verre ? Où sortir ?

L'***extrémité nord de Duval Street*** (côté Mallory Square) concentre la plupart des bars et vit dans une effervescence quasi permanente. Si certains établissements rendus célèbres par Hemingway et sa clique s'affichent comme de véritables piliers de la nuit, d'autres, plus sages, invitent à prendre un verre de vin dans une ambiance plus feutrée. À cela s'ajoutent les cabarets et bars investis par la communauté LGBT, qui assurent le show avec des spectacles excentriques en diable jusque tard dans la nuit.
– ***À savoir : après 21h, l'accès est souvent réservé aux plus de 21 ans,*** mais en journée, pas d'objection normalement à profiter de l'ambiance en famille. En haute saison, *live music* jour et nuit, un peu partout.

Les bars historiques

Sloppy Joe's *(zoom détachable Key West, A1,* ***70****) : 201 Duval St. Tlj 9h (12h dim)-4h (selon affluence). Session de live music à 20h.* LE grand classique des nuits de Key West ! La façade, ornée de lettres au néon rouges, s'ouvre sur une immense salle pleine à craquer de touristes et locaux qui se dandinent fiévreusement chaque soir sur de la musique live rock ou country. Aux murs, photos et coupures de presse rendent hommage à l'incontournable Hemingway, qui fut l'un des piliers de la maison. Chaque année, en juillet, le *Sloppy Joe's* accueille le fameux concours de sosies de Hemingway. L'occasion de tester en sa mémoire le *Papa Doble,* un daiquiri « qui envoie au tapis » !

Captain Tony's Saloon *(zoom détachable Key West, A1,* ***71****) : 428 Greene St. Tlj 10h-1h au moins.* Un autre monument historique de la ville. Ce bar, le plus vieux de Key West, abrita de 1933 à 1937 le *Sloppy Joe's* original, que fréquentait assidûment

Hemingway. Tony Tarracino, l'ancien proprio et maire de la ville, était une autre figure locale. Il se rendit célèbre en organisant des voyages clandestins à Cuba pour ramener des réfugiés. Son bateau saisi, il se retrouva en prison. Les tabourets à l'intérieur sont marqués du nom des éminents postérieurs qui les ont honorés : Truman Capote, Dustin Hoffman, Bob Dylan, Clint Eastwood, Robert De Niro... Fidèles à la tradition américaine, les murs sont couverts de cartes de visite, de plaques d'immatriculation, d'affiches et de vieilles photos – mais aussi de soutiens-gorge et de petites culottes, souvenirs *hot* des *spring breaks* chers aux étudiants yankees ! Billards.

🍸 ♩ ***Green Parrot*** *(zoom détachable Key West, A2,* ***75****)* **:** *601 Whitehead St (angle Southard St).* • *greenparrot.com* • *Tlj 10h-4h. Pas de live music le lun, rarement le mar.* Un des plus vieux bars de Key West, fondé en 1890. Le *Green Parrot* vit à l'ombre de la bannière étoilée et d'un parachute dont personne ne sait plus trop pourquoi il a atterri là... Ici, on vient jouer au billard ou visionner les grandes rencontres sportives. L'ambiance bat son plein à l'heure de la *live music,* avec en général des sessions vers 17h, 21h et 23h. On y écoute blues, latin-funk, salsa, *bachata,* mais aussi parfois du jazz le dimanche.

🍸 ⛱ ***The Rum Bar*** *(zoom détachable Key West, A2,* ***76****)* **:** *1117 Duval St.* ☎ *305-296-2680. Tlj 11h-minuit.* Souvenir du *speakeasy* (bar « clandé » du temps de la Prohibition) de jadis et des folles virées nocturnes en bateau du boss à Cuba, le balcon de la maison en bois (1889) est percé d'une frise de bouteilles et de fioles. On y déguste aujourd'hui plus de 240 rhums et cocktails sur l'agréable terrasse surélevée, ou au bar baigné de lumières rougeoyantes. Les amateurs tenteront la sainte Trinité de Key West : daiquiri, mojito et *painkiller,* avant de finir par le *bark juice,* un rhum arrangé aux herbes et aux épices... Tchin !

🍸 ♩ ***Hog's Breath Saloon*** *(zoom détachable Key West, A1,* ***72****)* **:** *400 Front St (entrée côté Duval St). Tlj 10h-2h.* Avec ses 4 sessions de musique live (dès 12h), l'« Haleine de porc » s'est néanmoins taillé une réputation d'institution ! La programmation oscille entre rock, blues et folk live puissance X, qui plaira aux nostalgiques des sixties et seventies. D'ailleurs, des *bikers* y traînent souvent.

Sur la marina

🍸 ♩ ***Schooner Wharf Bar*** *(zoom détachable Key West, A1,* ***73****)* **:** *202 William St (Harbour Walk).* ☎ *305-292-3302. Tlj 9h-2h (cuisine fermée à 23h en sem, minuit le w-e).* Sur le ponton même de la marina, avec ses barcasses au plafond, c'est le bar préféré des marins, pêcheurs, plaisanciers et autres loups de mer. Les gens de Key West n'hésitent pas à venir aussi quand il n'y a pas trop de touristes, et le *rooftop* de ce vieux rade patiné par les ans est parfois pris d'assaut à l'heure où le ciel plonge dans l'océan. *Oyster bar* et belle sélection de bières pour les amateurs. *Live music* parfois dès 12h et souvent jusqu'à minuit.

🍸 ⛱ ***Waterfront Brewery*** *(zoom détachable Key West, A1,* ***74****)* **:** *201 William St (Harbour Walk).* ☎ *305-440-2270. Tlj 11h-23h.* Pas moins de 8 bières brassées sur place dont 4 en permanence à la carte (*lager, pale ale, red,* etc.), plus une quarantaine à la pression venues d'ailleurs, sans parler des « à la bouteille ». Si vous hésitez, optez pour un *flight,* à savoir un assortiment de 4 bières maison. *Live music* en salle ou sur la vaste terrasse qui embrasse tout le port (superbe en fin de journée). Salle de jeux, billards.

Dans un cadre romantique ou chic

🍸 ⛱ ***Louie's Backyard*** *(plan détachable Key West, B2,* ***80****)* **:** *700 Waddel Ave.* ☎ *305-294-1061. Bar (à l'étage) tlj 11h30-1h.* Superbe et vénérable demeure de style victorien, bâtie pour un naufrageur millionnaire. Outre le resto chic et cher du rez-de-chaussée (terrasse au ras de l'eau), le 1er étage accueille un bar à vins. Nectar à déguster les yeux dans le bleu car la mer s'abîme juste au pied de la bâtisse. Et pour garder le cap, bon choix de *small plates* (des tapas, quoi !).

🍸 ***The Southernmost House*** *(zoom détachable Key West, A2,* ***33****)* **:** *1400*

LES KEYS

Duval St. Tlj 11h-18h. ☎ *305-296-3141. Ne confondre ni avec la* Southernmost Point Guesthouse, *juste à côté, ni avec le* Southernmost Beach Resort. ***Interdit aux moins de 18 ans.*** Ce bâtiment historique coloré et tarabiscoté, le plus au sud de tous les États-Unis, a vu défiler pas mal de personnalités, dont Kennedy pendant la crise de la baie des Cochons. C'est aujourd'hui un hôtel très chic (voir « Où dormir ? ») où l'on peut, à défaut de passer la nuit, venir boire un verre au bar, attenant à la jolie piscine.

🍸 Voir aussi le ***Funky Rooster Coffee House & Wine Bar*** *(zoom détachable Key West, A1,* ***63****)*, décrit dans la rubrique « Où faire une pause sucrée ? ».

Dans une folle ambiance

🍸 ☂ ***Garden Of Eden*** *(zoom détachable Key West, A1,* ***79****) : 224 Duval St. Accès par un escalier à l'arrière, côté Caroline St. Tlj 12h-3h.* Perché en *rooftop* au-dessus du *Bull* (rez-de-chaussée) et du *Whistle* (1er étage), ce bar s'est fait connaître par son drôle de credo : « *clothing optional bar* », autrement dit un bar nudiste ! Tous sont acceptés cependant, les habillés, les déshabillés, les rhabillés de peintures corporelles (si, si). Téléphones portables strictement interdits, d'ailleurs, et n'oubliez pas de vous rhabiller pour aller faire pipi, les toilettes sont en bas !

🍸 ♫ ***La Te Da*** *(zoom détachable Key West, A2,* ***77****) : 1125 Duval St. • lateda.com • Entrée : env 35 $ + min 2 boissons.* Le cabaret de l'étage est réputé pour ses spectacles de transformistes excentriques et bon enfant, imitant une pléiade d'icônes de la chanson américaines. Le piano-bar, lui, est accessible sans *cover charge*.

À voir

Chaque année, 2 fois par mois, entre janvier et mars, l'*Old Island Restoration Foundation (• oirf.org •)* organise des ***visites guidées*** de certaines des plus belles maisons privées *(env 40 $; résa en ligne ou à la* ***Oldest House,*** *322 Duval St, ouv tlj sauf mer et dim 10h-16h).* N'hésitez pas si vous êtes dans le coin au bon moment. Sinon, l'association édite une brochure très complète, ***The Pelican Path,*** détaillant un circuit d'une cinquantaine de lieux et demeures historiques (disponible en ligne).

★★★ ***Hemingway Home & Museum*** *(zoom détachable Key West, A2) : 907 Whitehead St (et Olivia), face au phare. • hemingwayhome.com • Tlj 9h-17h. Entrée : 17 $; réduc enfants 6-12 ans. Paiement en cash. Feuillet en français pour faire la balade seul(e), sinon visite guidée en anglais ttes les 10-15 mn (durée : 30 mn).*

Cette élégante maison en pierre de 1851 et de style colonial espagnol est greffée d'un balcon rappelant ceux des demeures françaises de La Nouvelle-Orléans. En 1931, Ernest Hemingway, de retour de Paris, y emménage avec sa 2e femme, Pauline, et leurs 2 enfants. Immédiatement, celle-ci fait remplacer les ventilos par des lustres de Murano : plus chic, mais plus chaud !

Au cours de la décennie suivante, marquée par un nombre incalculable de voyages et de longs séjours à l'étranger, le futur prix

UN TROU SANS FONDS

Dans le jardin luxuriant de la maison de Hemingway, la piscine d'eau salée fut la 1re de l'île, que tout le monde venait visiter. Pauline, son épouse, la fit construire... pour un coût prohibitif : 20 000 $, contre 8 000 $ pour la maison ! Découvrant la facture à son retour d'Espagne, Hemingway sortit une pièce de sa poche et l'enfonça dans le ciment encore frais en disant à sa femme : « Voici mon dernier penny ! » La pièce est toujours là, près du pilier vert devant la piscine...

Nobel de littérature (1954) y écrit certains de ses plus célèbres romans – *Les Neiges du Kilimandjaro, En avoir ou pas* – et s'attelle à *Pour qui sonne le glas.* En 1940, le couple divorce et « Papa », comme le surnomment ses amis, met le cap sur Cuba avec Mrs Hemingway nº 3.
La maison a été ouverte au public quelque temps après son suicide, en 1961. Au fil de la visite, on investit l'univers du grand écrivain, ponctué de quelques souvenirs : meubles, coupures de journaux, vieilles photos. Sur l'une d'elles, on voit Hemingway posant à côté d'un espadon aux côtés d'un homme qui n'est autre que Joseph Kennedy (le père). Souvenirs de guerre et médailles rappellent l'Ernest ambulancier, pendant la Grande Guerre. De cette expérience et de ses blessures, il écrivit *L'Adieu aux armes.*
L'écrivain avait installé son bureau juste à côté de la maison, dans l'annexe (ancienne remise à fiacres), autrefois reliée par une passerelle. Il écrivait là tous les jours de 6h à 12h, puis partait à la pêche avant de terminer au bar du *Sloppy Joe's.* On peut y voir la fameuse machine à écrire Royal qui l'accompagna en Espagne, ses livres préférés, quelques trophées de chasse et un tableau qui reproduit la pièce.
Dans le jardin tropical, la belle et grande ***piscine*** attire l'œil... Elle fut construite à l'emplacement de l'ancien ring de boxe où l'auteur aimait s'entraîner, avec Shine Forbes notamment. C'était un vrai luxe à l'époque qui coûta une fortune – et la seule construite sur l'archipel dans les années 1930. Vous remarquerez un penny encastré dans le sol entre la maison et la piscine. C'est celui qu'Hemingway aurait tendu à sa femme en lui disant qu'elle lui aurait pris jusqu'à son dernier sou !
Autre curiosité des lieux : les ***chats,*** qui peuplent chaque recoin du jardin et de la maison. Au dernier recensement, il y en avait une bonne cinquantaine ! De sacrés greffiers descendants de Snowball, offert à Hemingway par un capitaine de navire et qui avait la particularité d'être polydactyles, à savoir compter 6 doigts à ses pattes ! Tous ont gardé cette spécificité et portent des noms de célébrités : Duke Ellington, Humphrey Bogart, Billie Holiday, Kim Novak, Colette, Daisy Buchanan... Un cimetière des chats a d'ailleurs pris ses quartiers derrière la maison.

ARGENT LIQUIDE

Sous une cruche dans le jardin, on aperçoit... un urinoir. Hemingway l'avait chipé dans son bar favori, le Sloppy Joe's, et placé là au grand désarroi de sa femme. Son explication ? « J'ai déversé des fortunes dans ce chiotte, je le garde ! » Il y ajouta une amphore à huile pour en faire une fontaine où venaient s'abreuver ses chats.

LES KEYS

Tennessee Williams in Key West (zoom détachable Key West, A2) **:** *513 Truman Ave.* • *kwahs.org* • *Tlj sauf w-e 10h-16h. Entrée : 7 $; réduc.* L'empreinte marquée de Hemingway à Key West ferait presque oublier que Tennessee Williams y a également tourné une longue page de son existence. Cette petite exposition, installée dans une modeste maison, retrace son parcours. Nombreuses photos, manuscrits, objets lui ayant appartenu, extraits de films tirés de ses œuvres. Chaque année, en février-mars, un concours de poésie honore sa mémoire.

Key West Lighthouse & Keeper's Quarters (zoom détachable Key West, A2) **:** *938 Whitehead St ; en face de la maison de Hemingway. Tlj 10h-16h (dernière entrée à 15h30). Entrée : 17 $; réduc en ligne.* Ce phare d'une trentaine de mètres de haut a été bâti en 1848 et rehaussé en 1894 (un ouvrage antérieur de 1825 avait été balayé par l'ouragan de 1846). Visible à 24 km à la ronde, il resta en fonction jusqu'en 1969. À cette date, déjà, le front de mer, qui s'étendait jadis à ses pieds, avait nettement reculé ! Un escalier en colimaçon de 88 marches (déconseillé à ceux qui ont le vertige) mène au sommet pour un point de vue sur la mer, la ville et la maison de Hemingway.

Au pied du phare, on visite aussi le *keeper's quarter* (maison des gardiens ; 1887), en bois blanc, qui présente de vieux objets, photos, lentilles, maquettes et plans en rapport avec l'histoire maritime de la région. La lanterne exposée après l'entrée est celle du phare de Sombrero Key (1858) ; elle a été fabriquée à Paris.

The Harry S. Truman Little White House *(zoom détachable Key West, A1)* **:** *111 Front St. • trumanlittlewhitehouse.com • Tlj 10h-16h. Entrée : 25 $; réduc (notamment en ligne). Les 2 salles du bas, avec photos et vidéos, sont libres d'accès. Feuillet en français. Visite guidée ttes les 20 mn ; durée : 45 mn.* Bâtie en 1890 pour les officiers de la Navy stationnés à Key West, cette belle demeure en bois, utilisée à l'occasion par les présidents américains, est connue pour avoir accueilli Truman durant 175 jours au cours de son mandat et même après, entre 1946 et 1952. Truman adorait ce lieu qui, disait-il, lui permettait d'échapper à la *great white jail* de la capitale !
La visite, barbante et trop chère, est entièrement axée sur lui : vidéo de sa vie, bureau d'où il transmettait ses ordres à Washington, table où il aimait jouer au poker (jusqu'à 23h dernier carat), cendriers confectionnés à partir d'obus de la Seconde Guerre mondiale, etc. Les Américains pur jus adorent ce genre de visite, c'est moins notre tasse de thé.

Mel Fisher Maritime Museum *(zoom détachable Key West, A1)* **:** *200 Greene St. • melfisher.org • Tlj 10h-17h (dernière entrée à 16h). Entrée : 17,50 $; réduc.* On vous recommande cet étonnant musée montrant les ***trésors repêchés au large des Keys sur 2 épaves de galions espagnols,*** coulés par un ouragan le 4 septembre 1622 alors qu'ils faisaient route de La Havane vers l'Espagne. À l'origine de ces découvertes, un type épatant aujourd'hui disparu, Mel Fisher, fondateur d'une société dont la raison sociale est de... repêcher les trésors engloutis !
La quête des galions disparus de Mel débute en 1969. Il lui faut 11 ans pour localiser la *Santa Margarita.* 5 ans plus tard, bingo, la *Nuestra Señora de Atocha,* navire amiral d'une flotte de 28 bateaux, livre un fabuleux trésor de plus de 200 millions de dollars : 1 041 lingots d'argent provenant des mines boliviennes de Potosí, une centaine de coffres contenant chacun 2 000 à 3 000 pièces, des bijoux en or, des pierres précieuses... une folie ! Au moment du repêchage, l'État de Floride confisque le trésor. 7 ans et 11 allers-retours devant les tribunaux plus tard, Mel Fisher récupère « son » bien. La boutique du musée vend d'ailleurs (à prix d'or !) certaines de ses découvertes.
L'expo permanente, quoique vieillotte, vaut le détour : elle présente de magnifiques ***pièces d'orfèvrerie,*** des ***lingots d'argent et d'or*** (certains sans marque, donc clandestins), de lourdes chaînes portées en sautoir, une ***émeraude de 78 carats,*** mais aussi des ***armes,*** un ***astrolabe,*** un canon, de la poterie, un encrier et même de l'indigo. Bref, tout ce qu'on pouvait trouver à bord d'un galion au XVIIe s.
À l'étage, ***exposition sur la flibuste, la vie des pirates et la Traite,*** avec quelques documents attestant la manière sordide dont les esclaves étaient traités à bord. Des sections se consacrent longuement à l'importance des mines d'argent américaines pour l'Espagne et à la traite – celle-ci illustrée par des objets repêchés au large de Key West sur l'épave d'un navire négrier, l'*Henrietta Marie.*
Sans transition, une petite expo sur les ***balseros,*** les candidats cubains à l'exil, dont une vidéo réalisée sur smartphone retrace l'épopée qui permit à une vingtaine de Cubains de rejoindre les États-Unis en 2015. Leur radeau de fortune *(balsa)* finit de rouiller juste devant l'entrée du musée.

Audubon House & Tropical Gardens *(zoom détachable Key West, A1)* **:** *205 Whitehead St. • audubonhouse.org • Tlj 9h30-17h (dernière entrée à 16h15). Entrée : 15 $; réduc.* Construite en 1846-1849 dans le style caraïbe, cette charmante demeure fut transformée en musée vers 1960 pour honorer ***Jean-Jacques Audubon, célèbre ornithologue*** qui fit un séjour de 6 semaines à Key West en 1832. Né à Haïti en 1785, ce fils d'un planteur d'origine nantaise échappa à la

conscription sous Napoléon en émigrant en Pennsylvanie... Naturalisé américain en 1812 (rebaptisé John-James à cette occasion), il passa 25 ans de sa vie à voyager et à dessiner les oiseaux. L'ouvrage de sa vie, ***Birds of America,*** compte 435 grandes planches, représentant les animaux dans leur milieu naturel. La collection a changé de main en 2018 pour la modique somme de... 11,7 millions de dollars ! Les mauvaises langues disent que l'acheteur s'est fait plumer !
Quelques-uns des magnifiques oiseaux peints par Audubon dans la région ornent les pièces de la maison. Les ornithos noteront que certains noms ont changé depuis son époque. La demeure est meublée comme au temps de son 1er propriétaire, un certain Geiger, pilote portuaire et célèbre renfloueur d'épaves. Certains objets proviennent d'ailleurs des cargaisons précieuses des bateaux venus s'échouer sur les récifs des Keys. La galerie proprement dite se trouve au dernier étage.
Dans le beau ***jardin tropical,*** peuplé d'orchidées et de plantes médicinales, on peut aussi voir la cuisine. Et telle une héroïne de film américain, on se prélasse dans les fauteuils à bascule sur la véranda ou dans les petits salons de jardin disposés parmi les arbres vigoureux et les fleurs chatoyantes. Un joli voyage dans le Key West d'antan.

Customs House Museum *(zoom détachable Key West, A1)* **:** *281 Front St. • kwahs.org • Tlj 10h-16h. Entrée : 16 $; réduc (notamment en ligne).* Grand bâtiment de brique rouge datant de 1891, la Maison des douanes abrite un intéressant musée illustrant ***l'histoire et la culture des Keys*** à travers l'art (peinture) et l'histoire – celle des naufrageurs, du cigare, du chemin de fer, de Hemingway, etc. L'occasion, par exemple, d'apprendre que la région échappa largement à la Prohibition. Des photos montrent la dévastation causée par l'ouragan de 1935. Le lieu accueille aussi de belles expositions temporaires.

Mallory Square *(zoom détachable Key West, A1)* **:** *400 Wall St. • mallorysquare.com •* Avec diverses attractions plus ou moins bidon, l'endroit le plus touristique de l'île s'est développé dans la droite ligne des quais où les paquebots débarquent leurs croisiéristes. La tradition est d'aller admirer le coucher du soleil sur la mer au Sunset Deck. Un incontournable ! Le long du quai en saison, musiciens et vendeurs de pacotilles animent le bord de mer.

LA VIE COULE

À l'époque de la flibuste, une centaine de bateaux faisait escale à Key West chaque jour. Mais ses eaux cristallines étaient connues pour être les plus traîtres du monde, puisqu'en moyenne un navire par semaine s'échouait sur les récifs qui en défendent l'accès. C'est l'arrivée du chemin de fer combinée à l'amélioration des techniques de navigation qui enraya le phénomène au début du XXe s.

– Mallory Square, c'est aussi un ***aquarium*** *(zoom détachable Key West, A1)* : *• keywestaquarium.com • Tlj 10h-17h (dernière entrée à 16h30). Entrée : 22,50 $; 13 $ enfants 4-12 ans ; réduc en ligne.* 1re attraction touristique de Key West (1934), il ne casse pourtant pas 3 pattes à un canard !
– Autre classique du lieu, le ***Shipwreck Treasure Museum*** *(zoom détachable Key West, A1)* : *• keywestshipwreck.com • Tlj 9h30-17h. Entrée : 18,50 $; 10 $ enfants 4-12 ans ; réduc en ligne ; billet combiné avec l'aquarium.* Ce musée, un peu kitsch, fait toute la lumière sur les ***pilleurs d'épaves,*** qui firent la fortune de Key West au XIXe s. Trésors repêchés sur des galions, objets du commerce des siècles passés, bouteilles, céramiques, sacs de café voisinent avec des objets provenant de l'*Isaac Allerton,* un paquebot échoué près de Sugarloaf Key en 1856. Le bâtiment du musée est une copie de l'entrepôt d'Asa Tift, célèbre pilleur d'épaves de l'époque. De la tour d'observation, vue panoramique sur le quartier.

Oldest House *(zoom détachable Key West, A1)* **:** *322 Duval St. • oldesthousekeywest.com • Tlj sauf mer et dim 10h-16h. GRATUIT.* Siège de l'*Old Island*

Restoration Foundation, cette vénérable demeure en bois blanche remonte à 1829. Elle a survécu à tous les ouragans et incendies qu'a connus la ville ! On peut y jeter un coup d'œil en passant : les 4 pièces du rez-de-chaussée et la cuisine sont ouvertes à la visite.

Southernmost Point of the Continental USA *(zoom détachable Key West, A2)* **:** marqué par une borne qui marque le ***point géographique le plus austral des États-Unis.*** Le défilé des touristes faisant patiemment la queue pour se faire photographier devant vaut le coup d'œil ! Le plus amusant, c'est que l'endroit le plus au sud n'est pas exactement là, mais dans un terrain militaire situé un peu plus à l'ouest, inaccessible au public... Bon, on chipote !

The Key West Butterfly & Nature Conservatory *(zoom détachable Key West, A2)* **:** *1316 Duval St. • keywestbutterfly.com • Tlj 9h-17h30 (dernière entrée à 16h30). Entrée : 15 $; 11 $ enfants 4-12 ans.* Une serre de 500 m² qui abrite d'innombrables ***papillons*** virevoltant librement et se posant parfois sur vous. 6 des 50 à 60 espèces sont élevées sur place, les autres arrivent par la poste, à l'état de chrysalides... À leurs côtés, quelque 25 espèces d'oiseaux s'ébattent en semi-liberté.
Dans une 1re pièce, des explications bien faites sur la reproduction de ces insectes ultralégers, la migration des monarques et la différence (que l'on ne fait pas dans la langue française) entre *butterfly* (papillon de jour) et *moth* (papillon de nuit).

Eco-Discovery Center *(zoom détachable Key West, A2)* **:** *35 E Quay Rd, dans la zone portuaire, à l'extrémité de Southard St (en face du Fort Zachary Taylor Historic State Park). • floridakeys.noaa.gov •* ***À noter : fermé pour rénovation en 2022.*** Ce centre interactif de découverte de l'écosystème des Keys, géré par le gouvernement, met l'accent sur l'écologie des récifs, des îles et de la mangrove.

West Martello Tower *(plan détachable Key West, B2)* **:** *1100 Atlantic Blvd. Tlj 9h30-17h. GRATUIT.* Cette ancienne fortification en brique rouge, bâtie pendant la guerre de Sécession (1862), a été réaménagée en un petit jardin tropical (la température descend rarement sous 12 °C à Key West) veillé par des banians géants. Une oasis de fraîcheur agrémentée de fontaines, bancs, coins et recoins, parfait pour une pause.

Fort East Martello *(plan détachable Key West, C2)* **:** *3501 S Roosevelt Blvd, à l'entrée de l'aéroport. • kwahs.org • Tlj 10h-16h. Entrée : 16 $; réduc ; gratuit moins de 6 ans.* Pendant de la West Martello Tower, cette autre fortification en brique rouge a été restaurée par l'association *Key West Art & Historical Society.* Expo sur le vieux Key West et objets datant de la guerre de Sécession. Des expos consacrées aux naufrageurs et à l'industrie du cigare y côtoient une galerie d'art présentant les œuvres d'artistes locaux.

À faire

Les plages : si vous avez quitté Miami pour venir ici à la plage à Key West, vous avez tout faux ! Les rares plages sont pour la plupart artificielles. Rassurez-vous, on trouve cependant quelques belles étendues de sable fin où poser sa serviette et piquer une tête.
– ***Fort Zachary Taylor Beach*** *(plan détachable Key West, A2)* **:** *dans le Historic State Park du*

TOUT EN MUSCLE

Le 2 septembre 2013, Diana Nyad, à 64 ans, sortit de l'eau, éreintée mais heureuse : elle est la 1re à réussir la traversée à la nage entre Cuba et Key West (140 km en 53h !). Après 4 tentatives ratées, malgré les courants, requins et méduses géantes, elle accomplit son rêve ! Sa devise ? Ne jamais, jamais abandonner.

même nom, accès par l'extrémité de Southard St, après Thomas St, de 8h au coucher du soleil. Entrée : 64 $ (véhicule et jusqu'à 8 pers) ; 2,50 $/piéton et cycliste. Située à l'extrémité de Key West, dans un *State Park,* c'est la seule vraie plage où la profondeur permet de nager. Beaucoup d'ombre aussi en bordure de celle-ci, ce qui n'est pas négligeable. On peut y louer transats, parasols, masque et tuba. Café-resto de plage, le ***Cayo Hueso Cafe*** *(tlj 10h-18h),* mais plutôt pour boire un verre que pour manger.

– ***Higgs Beach*** *(plan détachable Key West, B2)* **:** *au sud de l'île, à env 15 mn à pied du centre.* Cette plage publique d'accès gratuit est baignée par des eaux peu profondes qui ne permettent pas véritablement de nager. Location de chaises longues et kayaks. Pour manger sur place, voir le resto *Salute ! On the Beach* dans la rubrique « Où manger ? ».

– ***Smathers Beach*** *(Municipal Beach ; plan détachable Key West, C2)* **:** *au sud-est de l'île, le long de S Roosevelt Blvd. Accès libre.* C'est aussi la plage la plus longue (2 km environ) et la plus populaire, quand bien même on y patauge plutôt qu'on y nage. Location de planches, catamarans, kayaks et *paddleboards.*

Excursion vers la barrière de corail : les agences et autres kiosques de Duval Street et des abords du port proposent tous l'excursion. Plusieurs options :

– le ***glass bottom boat,*** bateau à fond de verre. On ne voit finalement pas grand-chose. Préférez plutôt le kayak à fond transparent si vous ne voulez pas vous mouiller.

– le ***paddle,*** un bon moyen d'approcher la faune marine, tout en travaillant son équilibre !

– le ***snorkelling,*** la meilleure façon d'explorer les richesses de la barrière de corail, avec palmes, masque et tuba. Les tours durent environ 3h, dont 1h30 dans l'eau. Préférez le matin, la mer est généralement plus calme et il y a moins de monde. Choisissez bien votre prestataire (avec des petits groupes), car c'est un peu l'usine.

■ ***Dolphin Safari Charters*** *(plan détachable Key West, D1,* ***101****)* **:** *7001 Shrimp Rd, à* ***Stock Island.*** ☎ *305-747-0453.* • *safaricharters.com* • *Derrière l'hôtel* Perry, *sur la marina. Sessions 9h-12h et de 14h30 au coucher du soleil en hiver, puis départs à 8h30, 12h30 et 16h à partir de début mars. Résa conseillée 24h à l'avance. Compter 100 $ adulte ; 80 $ enfant de moins de 10 ans (pour 3h d'excursion).* Des « éco-aventures » en bateau et en petit comité (6 personnes maximum) proposées par Gary, un gars très sympathique, incollable sur les dauphins et très soucieux de l'environnement et de l'écologie. Au programme : rencontre avec des dauphins dans leur milieu naturel, sans nager avec eux ni même les toucher, juste pour le plaisir de les voir évoluer en toute liberté. Et puis un peu de snorkelling, histoire de varier les plaisirs. Une belle sortie en mer.

■ ***Clearly Unique Charters :*** *231 Margaret St ; tt au bout du ponton.* ☎ *305-747-8651.* • *clearlyuniquecharters.com* • *Balade de 3h30 sur paddle env 100 $/pers (groupes de 6 pers max) ; réduc.* On rejoint le parc marin en catamaran à moteur et on met à l'eau les *paddles* pour explorer la barrière et la mangrove. La sortie combine aussi du snorkelling.

■ ***Discount Key West :*** ☎ *305-294-7738.* • *discountkeywest.com* • *Sortie snorkelling env 45-65 $ selon type de bateau, pour 3h de sortie et 1h dans l'eau, équipement compris.* Tours et balades en mer vendus par tous les concurrents : plongée sous-marine, snorkelling, pêche au gros, etc.

Pêche au gros : vous vous en doutez, c'est absolument hors de prix *(env 650-1 000 $ pour 4-8h de pêche en privatisant le bateau ; souvent 200-350 $/pers en partageant).* On choisit entre la haute mer, pour traquer l'espadon et le *wahoo,* le barracuda et le *mahi-mahi,* ou le *flats fishing,* dans les eaux peu profondes (1,30 m maxi) de la mangrove. Là, c'est la grande traque au *bonefish* et au tarpon, dans une barque à fond plat. Dans la plupart des cas, c'est du *catch & release* : une fois la photo prise, on relâche la bestiole.

■ ***Southbound Sportfishing*** *(plan détachable Key West, B1,* ***102****) : 2 Bonita Pier, Garrison Bight Marina (sur N Roosevelt Blvd). ☎ 305-747-3668. • southboundsportfishing.com • Sorties de 4h, 6h ou 8h.* Parmi les nombreux prestataires de ce bout de marina (réunis sous le nom de **Charter Fishing Boats**), le jovial *captain* Richard Houde emmène les clients (pas plus de 6 à la fois) à bord de son petit bateau bien équipé. Ceux qui ne pêchent pas ne paient que le prix de la promenade. Et on vous prépare votre poisson au retour, en indiquant un resto où le faire cuisiner.

■ ***Dream Catcher Charters*** *(hors plan détachable Key West par D1,* ***103****) : 5555 College Rd ; dans la Sunset Marina de* ***Stock Island,*** *côté bayside. ☎ 305-292-7212 ou 786-847-3808. • dreamcatchercharters.com • Sortie à la ½ journée ou à la journée, en haute mer ou sur les flats.* Pour cette équipe de joyeux drilles très expérimentée, les habitudes des poissons n'ont plus aucun secret, notamment celles des tarpons et *bonefish*.

Survol des Keys en avion :

■ ***Air Excursions of Key West*** *(plan détachable Key West, C2,* ***104****) : 3469 S Roosevelt Blvd ; dans l'enceinte de l'aéroport. ☎ 813-321-9702. • excursionsofkeywest.com • Vols lun-ven 9h-17h. Fermé 15-30 sept. Survol dès 250 $ pour 2 les 15 mn.* Cette compagnie possède un joli petit biplan de 1942 pouvant accueillir 2 passagers en plus du pilote. On vole le nez et la chevelure au vent, et croyez-nous ça décoiffe ! Les tours durent au choix de 15 à 30 mn. Le plus court permet surtout de survoler la ville ; pour voir des requins, il faut pousser plus loin... Propose aussi des sauts en chute libre et vols et du *parasailing* (survol en parachute tiré par un bateau).

Plongée sous-marine

Si les récifs qui bordent Key West recèlent encore des trésors à fond de cale des galions ventrus qui s'y sont abîmés, ces richesses ne sauraient rivaliser avec celle de la vie sous-marine intense du *Florida Keys National Marine Sanctuary.* Plongeurs débutants et confirmés évoluent dans un univers peuplé de coraux, d'éponges, de poissons tropicaux, tortues, requins et même lamantins... Le must des Keys et de toute la Floride !

Clubs de plongée

Attention lorsque vous comparez les tarifs : de nombreux clubs annoncent des prix de départ dans les 70-75 $ qui n'incluent ni la combi ni les bouteilles ! En général, il faut ajouter 40 $.

■ ***Dive Key West*** *(plan détachable Key West, C1,* ***105****) : 3128 N Roosevelt Blvd. ☎ 305-296-3823. • divekeywest.com • Sortie snorkelling à partir de 70 $; plongée avec matériel à partir de 95 $.* C'est le club le plus réputé de Key West, avec un demi-siècle d'expérience à son actif. Snorkelling l'après-midi (équipement complet fourni). Propose également plongées au Nitrox, de nuit entre avril et octobre, sur épaves, etc.

■ ***SNUBA Key West*** *(plan détachable Key West, B1,* ***106****) : Garrison Bight Marina, 711 Eisenhower Dr (slip nº 7). Résa obligatoire : ☎ 305-292-4616 ou • snubakeywest.com • Plongée 115 $; 95 $ enfants 8-12 ans. Snorkelling 65 $.* Le *SNUBA* combine la simplicité du snorkelling avec la plongée. Tout le monde peut pratiquer cette activité, même les enfants dès 8 ans et les personnes âgées, puisqu'on respire par l'intermédiaire d'un tuyau de 60 m relié à des réservoirs d'air situés sur une plateforme flottante.

Nos meilleurs spots

Vandenberg : au large de Key West, ce navire de la marine américaine au passé glorieux et aux dimensions impressionnantes (158 m de long, soit l'équivalent de 2 terrains de football américain !) a été volontairement coulé par 45 m de fond. Désormais 2e plus grand récif artificiel au monde, il attire autant de poissons que de plongeurs, préservant ainsi la barrière de corail. !! s'adresse aux plongeurs de haut niveau ayant suivi une formation spécifique de plongée sur épave. En 2016, le vaisseau *Vandenberg* servit de galerie d'art sous-marine pour une expo de photos suspendues à flanc d'épave, judicieusement intitulée *The Sinking World* (« Le Monde immergé ») !

Sand Key Reef : *au sud-ouest de Key West.* Pour plongeurs débutants et confirmés. Déluge de vie tout autour de cet îlot corallien surmonté d'un phare, où poissons-perroquets, anges, papillons, trompettes, sergents-majors et balistes se donnent une réplique colorée (10 m de fond maximum). La plongée classique de Key West, mais certaines sociétés comme *Dive Key West* y vont rarement (trop loin pour eux).

Nine Foot Stake : *au sud de Key West.* Idéal pour débuter. « Tout est mini » dans cette plongée fastoche où de mignons bébés poissons virevoltent joyeusement entre les coraux, les éponges et autres gorgones-plumes qui ondulent au gré de la houle (- 6 m maximum). Petits perroquets, papillons, diodons, coffres, gorettes et minilangoustes seront ici vos compagnons de plongée.

Cayman Salvage Master : *au sud de Key West.* Pour plongeurs confirmés (60 m de fond maximum). Jolie plongée sur l'épave de ce vieux câblier de la Navy qui, bizarrement, convoyait des armes pour Castro. Le site est aujourd'hui fréquenté par un gros poisson très laid de la taille d'une petite voiture : le *giant goliath grouper,* un mérou géant, qui partage les eaux avec des murènes de taille également respectable...

Fête et festivals

- **Old Island Days :** *2 j. mi- ou fin fév. Rens à la Key West Chamber of Commerce (zoom détachable Key West, A1,* ***1****).* Un festival pour découvrir l'histoire et le patrimoine de Key West, à travers expo d'art et visites de maisons coloniales et de jardins.
- **Conch Republic Independance Celebration :** *10 j. mi- ou fin avr.* • *conchrepublic.com* • La république des Conques fête sa pseudo-indépendance du 23 avril à grand renfort de cérémonies frelatées, courses de *drag queens* et de lits, parade déjantée, concerts et autres foldingueries locales.
- **Key West Pride :** *quelques j. début juin.* • *keywestpride.org* • Festival LGBT proposant de nombreuses animations (shows, soirées plus ou moins dénudées, films, visites) avec grande parade de clôture dans Duval Street, ouverte à tous.
- **Hemingway Days :** *1 sem autour du 21 juil.* • *fla-keys.com/hemingway-days* • En souvenir de l'anniversaire de Hemingway, spectacles, fêtes, courses de taureaux dans les rues comme à Pampelune (sauf que, là, les animaux sont en carton-pâte !) et concours du meilleur sosie de « Papa » – vêtements de safari, barbe blanche, joues bien roses et bedaine de rigueur !
- **Fantasy Fest** *(mini-Mardi gras)* **:** *10 j. mi-oct.* • *fantasyfest.com* • Certainement la fête la plus populaire de Key West avec, chaque jour, d'amusantes soirées costumées et une tradition vraiment coquine venue de La Nouvelle-Orléans : les filles montrent leurs seins pour qu'on leur glisse un collier de pacotille autour du cou, *just for fun !* Le dernier défilé, le plus spectaculaire, a lieu la nuit d'Halloween. Si vous comptez y aller, réservez au moins un an à l'avance !

Plus loin dans les environs

Dry Tortugas et Fort Jefferson : • nps.gov/drto • Les Dry Tortugas sont un petit ***chapelet d'îles*** paradisiaques situées à 110 km à l'ouest de Key West, ***classées parc national*** depuis 1992. Elles furent découvertes par Ponce de León en 1513, qui les surnomma *Las Tortugas* à cause des nombreuses tortues qui y habitaient. Les marins les rebaptisèrent *Dry Tortugas*... car on n'y trouve aucune eau douce ! Pour contrôler la navigation dans le golfe, les Américains y entamèrent la construction de l'énorme ***fort Jefferson*** en 1846. Il servit bientôt de prison et hébergea, entre autres, le docteur Samuel Mudd, condamné pour avoir – bien involontairement – soigné la jambe de l'assassin de Lincoln.
Aujourd'hui, le fort se visite, avec ses vieux canons encore pointés vers l'océan. On peut rejoindre l'île en ***bateau*** ou en ***hydravion*** et même ***camper*** sur place !

Yankee Freedom III *(zoom détachable Key West, A1,* ***107****) : 240 Margaret St. • drytortugas.com • Bureau situé à l'orée du ponton D (tlj 8h-20h). Départ tlj à 8h, retour à 17h30. Résa conseillée à l'avance. Compter 190 $/pers l'A/R, 135 $ enfants 4-16 ans ; entrée du parc, petit déj, lunch, visite guidée du fort et matériel de snorkelling inclus.* C'est le seul bateau autorisé à desservir le fort Jefferson. On passe environ 4h30 sur place, dont une intéressante visite guidée de 45 mn.

■ ***Key West Seaplane Adventures*** *(plan détachable Key West, C2,* ***104****) : 3471 S Roosevelt Blvd, à l'extrémité gauche de l'aéroport (juste derrière la tour de contrôle). ☎ 305-293-9300. • keywestseaplanecharters.com • 4 départs/j. Compter 360 $/pers pour un A/R et 2h30 sur place ; 290 $ enfants 2-12 ans.* Voilà la voie royale pour rejoindre les Dry Tortugas : en hydravion. Un vol extra, qui permet d'enfiler toutes les perles du collier d'îles jusqu'au fort Jefferson, qu'on survole superbement juste avant d'amerrir.

Fort Jefferson : *compter 20 $/emplacement, à régler en espèces sur place.* Le ***camping « primitif »*** compte tout juste 10 emplacements (pouvant accueillir chacun maximum 3 tentes de 2 personnes ou une grande), sans douche, mais avec toilettes sèches. 1er arrivé, 1er servi, mais en embarquant on peut déjà poser une option pour s'assurer d'avoir une place. On est abrité par quelques arbustes, au pied même des murailles du fort, face à une superbe plage de sable blanc. Sur place, tables et barbecue, mais il faut tout apporter : les briquettes spéciales pour faire le feu (feu de bois interdit), l'eau et les vivres. Une fois installé, reste plus qu'à chausser masque et tuba pour aller saluer les poissons ! Juste en face, Bush Key n'est accessible (à la nage) que de mi-octobre à mi-janvier, avant que les quelque 100 000 sternes fuligineuses y reviennent nicher ! Un vrai petit paradis baigné par des eaux turquoise.

HOMMES, CULTURE, ENVIRONNEMENT

ARCHITECTURE

Réduire Miami à la plage et à quelques corps bronzés alanguis dans des voitures de luxe serait bien mal connaître la Magic City. Car si ce qui fut jadis une portion de terre insalubre gagnée sur le marais peut se targuer d'être la 2e ville la plus visitée des États-Unis, c'est en partie grâce à sa ***formidable unité architecturale,*** plus particulièrement à South Beach.

L'Art déco, ça vous dit quelque chose ? Cette expression des lignes et des formes, toits plats et motifs abstraits, née de la maîtrise d'un matériau aujourd'hui largement décrié : le béton ! Car oui, c'est bien ***grâce au béton*** que les architectes les plus talentueux ont pu s'exprimer. Tout a commencé avec l'Exposition internationale des Arts décoratifs qui s'est tenue à Paris en 1925 (d'où son nom) et ce courant architectural créé en réponse à l'Art nouveau qui, lui, privilégiait le floral et l'ondoyant. Aux States, nous sommes en pleines ***roaring twenties,*** période de l'Amérique insouciante qui précède la grande dépression de 1929. Fait notable, à l'été 1926, ***Miami est balayée par un ouragan sans précédent. Il faut reconstruire.*** Une poignée d'architectes, tous fondus d'Art déco, vont se mettre à l'ouvrage sur l'actuel Ocean Drive, entre la 5e et la 15e Rue. La règle de 3 et la symétrie qui caractérise le style Art déco vont leur permettre de sortir de terre un grand nombre de bâtiments (on en dénombre aujourd'hui plus de 800 dans tout Miami), ***tous peints en blanc par mesure d'économie,*** la couleur n'étant réservée qu'à souligner quelques détails. Puis cette hémorragie urbanistique s'étend aux rues adjacentes : Washington, Collins, avant d'essaimer dans d'autres quartiers de la ville comme Little Havana... Miami prend des petits airs de ville coloniale. Malgré la crise, cette fièvre durera jusqu'au début de la Seconde Guerre mondiale, quand arrivent quelques variantes comme le ***mouvement Streamline,*** dopé par une Miami devenue 1er port de croisière au monde. Le style emprunte alors au monde de la mer ses mâts, ses coursives, des fenêtres en forme de hublot, tandis que d'autres puiseront leur inspiration dans l'aéronautique ou le monde de l'automobile. Quelques noms sortiront de l'oubli, tels ***Henry Hohauser*** et ***L. Murray Dixon,*** 2 architectes prolifiques à qui l'on doit, entre 1932 et 1940, la construction de nombreux hôtels. C'est en 1968 que le style dominant de ce quartier, longtemps passé inaperçu, délabré, est reconnu comme étant proche de l'Art déco européen mais en plus simple, en plus dépouillé et avec des variantes. En 1976, face à la menace de sa démolition, plusieurs promoteurs se regroupent au sein de la ***Miami Design Preservation League*** *(● mdpl.org ●),* fondée par Barbara Capitman et le designer industriel Leonard Horowitz. Grâce à des aides fiscales et à des crédits avantageux, cette association investit dans la rénovation de l'***Art Deco Historic District,*** inscrit – depuis 1979 – au Registre national des sites historiques et, surtout, lieu de la plus grande concentration de bâtiments Art déco. Concentration, mais aussi richesse et diversité des sous-styles. Là où le ***Mediterranean Revival*** est très influencé par l'architecture italienne et la villa antique (la villa Vizcaya en est un des plus beaux exemples), le ***Zigzag Moderne*** privilégie des détails ornementaux géométriques et des matériaux exotiques, tels que le bois ou la *terracotta.* Sans compter les motifs typiquement caribéens : le soleil, les palmiers, l'océan et même les flamants roses ! Pas étonnant donc que l'Art déco sauce floridienne ait été surnommé ***Tropical Deco...***

L'hétérogénéité du style n'exclut pas pour autant une cohérence évidente du quartier, que l'on doit en grande partie à Leonard Horowitz. Dans les années 1980, Horowitz imposera, malgré des controverses, le ***Deco Dazzle,*** une palette de ***tons pastel*** à respecter à chaque rénovation des peintures (encore aujourd'hui respectée), afin que SoBe soit toujours ce quartier aux façades harmonieuses. Pari réussi !
Pour se faire une idée moins théorique de ce qu'est l'Art déco à Miami, nous proposons plus haut, dans la rubrique « À voir. À faire », à Miami Beach, un itinéraire qui vous mènera vers quelques-uns de ses plus beaux édifices.

ART CONTEMPORAIN ET DESIGN

Pour comprendre pourquoi ***Wynwood et Design District*** sont aujourd'hui devenus des incontournables, plongeons-nous un peu dans l'histoire du quartier.
À l'origine, ***Wynwood*** a été pensé comme une cité dortoir pour la classe ouvrière qui travaillait dans le quartier de la confection situé juste au sud. Sous l'impulsion de fabricants new-yorkais, le quartier connut une ***forte immigration, notamment portoricaine,*** tant et si bien qu'on le surnommait dans les années 1950 « Little San Juan ». Vient ensuite une période d'exode qui laisse le quartier en proie aux trafics en tout genre. La situation perdure jusque dans les années 1970, mais la construction de l'I95 morcelle le territoire et la classe moyenne émigre dans d'autres quartiers, laissant sur place une population déshéritée. Wynwood connaîtra des tensions raciales jusque dans les années 1980, ainsi que de sérieux problèmes de sécurité engendrés par le trafic de drogue.
Il se peut que ça soit l'***achat d'une boulangerie par un collectif d'artistes qui soit à l'origine du Wynwood*** que l'on connaît aujourd'hui. Dès 1987, un groupe d'artistes, obligés de quitter Coconut Grove suite à l'augmentation des loyers, crée une association à but non lucratif pour acheter une ancienne boulangerie. C'est le fameux ***Bakehouse Art Complex*** qui fonctionne toujours aujourd'hui et accueille plus d'une soixantaine d'artistes en résidence. Mais les choses ne bougent pas bien vite. Jusque dans les années 1990, le quartier n'a pas bonne réputation. En 1993, la ***Rubell Family Collection*** y installe son petit musée voué au mécénat artistique, mais c'est au tournant des années 2000 que tout démarre vraiment, quand la société *Goldman Properties* flaire l'investissement immobilier et le potentiel de Wynwood. En 2000, la 1re galerie commerciale, la Dorsch Gallery, ouvre ses portes. Suivra Bernice Steinbaum, qui n'hésite pas à quitter Soho pour ouvrir sa propre galerie (fermée depuis). Puis s'établissent des restos, des bars. En 2009, ***Tony Goldman*** imagine une galerie de peinture à ciel ouvert : ***Wynwood Walls,*** dont le vernissage coïncidera avec Art Basel, initiant dans le même temps une expo d'art mensuelle appelée ***Art Walk*** (le 2e samedi du mois). Wynwood compte aujourd'hui plus de 70 galeries et collections...
Dans la même veine, l'actuel ***Design District,*** pratiquement abandonné jusque dans les années 1980, a commencé à être réhabilité dans les années 1990 grâce à l'intervention de ***Craig Robins,*** déjà à l'origine de la renaissance de South Beach et de Lincoln Road. En quelques années, le quartier s'est doté d'installations temporaires ou permanentes d'art et de design ainsi que de nombreux showrooms de designers. LVMH, reconnaissant le côté avant-gardiste du projet et son potentiel économique étant donné sa situation, s'associe au projet. Résultat : ***des showrooms en pagaille,*** des salles d'expo, des galeries et aujourd'hui une zone commerciale exclusivement réservée aux boutiques de luxe.
À l'instar de l'***Art Basel Miami Beach,*** « petite » sœur de celle de Bâle qui accueille depuis 2002 la plus grande foire d'art contemporain aux États-Unis, son pendant design, le ***Design Miami,*** accueille les designers du monde entier depuis 2005. Le temps d'une semaine de décembre, Miami devient donc le rendez-vous des galeristes, marchands et critiques du monde entier.

BOISSONS

Les boissons non alcoolisées

– ***L'eau glacée :*** dans les restos, la coutume est de servir d'emblée un verre d'eau glacée (du robinet) à tout client. Si vous préférez sans glaçons, dites *no ice please* ou, avec peu de glaçons, *with little ice*. Une fois vide, votre verre sera immédiatement re-rempli (avec le sourire !). Les Américains consomment très peu d'eau minérale.

– ***Le café :*** le ***café américain*** de base (*regular* ou *American coffee*), très allongé (pour rester poli), est souvent servi à volonté *(free refills)* au petit déjeuner. Les Américains en sirotent à longueur de journée, y compris dans leurs mugs thermos. Si vous voulez un café noir, précisez bien *black coffee*. Cela dit, on trouve désormais du vrai bon café en Floride grâce à l'émergence de *coffee roasters* artisanaux (torréfacteurs) qui proposent des sélections de grains pointues, souvent bio. À vous de choisir entre ***drip coffee*** ou ***pour over*** (café fraîchement moulu passé au goutte-à-goutte dans un filtre posé sur la tasse), ***americano*** (expresso allongé d'eau chaude), ***cortado*** (expresso très serré avec micromousse de lait), ***cappuccino*** (expresso et mousse de lait légère dessus), ***latte*** (mousse de lait plus épaisse), ***macchiato*** (expresso « taché » d'une pointe de mousse de lait, l'équivalent de notre noisette), ***mocha*** (*latte* avec une tombée de sirop de chocolat) et autre ***cold brew*** (café froid infusé à température ambiante avant d'être filtré) ou ***iced coffee*** (café refroidi avec des glaçons).

L'INVENTION DU CAFÉ SOLUBLE

C'est à un chimiste anglo-belge émigré aux États-Unis, un certain George Washington (!), que l'on doit le 1er café soluble. Il fit fortune grâce aux commandes de l'armée américaine pendant la Première Guerre mondiale mais, lors du conflit suivant, les militaires préférèrent Nescafé (suisse)...

– ***Le thé :*** il est plus souvent servi glacé ***(iced tea)*** que chaud ***(hot tea)***. Loin des thés glacés aromatisés et sucrés vendus en France, l'*iced tea* est un thé normal glacé, que l'on commande *sweetened* (très sucré) ou *unsweetened* (pas sucré du tout). Amateurs, emportez avec vous quelques sachets de bon thé si vous avez du mal à vous en passer, car dans de nombreux endroits, c'est *Lipton* de base ***(black tea)*** ou ***herbal teas*** (infusions). Comme pour le café, on sert des thés de meilleure qualité dans les *coffee houses* nouvelle génération, mais il s'agit surtout de thés parfumés.

– ***Les cocas et sodas :*** les Américains consomment des sodas *(soft drinks)* à longueur de journée, *Coca-Cola* (dites *Coke*) en tête. Dans certains restos de chaîne, fast-foods, *coffee shops* et autres petits restos, ceux-ci sont servis à volonté. On se sert soi-même « à la pompe » *(soda fountain)* ou on demande un *free refill*.

– ***Les smoothies :*** ce sont des cocktails de fruits et/ou de légumes mixés et mélangés à du yaourt, du lait, du lait végétal (soja, amande, noisette, riz, avoine ou coco) et/ou de la glace,

COCARICO !

C'est un Corse, Angelo Mariani, qui est un peu, dit-on, à l'origine du Coca-Cola. Commercialisé dès 1863, son vin à base de feuilles de coca connut un succès phénoménal jusqu'à son interdiction en 1910. Il faut dire que, même s'il fut adoubé par le pape Léon XIII, ce Red Bull de l'époque contenait tout de même 6 mg de cocaïne... Futé, un pharmacien américain, Pemberton, s'inspira de la recette en y ajoutant de la noix de kola du Ghana, puis en supprimant l'alcool, pour cause de Prohibition dans la ville d'Atlanta. Ainsi naquit dès 1885 le Coca-Cola, qui ne contient, à notre connaissance, plus de cocaïne.

voire des céréales. On y ajoute parfois des compléments énergétiques. Les ***bars à jus*** fraîchement pressés ont plus que jamais le vent en poupe. Surfant sur la déferlante bio, ils proposent des jus *detox* et *healthy.*
– ***Les milk-shakes :*** boissons frappées à base de lait mixé avec de grandes louchées de glace à la vanille, à la fraise...
– ***Les floats ou ice cream sodas :*** encore une expérience culturelle à ne pas manquer ! Il s'agit d'un verre de soda (en général du *Coke*) ou de *root beer* (ce breuvage insolite au goût de médicament qui n'a rien à voir avec de la bière) dans lequel on dépose une boule de glace à la vanille.

Les alcools

Le rapport des Américains à l'alcool n'est pas aussi simple que chez nous. La société, conservatrice et puritaine, autorise la vente des armes à feu mais réglemente de manière stricte tout ce qui touche aux plaisirs « tabous » (sexe et alcool). L'héritage de la Prohibition et, bien sûr, les lobbies religieux n'y sont pas pour rien. ***N'oubliez pas vos papiers (ID, prononcer « aïdii »), car de nombreux bistrots, bars et boîtes de nuit les exigent à l'entrée, et ce quel que soit votre âge !*** Idem pour acheter une bouteille de vin ou une bière au supermarché.
– ***Âge minimum :*** on ne vous servira pas d'alcool si vous n'avez pas 21 ans ou si vous ne pouvez pas prouver que vous les avez. Même accompagné de ses parents, un jeune de 20 ans devra se contenter d'une boisson non alcoolisée.
– ***Vente et consommation surveillées :*** dans la plupart des États, dont la Floride, il est strictement interdit de boire de l'alcool dans la rue. Alors certains descendent leur canette de bière dans un sachet en papier, (presque !) ni vu ni connu... Les bières et le vin s'achètent dans les supermarchés et épiceries, mais les autres boissons alcoolisées ne se trouvent que dans les ***liquor stores,*** aux horaires réglementés. De même, les horaires de fermeture des bars et boîtes sont aussi fixés par l'État (à 2h, tout le monde remballe), avec possibilité d'amendement local (3h à Tampa, 4h à Key West, 24h/24 à Miami dans l'Entertainment District).
– ***Les bières :*** à l'image du reste des États-Unis, on trouve en Floride beaucoup de ***microbrasseries*** *(microbreweries)* produisant des bières artisanales *(craft beer)* plus ou moins réussies. Un peu de vocabulaire s'impose. Une pression se dit *draft beer.* Les *ale* sont des bières de haute fermentation, à plus haute teneur en alcool : de la moins maltée à la plus maltée, vous trouverez la *pale ale,* dont l'***IPA*** *(Indian Pale Ale),* d'origine anglaise, amère et très houblonnée, l'***amber ale*** ou encore la ***brown ale.*** Les ***lager,*** blondes, brunes ou ambrées, sont des bières de fermentation basse de bonne conservation, les moins alcoolisées et les plus courantes ; dans cette famille, les ***pilsner*** sont des *lager* blondes. Les ***wheat*** sont des bières légères et troubles (l'équivalent des blanches), composées en grande partie de malt de blé ou de froment. On trouve aussi des ***porter,*** des bières légèrement caramélisées qui se boivent tièdes et qui ont donné naissance aux ***stout*** (bières noires), filtrés ou pas.

INDIEN VAUT MIEUX QUE DEUX

*L'*Indian Pale Ale, *ou* IPA *pour les intimes, est certainement l'une des bières les plus en vogue du moment. Bière de fermentation haute, elle ne doit pas son nom aux natifs nord-américains mais à la Compagnie anglaise des Indes qui en abreuvait dès le XVIIIe s les colons britanniques alors en poste aux Indes.*

– ***Les vins :*** inutile de vous présenter les vins californiens, que vous retrouverez facilement partout. Plus étonnamment, la Floride possède une bonne trentaine de domaines viticoles, dont, il faut bien l'avouer, la réputation n'est pas excellente... On trouve d'ailleurs rarement leurs bouteilles dans les bars et restos. Le Sunshine State revendique pourtant le titre du « plus ancien vignoble des États-Unis » : les

1ers ceps auraient été plantés par des Français, installés entre 1562 et 1565 non loin de Jacksonville. Aujourd'hui, de très nombreux bars et restaurants proposent du vin au verre, à des tarifs oscillant entre... 8 et 15 $! ***Certains restos, n'ayant pas la licence d'alcool,*** appliquent le principe du *Bring Your Own Bottle* **(BYOB)** : vous avez alors le droit d'apporter votre propre bouteille de vin ou de bière. Une pratique qui a le mérite d'alléger considérablement l'addition, même si un petit droit de bouchon est généralement exigé *(corking fee)*.

– ***Les cocktails :*** ce sont les Américains qui ont relancé la mode des cocktails traditionnels, voire historiques, préparés dans les règles de l'art par des « ***mixologists*** ». Les ***cocktails latinos*** à base de rhum ou de tequila (margarita, mojito, daiquiri, etc.) sont très à la mode en Floride. À l'heure du brunch, on retrouve l'incontournable ***bloody mary*** (vodka et jus de tomate épicé) et le ***mimosa*** (champagne, jus d'orange et Cointreau ou triple-sec). Au-delà de ces grands classiques, les bars les plus branchés ***mixent leurs propres recettes,*** soit inspirées de cocktails anciens, soit carrément inventées, avec des alcools maison, les herbes aromatiques les plus inattendues, du piment, etc.

– ***Le bourbon*** (prononcer « beur'beun ») ***:*** impossible de passer sous silence ce whisky américain *(whiskey)* dont le Kentucky fournit une bonne moitié de la production (et le Tennessee le reste). Cette région s'appelait autrefois le Bourbon County, histoire de remercier Louis XVI et la maison Bourbon pour leur soutien pendant la guerre d'Indépendance... C'est donc depuis 1790 (en pleine Révolution française !) que le célèbre whisky américain porte le nom de bourbon. Le *rye whiskey* est quant à lui composé de 51 % de seigle.

LE BOURBON EST-IL UN WHISKY ?

Oui, bien qu'on utilise un mélange de céréales (et pas seulement de l'orge), dont au moins 51 % de maïs (histoire d'écouler l'énorme production américaine !). À la différence des Écossais ou des Irlandais, les Américains le font vieillir dans des fûts de chêne neufs noircis à la fumée. Le goût du bois est donc plus prononcé que dans le whisky, avec une note de caramel.

– ***Happy hours :*** beaucoup de bars attirent les foules après le travail, en semaine, généralement de 16h à 19h, en leur proposant moitié prix sur certains alcools, notamment les bières, mais parfois aussi certains cocktails.

CINÉMA

Miami, sa plage, son architecture, son ensoleillement, ses communautés, sa magie, mais aussi sa violence, ses trafics : autant d'éléments riches d'inspiration pour le cinéma et la télévision.

Filmographie sur Miami

– ***Moonlight*** (Barry Jenkins, 2016). Couvert d'éloges et récompensé par l'oscar du meilleur film en 2017 (face à l'archifavori *La La Land* !), *Moonlight* raconte le parcours d'un jeune Noir découvrant son homosexualité dans un ghetto de Miami rongé par le trafic de drogue, au cœur des eighties. Un film en partie autobiographique dont l'action se situe à Liberty City, le quartier dans lequel le réalisateur a grandi.

– ***Scarface*** (Brian de Palma, 1983). Un film culte que l'on ne présente plus, remake du film homonyme d'Howard Hawkes (1932) qui, lui, se déroulait à Chicago. Tony Montana, petit gangster cubain émigré à Miami, devient rapidement un des plus grands trafiquants de drogue. Une évolution qui ne sera pas dépourvue de violence... Un classique, avec un Al Pacino au sommet de son art.

– ***Absence de malice*** (Sydney Pollack, 1981). Un marchand d'alcool de Miami découvre avec stupeur à la une du *Miami Herald Tribune* qu'il est suspecté d'avoir tué un docker syndiqué. Innocent, il cherche alors à comprendre l'origine de cette histoire auprès de Megan Carter, la journaliste qui a écrit l'article. Corruption et manque d'éthique journalistique sont au cœur de ce drame incarné par Paul Newman et Sally Field.

– ***Mary à tout prix*** (*There's Something about Mary* ; Bobby et Peter Farrelly, 1998). Réunion des rois de la comédie américaine trash et potache mais pas bête, et de Ben Stiller et Cameron Diaz. Ted, le stéréotype du loser, est amoureux de Mary, le stéréotype de la fille parfaite. 13 ans après un 1er rendez-vous on ne peut plus raté, il engage un détective privé pour la retrouver à Miami. Mais ce dernier tombe à son tour amoureux d'elle... Une des scènes a été tournée au restaurant *Big Pink,* dans l'Art Deco District (voir « Où manger ? » à Miami Beach).

UN BON « PLAN AMÉRICAIN »

À partir des années 1940, et encore plus dans les décennies qui suivirent, la mode du « plan américain », couramment utilisé dans les films américains, envahit le cinéma européen. Ce plan consistait à cadrer les personnages entre la ceinture et les genoux. Nulle volonté esthétique dans ce choix. Il était imposé au réalisateur par la production, car dans les westerns il fallait à tout prix voir les pistolets qui pendaient à la ceinture des acteurs. Ce type de plan fut repris par les cinéastes de la Nouvelle Vague en France... sans les revolvers.

– ***L'Enfer du dimanche*** (*Any given Sunday* ; Oliver Stone, 1999). Tony d'Amato (Al Pacino, encore), entraîneur des Miami Sharks, l'équipe de football américain de Miami, est très critiqué à la suite d'une série de défaites. Il prend alors le risque de recruter un débutant (Jamie Foxx) pour remplacer le *quaterback* star de l'équipe (Dennis Quaid). À travers les rivalités au sein de l'équipe et de la hiérarchie administrative, Oliver Stone livre un intéressant portrait de l'Amérique et de ses névroses.

– ***Deux flics à Miami*** (*Miami Vice* ; Michael Mann, 2005). Passage réussi de la série au cinéma, avec Colin Farrell et Jamie Foxx dans le rôle de 2 flics de la brigade des stupéfiants de Miami-Dade, Sonny Crockett et Rico Tubbs. Trafic de drogue entre Miami, la Floride et l'Amérique latine en perspective, mais aussi une histoire d'amour impossible avec Isabella, incarnée par Gong Li. Michael Mann y met en valeur l'Art Deco District, ses couleurs pastel et ses néons dans de superbes scènes de nuit.

– ***Le Dingue du palace*** (*The Bellboy* ; Jerry Lewis, 1960). Pour découvrir le luxueux hôtel *Fontainebleau* dans les années 1960, mais surtout pour rire. À travers plusieurs saynètes rivalisant de drôlerie et de loufoquerie, suivez les aventures de Stanley, interprété par l'excellent Jerry Lewis, un groom pour le moins surprenant !

Et au rayon des séries TV :

– ***The Assassination of Gianni Versace*** (2020). Série Netflix couronnée aux Golden Globe et aux Emmy Awards. Elle retrace les destins croisés du grand couturier (abattu devant la porte de sa villa de Miami Beach en 1997) et de son assassin, Andrew Cunanan.

– ***Dexter*** (James Manos Jr, 2006-2013). Adaptée des polars de Jeff Lindsay, la série nous fait suivre au fil des épisodes les aventures de Dexter Morgan (Michael C. Hall, très convaincant), expert scientifique du service médico-légal de la police de Miami de jour, meurtrier de nuit. Incompatible ? Au contraire, cette double vie se révèle être une aubaine pour ce serial killer méticuleux et maniaque à l'extrême, en lui permettant une maîtrise et un contrôle constants de ses 2 activités favorites... Pour les fans, l'appart de Dexter se situe à Bay Harbor Island, au nord de Miami Beach, près de Bal Harbour.

– ***Magic City*** (Mitch Glazer, 2012-2013). Plongée vers la fin des années 1950 dans le quotidien d'une riche famille et du *Miramar Playa,* un luxueux hôtel de Miami. Mafieux sans scrupules, casinos souterrains, migrants cubains, paillettes, prostitution et drogue sont au cœur de cette élégante et sombre série à l'esthétisme léché et à la sensualité assumée.
– ***Deux flics à Miami*** (*Miami Vice* ; Anthony Yerkovich, 1984-1989). Ringard, diront certains, indémodable, diront les autres. Toujours est-il qu'en suivant les aventures de ces 2 flics décidés à faire le ménage dans la ville de la drogue et de la corruption, vous découvrirez la Miami des années 1980.

Sur Fort Lauderdale et les Keys

– ***Key Largo*** (John Huston, 1948). Guerre, gangsters et amour noir. Un huis clos en noir et blanc, adapté d'une pièce de théâtre de Maxwell Anderson. C'est un ouragan sur l'île de Key Largo en Floride qui isole le gangster Johnny Rocco dans un hôtel au moment où Frank McCloud rend visite à la veuve d'un ancien compagnon d'armes. Qui va sortir vivant ? Film noir par excellence.
– ***Where the Boys Are*** (Henry Levin, 1960). Romance *on the beach* à Fort Lauderdale, la Venise de l'Amérique. Ce n'est pas encore l'époque hippie, mais l'amour à l'adolescence donne des envies. Alors quand 4 jeunes filles partent en vacances pour le printemps... Le film nous laisse un arrière-goût moraliste dans une Amérique plutôt puritaine.
– ***Bloodline*** (2015-2017). Produite par Netflix, cette excellente histoire de famille et policière, sur fond de critique féroce de la réussite sociale (si chère aux Républicains), a été tournée dans les Keys. Les fans retrouveront de nombreux lieux de tournage à Islamorada.

CUISINE

La cuisine nord-américaine est avant tout nourrissante, parfois gourmande mais pas gourmet... Toutefois, dire que les Américains mangent mal est un peu trop simpliste. Certes, la quantité prévaut souvent sur la qualité, avec des portions ou menus « extra large » proposés pour seulement quelques *cents* de plus... Comme partout, ce sont les catégories sociales les plus défavorisées qui sont les plus touchées par l'obésité car la ***malbouffe*** coûte moins cher. Cela étant dit, on peut très bien manger en Floride, particulièrement à Miami, où l'éventail des possibilités (et des budgets) est immense. Si le passage par la friteuse reste encore la norme, même dans certaines adresses haut de gamme, une mode du ***healthy eating*** (« ***manger sain*** ») s'est développée dans les couches les plus favorisées de la population, et les aliments ***bio (organic)*** ont le vent en poupe – certes, moins en Floride que dans le nord-est du pays ou en Californie, mais quand même... Le ***phénomène « locavore »,*** qui privilégie la consommation d'ingrédients locaux (pas forcément bio), s'intègre de plus en plus dans les mœurs. Idem pour les ***options végétariennes,*** qu'on retrouve quasiment sur toutes les cartes (y compris celles des fast-foods, nombreux à proposer des *veggie burger* !). Au bout du compte, vous aurez vraiment l'embarras du choix. On trouve de tout et pour tous les budgets, du ***sandwich cubain*** vendu au coin de la rue aux ***tables gastronomiques de New American Cuisine*** mettant en scène les produits locaux en passant par les ***cabanes à seafood*** et les ***food trucks*** (camions) vendant de la ***street food*** (cuisine de rue, parfois gourmet).

À TOUTES LES SAUCES

Le fameux ketchup n'aurait pas été inventé aux États-Unis mais... en Asie ! Il s'agirait à l'origine d'une sauce de saumure de poisson, appelée ké-tsiap. Au XVIIe ou XVIIIe s, les Anglais en rapportèrent en Europe, où sa composition fut adoucie de champignons, puis de tomates (et de sucre !).

RESTAURANT MODE D'EMPLOI

***Attention au service* (gratuity) :** il faut ajouter au moins 15-18 % (les Américains donnent facilement 20-25 %), sauf si le service est déjà compté (c'est souvent le cas à Miami et dans les Keys).

Les plats sont généralement plus copieux que chez nous sauf dans les restos chics ou branchés, où les portions ont tendance à diminuer. Aucun problème pour commander seulement une entrée ou parfois un ***plat pour 2, à partager* (to share).** Mais sachez que certains restos appliquent un supplément *(split charge).*

La plupart des restos sont ouverts midi et soir (de 11-12h à 15-16h, puis 17h-21h ou 22h), parfois même sans interruption entre les 2 services. Beaucoup servent le brunch le week-end et parfois aussi le petit déj en semaine.

Certains restaurants (assez rares cependant) ***n'ont pas la licence d'alcool,*** apportez donc votre « boutanche » (*BYOB* ; voir plus haut la rubrique « Boissons »), ça ne sera pas mal vu !

La plupart des restos proposent de la ***vente à emporter* (to go).**

Pensez à réserver, par téléphone ou directement sur les sites internet, surtout le soir (et particulièrement dans les grandes villes), car les restaurants sont souvent pleins et l'attente de mise. Pratique, le ***site de réservation en ligne OpenTable*** (ne fonctionne pas avec tous les restos cela dit) : ● *opentable.com* ●

Le breakfast

Ce n'est pas *Supertramp,* le groupe de rock phare des seventies, qui nous contredira : le *breakfast in America* est l'un des plus copieux que l'on connaisse. Pour les Américains, c'est un vrai repas, particulièrement le week-end (on parle alors de brunch). Abondant et varié, plus salé que sucré, le petit déj se prend souvent au resto. Certains établissements sont spécialisés et ne proposent que ça. Et puis il y a les cafétérias, les *coffee shops* et les *diners* (prononcer « daï"neur »), ces établissements populaires un peu rétro avec leurs tables en formica et banquettes en skaï calées dans des box.
La carte, souvent longue comme le bras, offre une place de choix aux œufs ***(eggs)*** cuisinés sous toutes les formes : brouillés *(scrambled),* pochés *(poached),* en omelette *(omelette),* en *frittata* (omelette épaisse façon tortilla espagnole) ou au plat *(fried)...* Sur le plat, ils peuvent être ordinaires *(sunny side up)* ou retournés et cuits des 2 côtés comme une crêpe *(over easy),* c'est-à-dire pas trop cuits. Les œufs sont généralement accompagnés de ***bacon*** ou de ***saucisses,*** de jambon grillé *(ham),* de ***pommes de terre*** sautées ou de *hashbrowns* (galettes façon rösti suisses). En prime, vous aurez droit à des ***toasts*** beurrés. On vous demandera probablement si vous préférez du pain de mie blanc *(white),* complet *(brown),* entre les 2 *(wheat)* ou seigle *(rye).*
Autre incontournable : les ***eggs Benedict,*** pochés, posés sur un petit pain rond toasté (un *English muffin*) et nappés de sauce hollandaise, avec le plus souvent du jambon grillé, du bacon ou du saumon fumé, mais on en trouve de nombreuses déclinaisons.
Au rayon des spécialités du breakfast figurent toujours aussi les ***pancakes,*** ces crêpes épaisses et moelleuses le plus souvent arrosées de sirop d'érable et

accompagnées au choix de fruits frais ou de bacon grillé. Certains restos déclinent les pancakes en version sucrée (banane, crème fouettée, noix de pécan...) ou salée (feta, courgettes...). Le pain perdu, appelé ici ***French toast,*** est aussi populaire.

Dans un registre plus « continental », il faut absolument goûter aux ***bagels.*** Inventés en Pologne au XVIIe s, ces petits pains en forme d'anneau, à la mie compacte, ont suivi les émigrés juifs jusqu'à New York pour devenir incontournables. Servis traditionnellement grillés *(toasted)* puis tartinés de *cream cheese* (souvent du *Philadelphia*), de beurre de cacahuète *(peanut butter)* ou de beurre et de confiture, ils existent en différentes versions : nature *(plain),* avec des raisins secs et de la cannelle *(cinnamon-raisin),* des graines de sésame ou de pavot, de l'oignon, multigrains, etc. Les *everything,* comme leur nom l'indique, ont un peu de tout dedans !

DES CORNFLAKES POUR FAIRE CEINTURE

John H. Kellogg était directeur d'un sanatorium. Très religieux, il prônait une alimentation végétarienne, prétendument efficace contre... les pulsions sexuelles. Sa découverte eut lieu par hasard, en 1894, en faisant griller des flocons de maïs trop bouillis.

Rien à voir avec les ***doughnuts (ou donuts),*** ces beignets ronds, troués aussi au milieu, dont les Américains raffolent – à commencer par Homer Simpson ! On trouve partout des succursales de la chaîne *Dunkin Donuts,* et d'autres comme *Krispy Kreme.* N'oublions pas les ***muffins,*** aux myrtilles, au chocolat, à la banane, etc., moelleux et délicieux, qu'on trouve surtout dans les *coffee shops* et les pâtisseries. Et le ***granola,*** mélange croustillant de céréales caramélisées, servies avec du yaourt, des fruits, etc. Dernière chose, dans les formules petits déj ou dans les brunchs, la boisson chaude est rarement incluse, le jus de fruits non plus (même en Floride). Mais si vous demandez un café *regular,* il sera en principe servi à volonté.

Le brunch

Une ***tradition du week-end,*** incontournable pour beaucoup d'Américains. Le dimanche, et parfois aussi le samedi, de 10-11h à 15-16h en général, de nombreux restos et même des bars servent le brunch, c'est-à-dire des plats à mi-chemin entre le breakfast et le lunch, à accompagner d'une boisson chaude, d'une ***coupe de champagne*** (ou de *prosecco*) ou d'un ***cocktail*** genre bloody mary ou mimosa. Depuis quelques années, les brunchs « gourmets » ont le vent en poupe dans les lieux à la mode : produits de qualité et recettes élaborées, souvent inspirées des classiques américains mais revisitées avec légèreté et créativité. Revers de la médaille, les files d'attente peuvent être longues. Quand c'est possible, pensez à réserver (parfois plusieurs jours à l'avance).

Le lunch et le dinner

– ***Horaires :*** dans la plupart des restos (pas les fast-foods), le lunch est servi de 11h à 14h-14h30. Puis les portes se ferment pour rouvrir vers 17h. Hormis dans les grandes villes, on dîne tôt ; rien de plus normal que de se rendre au resto à partir de 17h30-18h. D'ailleurs, passé 21h-21h30 en semaine, la majorité des restaurants ne servent plus. Seules les chaînes font exception.

– ***La carte n'est presque jamais la même le midi et le soir.*** Au déjeuner, elle est souvent réduite et moins chère, avec des salades, sandwichs, soupes, burgers. Le soir, les plats sont plus élaborés et les prix plus élevés (parfois du simple au double). Il arrive souvent que le même plat soit plus cher le soir que le midi ! Cela

dit, certains restos proposent des tarifs ***early bird*** (spécial couche-tôt), c'est-à-dire des plats à prix réduit ou un menu avantageux au début de leur service du soir, en général de 16h30-17h30 à 18h-18h30.
– Les ***today's specials*** (ou juste *specials*) désignent les suggestions du jour, servies en fait plutôt le soir, que les serveurs vous encouragent à choisir. Attention, contrairement à nos « plats du jour », les *specials* sont souvent plus chers que le reste de la carte, et le prix n'est pas toujours clairement indiqué.

TOO MUCH

L'obésité touche un tiers des Américains. Les chaînes de fast-foods ont inventé les hamburgers XXL, les omelettes à 4 œufs et les cornets de frites king size. Il fallait trouver une idée pour faire consommer encore plus. La chaîne Taco Bell fait depuis 2012 la promotion d'un 4e repas, en plus du breakfast, du lunch et du dinner... Leur slogan : « live mas ». Un néologisme anglo-espagnol qu'on pourrait traduire par « vivez plus ! ». Pas sûr qu'ingurgiter du fast-food 4 fois par jour soit gage de longévité...

LEXIQUE AMÉRICAIN SPÉCIAL RESTO

For here or to go ? : sur place ou à emporter ?

Appetizers : entrées.

Entrees (à prononcer presque à la française) ***:*** plats de résistance.

Are you done ? : avez-vous terminé ? ***No, I'm still working on it :*** non, je n'ai pas fini (de manger).

The check, please : l'addition, s'il vous plaît.

– ***Les salad bars :*** dans la plupart des ***supermarchés,*** on trouve une section proposant tout un choix de crudités, de salades composées, de plats cuisinés, parfois des sushis, mais aussi des desserts, des salades de fruits frais, etc., à consommer sur place ou à emporter. Il suffit de remplir une barquette et de passer à la caisse : on paie au poids (environ 8-10 $ la livre – *pound* –, soit 454 g). Vous en trouverez notamment dans les supermarchés ***Publix,*** très répandus en Floride, et, parmi les meilleurs, dans les magasins de la chaîne bio ***Whole Foods Market,*** présente dans les villes. Certains restos ont aussi leur *salad bar* : en général, l'achat d'un plat principal y donne droit à un aller-retour *(one trip)* ; il s'agit alors de bien remplir son assiette !
– ***Les food courts et food halls :*** très populaires aux États-Unis, particulièrement dans les centres commerciaux, les *food courts* sont des espaces regroupant des stands de cuisines différentes (avec généralement un espace où s'asseoir) : asiatique, mexicain, italien, mais aussi BBQ, bars à jus de fruits et smoothies, etc. Pratique, rapide, économique, pas toujours très fin, sauf dans la version *food halls* (plus actuelle !), qui renouvelle le concept avec une sélection d'enseignes plus gourmet.
– Certains restos proposent encore des formules buffet appelées ***all-you-can-eat*** (« tout ce que vous pouvez manger »). Pour une poignée de dollars, vous pouvez vous en mettre plein la lampe. L'abondance est garantie, la qualité beaucoup moins.
– Lire aussi la rubrique « ***Curieux, non ?*** », plus loin.

La cuisine américaine en général

– ***Le hamburger (ou burger) :*** une institution aux États-Unis, et pour cause, c'est le plat national ! Évidemment, tout dépend de la qualité du *patty* (steak haché) et des ingrédients qu'on met dessus (et dessous). Les chaînes de fast-foods les plus populaires (*McDo* et consorts) utilisent des viandes très bas de gamme. Allez plutôt dans les vrais bons restos (spécialisés ou non), qui servent d'excellentes viandes bien fraîches, *juicy*, tendres et goûteuses, prises dans du bon pain à burger légèrement brioché *(bun)* et accompagnées d'une kyrielle d'ingrédients et de sauces qui font toute la différence. Les frites (***fries*** ou ***French fries***) doivent parfois être commandées à part.

LE HAMBURGER N'EST PAS AMÉRICAIN !

Fin d'un mythe, le hamburger est né en Allemagne... à Hambourg, comme son nom l'indique. À la fin du XIXe s, de nombreux immigrés allemands de la région affluèrent au pays de l'Oncle Sam. Le hamburger désignait alors le bifteck haché qu'on leur servait à bord des transatlantiques. C'est donc grâce aux immigrants qu'il a fait son apparition au Nouveau Monde, avant d'être récupéré en 1940 par les frères McDonald, qui le placèrent entre 2 tranches de pain et le proposèrent en self-service !

– ***La viande de bœuf :*** de tout 1er ordre (sauf dans les fast-foods), mais chère. La tendreté de la viande américaine provient aussi de sa découpe (perpendiculaire aux fibres du muscle), différente de celle des bouchers français. D'où la difficulté de traduire les noms des différents morceaux que l'on retrouve sur les cartes des restos américains : le ***filet mignon*** (pavé dans le filet et non un filet mignon de porc), le ***sirloin*** (faux-filet), le ***tenderloin*** (filet), le ***ribeye*** (entrecôte), le ***New York Strip steak*** (partie haute du rumsteck), le ***flank steak*** ou ***skirt steak*** (bavette, onglet) et le célèbre ***T-bone,*** c'est-à-dire la double entrecôte avec l'os en T. Le très tendre ***prime rib*** (côte de bœuf) a aussi ses adeptes (à ne pas confondre avec les populaires *spare ribs,* qui désignent du travers de porc sauce BBQ). Pour la ***cuisson de la viande*** : *rare* = saignant ; *medium rare* = à point tendance saignant ; *medium* = à point ; *well done* = bien cuit.

– ***Le barbecue :*** cette tradition du sud des États-Unis fait un carton partout dans le pays. Le vrai BBQ se mange avec les doigts, servi avec du *corn bread* (pain de maïs), du *coleslaw* (salade de chou à la mayonnaise), voire des *mac & cheese* (macaronis au fromage) et des *collard greens* (sorte de chou vert coupé menu et cuisiné à l'étouffée avec des épices)... Le secret de cette viande juteuse et fondante, c'est la cuisson, longue et à tout petit feu *(slow-cooked),* idéalement au bois.

– Le ***poulet frit*** est également l'une des bases du menu américain, plus encore au sud du pays. Quant aux *Buffalo wings,* ce ne sont pas des ailes de buffle, mais des ailes de poulet frit nappées de sauce épicée, spécialité de la ville de Buffalo !

– ***Les salades :*** les Américains sont les champions des salades composées, fraîches, appétissantes et copieuses. Parmi les classiques : ***Caesar salad*** (laitue romaine, parmesan râpé et croûtons, accompagnée, en version *deluxe,* de poulet ou de grosses crevettes) et ***Cobb salad*** (salade verte, tomate, bacon grillé, poulet, avocat, œuf dur et roquefort), servies avec tout un cortège de ***sauces* (dressings).** On trouve aussi des déclinaisons variées, souvent sucrées-salées, notamment avec du ***chou kale*** (chou frisé), le légume emblématique de la cuisine bobo-bio.

– ***Les pâtisseries :*** parmi les desserts traditionnels figurent le ***cheesecake*** (gâteau au fromage blanc, le plus souvent décliné au citron, au chocolat ou agrémenté d'un coulis de fruits rouges, etc.), le ***carrot cake*** (aux carottes et aux noix, sucré et épicé, nappé d'un glaçage crémeux), les ***layer cakes*** (gâteaux « à étages » garnis de crème au chocolat, à la noix de coco...), la ***pecan pie*** (aux noix de pécan, très répandue en Floride) et tout le bataillon des ***pies*** (excellentes tartes) aux fruits de saison, à la mode de grand-mère... En Floride et plus encore dans les Keys, la ***Key lime pie*** est incontournable : cette tarte au citron vert *(lime),* à base de lait concentré sucré, parfois meringuée, peut être renversante quand elle est réussie, mais gare aux calories... Et n'oublions pas les toujours très populaires ***cupcakes*** (petits gâteaux ronds genre génoise, nappés d'un glaçage au beurre sucré et souvent coloré) ni les ***whoopie pies*** (sorte de minisandwich de gâteau en forme de soucoupe volante, avec une garniture crémeuse au milieu).

– ***Les glaces (et dérivés) :*** les Américains ont l'habitude de les agrémenter de toutes sortes de garnitures ***(toppings),*** solides ou liquides, tels *M&M's,* noix, céréales, cacahuètes, caramel, *hot fudge* (chocolat fondu)... Outre la glace classique, il existe aussi le ***frozen yogurt*** (yaourt glacé), un peu plus léger en matières grasses, à la texture onctueuse.

Les spécialités de Floride

Aux côtés des classiques américains, la mer et les marais offrent des produits plus ou moins inhabituels, dont le plus étonnant est sans doute l'***alligator*** (d'élevage), au goût entre le poulet et le porc, mais en plus ferme. Parmi la kyrielle de ***poissons,*** les meilleurs sont le ***red snapper*** (vivaneau), le ***grouper*** (mérou), le ***pompano*** (carangue) et le ***mahi-mahi*** (daurade coryphène). Le ***lionfish*** (sorte de rascasse), une espèce invasive (mangez-en !), est préparé par certains restaurateurs, tout comme l'excellent ***hogfish*** (labre capitaine). Les *wahoo* (thazard), *marlin* et *swordfish* (espadon) se trouvent plus rarement depuis qu'ils sont systématiquement relâchés par les pêcheurs au gros. Dans tous les cas, vous aurez du mal à voir les poissons entiers dans l'assiette : les Américains sont friands de beignets, de friture, de panure... et le poisson n'y échappe pas. C'est aussi vrai pour l'alligator, le poulet, les coquillages, le fromage... Heureusement, le poisson est aussi servi grillé, voire en filet mariné et poêlé, et ça c'est délicieux, surtout en salade. Il est aussi fréquemment proposé *blackened* – nappé d'épices cajuns.

À goûter également, les ***conch*** (à prononcer « conk »), spécialité des Keys, sont préparées en soupe *(chowder)* ou hachées menu et frites façon acras *(fritters).* Les ***pinces de crabe,*** elles, sont servies avec du beurre fondu ou une sauce à la moutarde (la saison du *stone crab* s'étend d'octobre à mai). Sa chair est le plus souvent accommodée en ***crabcakes,*** des sortes de croquettes grillées ou frites. On trouve aussi des ***huîtres*** *(oysters)* aux coquilles épaisses, plus souvent cuites que crues.

À la variété des produits de Floride s'ajoute la diversité des influences ethniques. Mention spéciale pour la ***cuisine cubaine,*** généralement bon marché, avec ses grillades de porc accompagnées de bananes plantains frites, de riz et de haricots noirs. Un des meilleurs plats, à ne pas louper : la *ropa vieja,* du bœuf effiloché aux oignons et poivrons. Autre incontournable bon marché : le ***sandwich cubain,*** *super popular* à Miami, servi souvent chaud et garni de jambon, rôti de porc (parfois aussi salami), fromage fondu et pickles. Le ***mofongo*** portoricain ou dominicain est une purée de bananes plantains agrémentée de couenne de porc frite, de porc effiloché ou de fruits de mer.

La *street food*

Un succès phénoménal, exporté chez nous d'ailleurs. Nés à Los Angeles à la suite de la crise économique, les ***carts,*** ces petits stands ambulants de cuisine de rue pas toujours reluisants qui peuplent les quartiers d'affaires, ont fini par débarquer en Floride. La *street food* s'est sophistiquée et des cohortes de ***food trucks*** (camions-restos) rutilants et colorés proposent désormais leurs spécialités à tous les coins de rue. Chaque *truck* a la sienne, mais la majorité propose de la ***cuisine latino*** : burgers d'inspiration cubaine, sandwichs colombiens, tacos et *burritos* mexicains, mais aussi *spring rolls* thaïs, glaces, cupcakes, jus de fruits frais... Attention, *street food* ne rime pas forcément avec *junk food* ; certains *food trucks* se font même une spécialité d'une cuisine de qualité, fraîche, avec produits locaux et tout le tremblement.

Les restaurants et fast-foods de chaîne

Aux États-Unis, les chaînes ont toujours la cote auprès des locaux. Quand on est sur la route, il faut reconnaître que ça dépanne bien ! Voici une sélection de nos enseignes préférées.
Amis végétariens, les buffets à volonté de ***Souplantation & Sweet Tomatoes*** sont pour vous ! Pour un prix dérisoire (12 $ maxi le soir, encore moins le midi et grosse réduc enfants), vous ferez le plein de crudités, soupes, pâtes, pizzas et desserts. Pour un bon gros burger traditionnel avec des frites fraîches, direction ***Shake Shack*** ou ***Five Guys,*** dont Barack Obama est un inconditionnel ; les enseignes sont souvent implantées en centre-ville. Pour le petit déj (version saine), on aime beaucoup ***Corner Bakery*** : bons pains, porridge aux fruits *(oatmeal),* etc. Également ***Another Broken Egg Cafe*** avec un large choix de pancakes, *bowls,* omelettes, et même des plats sans gluten. Enfin, pour les jus bio, il y a ***Joe & The Juice,*** une enseigne branchée qui propose des jus à tout ce qu'on veut, du bon café et des sandwichs basses calories.

CURIEUX, NON ?

– ***How are you today ?*** C'est la question qui vous accueille partout dans ce pays, dans les boutiques comme dans les restos et autres. Même dans une grande ville comme Miami, ***on se dit facilement bonjour*** dans la rue, même si on ne se connaît pas, et on engage couramment la conversation avec des inconnus, au resto avec les voisins de table et dans les ascenseurs aussi !
– ***Au resto :*** l'***attente,*** presque toujours de mise, le ***bruit*** ambiant, entre les gens qui parlent fort (même si c'est vide !) et le fond musical souvent présent, les ***serveurs*** qui vous apportent l'addition avant que vous ayez commandé un café ou un dessert, le ***pourboire (tip)*** qui n'est pas compris (comme les taxes) mais obligatoire ! Même dans les adresses un peu populaires (type *diners*), on ne s'assied pas à n'importe quelle table, sauf si l'écriteau « *Please seat yourself* » vous invite à le faire ; on attend d'***être placé.*** Ne vous attendez pas à un ***service à l'européenne,*** du genre nappe, serviette, petite cuillère pour le café, etc. Ici, les mots d'ordre sont efficacité et rendement. Cela dit, l'accueil réservé aux clients est généralement aimable et souriant. Bien souvent, si le client a l'impression d'être chouchouté, il laissera un meilleur pourboire !
– Toujours étonnant aussi de voir du monde ***manger à toute heure*** dans les restos. Difficile parfois de deviner si les gens en sont encore au déjeuner ou déjà au dîner... D'ailleurs, les restos commencent à proposer la carte du soir vers 17h et dans certains endroits, le petit déj est servi toute la journée !
– ***Les sandwichs*** servis au resto n'ont rien à voir avec nos casse-croûte avalés sur le pouce. Ce sont de vrais repas chauds (comme les burgers), servis avec des frites, des chips ou une salade.
– Dans les ***bars*** et les ***boîtes,*** les ***papiers d'identité (ID)*** sont demandés à l'entrée, même si vous avez 40 piges !
– De plus en plus, ***iPad et smartphones remplacent les terminaux de paiement*** dans les boutiques et restos. Les reçus imprimés se raréfient, mais on peut

STUPIDA LEX, SED LEX

La juridiction floridienne réserve quelques lois pour le moins... surprenantes ! Ainsi, s'il vous prenait l'envie d'attacher votre éléphant à un horodateur, sachez qu'il vous faudra payer sa place de parking. Toujours dans le domaine animal, il est interdit d'avoir des relations sexuelles avec un porc-épic. Sacrés puritains ! Quant à vous, mesdames les célibataires, divorcées ou veuves, interdit de sauter en parachute le dimanche. Parité oblige, ces messieurs peuvent porter une robe, mais seulement avec bretelles. Et la liste est encore longue...

vous les envoyer par e-mail sur demande.

– La ***clim*** est toujours poussée à fond dans tous les lieux publics (transports compris)... Ayez toujours une veste ou un gilet pour ne pas choper un coup de froid.

– ***Le courant électrique est en 110,*** étonnant au pays de l'hypertechnologie.

– ***Embrasser*** fougueusement son amoureux ou son amoureuse dans la rue ne se fait pas. Le *PDA (Public Display of Affection)* est même très mal vu ! Dans le même ordre d'idées, les Américains se font ***rarement la bise.*** Quand on se connaît peu, on se dit juste « *Hi !* » (prononcer « haïe ! »), qui veut dire « Salut, bonjour ! ». Et quand on est plus proches, c'est le « ***hug*** » (l'accolade) qui prévaut. Il s'agit de s'enlacer en se tapant dans le dos, gentiment avec les femmes, avec de grandes bourrades pour les hommes.

– De nombreux ***médicaments,*** vendus sur ordonnance chez nous, sont ***en vente libre*** aux États-Unis.

– ***Certains journaux sont en libre-service dans les rues.*** Vous prenez un exemplaire et vous insérez vos pièces dans une urne. Personne ne fraude.

– Aux États-Unis, le ***décompte des étages*** est différent : le *1st floor* correspond au rez-de-chaussée, le *2nd floor* au 1er étage pour nous, etc. Et les ***immeubles*** ne disposent que très rarement d'un ***13e étage.*** Ce chiffre porte malheur depuis que Judas fut le 13e convive lors de la Cène du Christ.

– Dans les ***Visitor Centers,*** ce sont souvent des ***retraités*** qui renseignent les touristes. Certaines personnes âgées font des petits boulots pour améliorer leur retraite, mais la plupart sont des volontaires.

– Le concept de ***liberté individuelle*** reste une valeur sacro-sainte du mode de vie américain. Nombreux sont ceux qui sont opposés, par principe, aux obligations de sécurité routière : port du casque à moto, ceinture dans les voitures... Ils pensent que c'est le domaine de la responsabilité de chaque individu d'assumer les risques s'il veut les prendre. Ils sont donc rarement sanctionnés.

– Les ***professions libérales*** ont la possibilité de faire ***leur propre publicité,*** ainsi les autoroutes sont bordées d'immenses panneaux avec la photo d'avocats, de juristes, médecins et dentistes avec les coordonnées pour les contacter.

LA MORT À TOUT PRIX

Aux États-Unis, un nouveau business morbide se développe : le commerce de cadavres en pièces détachées ! Des « body brokers » *proposent à des familles endeuillées défavorisées de leur acheter une partie du corps du défunt (compter 500 $ pour une tête, 300 $ pour un pied...), profitant ainsi de leur précarité financière. Pour ces gens, c'est la seule façon de payer des funérailles à un proche. Les cadavres sont ensuite revendus à des chercheurs ou étudiants en médecine. Une faille juridique rend le procédé totalement légal aux US.*

LA MAIN SUR LE CŒUR

Naguère, les Américains avaient coutume de saluer leur drapeau en tendant le bras droit, en souvenir des légions romaines. Malheureusement, ce geste ressemblait trop au salut nazi. En 1942, le président Roosevelt décida de le remplacer par la main sur le cœur.

ÉCONOMIE

« **Croyez-vous au rêve américain ? Non, mais je crois qu'on peut en tirer profit.** »

Andy Warhol

La Floride, si elle était considérée comme un pays à part entière, se placerait au 17e rang mondial par la puissance de son économie, avec un PIB d'environ 1 000 milliards de dollars. Comme l'économie américaine dans son ensemble, elle s'appuie sur la dalle de granit du ***libéralisme absolu,*** qui tient en quelques principes simples : laisser faire les « lois » du marché (plutôt l'absence de lois), ne pas contrarier la liberté des financiers, travailler sans relâche, être à la pointe de l'innovation technologique, payer le moins possible d'impôts... Avec un minimum d'intervention des autorités publiques... sauf quand ça va mal. Et, avec la ***crise des*** **subprimes** ***en 2007,*** menaçant le système financier de s'écrouler comme un château de cartes, c'est allé plus que mal. L'État fédéral a dû dépenser 626 milliards de dollars pour renflouer les banques et les entreprises en difficulté, alors que des dizaines de milliers d'Américains voyaient leurs maisons saisies. Mais au final, le budget national n'a rien perdu : remboursements effectués, l'État américain a même fait un joli petit bénéfice grâce aux intérêts des prêts consentis !

D'OÙ VIENT LE DOLLAR ?

Le dollar vient... de Bohême. Au XVIe s, le thaler, né dans la vallée (thal) de Saint-Joachim, devient la monnaie de référence des échanges commerciaux en Europe centrale. Il se répand en Espagne grâce aux Habsbourg, puis gagne les colonies d'Amérique du Sud. Là-bas, on prononce tolar, puis dólar. L'importance de cette devise est telle qu'on l'utilise jusqu'aux États-Unis. Sur les pièces espagnoles, un bandeau en forme de S s'enroule alors autour de 2 piliers verticaux symbolisant les colonnes d'Hercule... C'est là que le sigle $ trouve son origine.

Gouvernement républicain ou démocrate, peu importe : la courbe de croissance du PIB américain et du PIB par habitant est quasi constante, avec encore une hausse moyenne de 2,2 % sur la dernière décennie. Cette homogénéité apparente cache toutefois une réalité plus sombre : à chaque crise, c'est l'emploi qui, plus que tout, sert de variable d'ajustement – une vérité universelle renforcée dans les systèmes très libéraux. Ainsi, en 2010, le chômage a-t-il atteint 9,63 %, pour redescendre à 3,68 % en 2019, puis exploser pour atteindre 14,7 % en avril 2020 au plus fort de la ***crise du coronavirus*** (le pire chiffre depuis la Grande Dépression)...

Autre conséquence de l'épidémie : une remise en question, chez beaucoup d'Américains, de leur vie professionnelle, voire... de leur vie, tout court ! Épuisement professionnel, choc traumatique lié au confinement, burnout généralisé... En 2021, plus de 38 millions de travailleurs ont quitté leur job ! Le phénomène, appelé la ***« grande démission »*** dans les médias, a provoqué un véritable engouement sur les réseaux sociaux, en même temps qu'une sourde inquiétude sur les marchés financiers ! 40 % de ces démissionnaires n'auraient pas retrouvé d'emploi. Ce qui n'a pas empêché les chiffres du chômage de redescendre à une vitesse fulgurante au moment de la reprise post-épidémie. Au printemps 2022, ils affichaient le même niveau qu'avant crise, aux alentours de 3,6 %. Le rebond économique d'après-Covid a également permis de faire baisser le ***déficit public américain*** qui, après avoir culminé à 14,9 % en 2020, est redescendu sous la barre des 5 % en 2022. Parmi ses priorités, le ***président Biden*** s'est attaqué à un

DES INÉGALITÉS TOUJOURS PLUS ABYSSALES

Le nombre de personnes vivant sous le seuil de pauvreté est estimé à 11,7 % de la population, soit 38,6 millions de personnes ! Chez les femmes seules avec enfants, ce taux (bien qu'en baisse) atteint 26,8 %. Parallèlement, les dirigeants des grands groupes cotés en Bourse gagnent en moyenne... 216 fois le revenu moyen américain !

problème de longue date : le manque d'évolution du salaire minimal, qui stagnait à 7,25 $ de l'heure depuis... 2009. Tenir sa promesse de campagne – atteindre 15 $ de l'heure d'ici à 2025 dans tout le pays – sera l'un des grands enjeux de son mandat.

La Floride, sous le soleil exactement...

L'histoire de la Floride est très récente, son développement économique n'a vraiment commencé qu'avec l'arrivée du chemin de fer construit par le ***milliardaire Henry Flagler,*** à la toute fin du XIXᵉ s. Son idée : inciter les riches du Nord-Est à venir hiverner dans ce pays de cocagne. Au fil du temps, ***le tourisme est devenu le moteur de l'économie.*** Mais c'est l'installation aux portes d'Orlando de Disney (sur 120 km^2 !), en 1975, qui a vraiment changé la donne. Les parcs de Mickey, qui attirent désormais chaque année plus de 50 millions de visiteurs, sont aujourd'hui le 1er employeur de Floride. Parallèlement, Miami est devenue le 1er port-escale au monde pour les bateaux de croisière, avec 6,8 millions de croisiéristes en 2019. Et Fort Lauderdale, juste au nord, en accueille beaucoup d'autres...

CRÉSUS DANS LES ÎLES

Au XIXe s, Key West, malgré sa situation géographique très particulière, devint la ville la plus riche des États-Unis grâce à une activité originale et lucrative : le pillage d'épaves ! Une loi américaine permettait alors aux gens qui trouvaient une épave de conserver la moitié des biens récupérés.

L'ensoleillement idéal de la Floride, associé à une bonne humidité, s'avère aussi une aubaine pour l'***agriculture.*** L'État est un important producteur de canne à sucre, de lait, de fruits et de légumes. Elle se place au 2e rang mondial pour les oranges (dont elle tire principalement du jus). Pourtant, l'agro-industrie ne contribue que marginalement au PIB floridien.

Berceau de l'aviation

Beaucoup ignorent que c'est entre St Petersburg et Tampa que fut inauguré le 1er vol commercial de l'histoire, en 1914. Depuis, le Sunshine State vise le ciel ! Le ***secteur aéronautique*** emploie 106 000 personnes, notamment dans le comté de Miami-Dade avec les compagnies *American Airlines* et l'avionneur *Embraer,* dans le *Florida High Tech Corridor* (au nord d'Orlando) et autour des bases de lancement de la NASA à Cape Canaveral. Qui plus est, ***l'aéroport de Miami est devenu une véritable plaque tournante pour les voyageurs internationaux*** (3e rang national derrière JFK à New York et Los Angeles). À la pointe de la technologie, la Floride joue la carte de l'avenir, avec la plus grande université privée entièrement tournée vers les métiers de l'aéronautique, qui assure notamment la formation de pilotes.

Miami, pépinière de start-up

Du fait de son secteur technologique en plein essor, du niveau de son enseignement supérieur (l'un des meilleurs des États-Unis) et de sa qualité de vie, Miami séduit aujourd'hui les jeunes chercheurs et créateurs d'entreprises dans le domaine du numérique. Selon certaines études, Miami serait même devenue la ***1re ville des États-Unis pour le coworking.*** Du coup, incubateurs et promoteurs de start-up ont éclos un peu partout en ville, de Brickell à Coral Gables, ce qui permet aujourd'hui à Miami de rivaliser avec New York, San Francisco et Los Angeles. Gros bonus : l'impôt sur les sociétés n'est ici que de 5,5 % !

Passerelle vers l'Amérique latine

Terre d'accueil, la Floride doit une partie de son essor économique à l'***immigration.*** Elle accueille chaque jour 380 nouveaux immigrants (surtout latinos) et compte désormais 21,5 % de résidents nés à l'étranger (54 % à Miami). La ville, pourtant dénuée de grosses entreprises, se place au 12e rang des villes américaines par son PIB. Le secteur bancaire y est très florissant, notamment grâce à l'arrivée massive de capitaux en provenance d'Amérique latine, l'absence d'impôt sur le revenu et d'impôt sur la succession encourageant le mouvement... L'immigration vers la Floride concerne désormais autant d'investisseurs étrangers que de migrants désargentés. Rappelons que ***Miami est la 4e métropole américaine où les inégalités sont les plus élevées.***

Miami : immobilier chéri

Les investisseurs latinos ne sont pas étrangers à l'essor considérable du marché immobilier de la région de Miami ces dernières années. Optimiste, quand on sait que les prévisionnistes les moins alarmistes s'accordent à dire que, vers 2160, il ne restera en Floride que 3 % de terres émergées ! On est désormais bien loin de la crise des *subprimes,* comme en témoigne le ***Miami Worldcenter, le 2e plus gros projet de développement immobilier des États-Unis,*** en cours de construction en plein centre-ville (près de 1 900 apparts, 1 700 chambres d'hôtel, centre de conférences, 28 000 m² de commerces...).
Mentionnons aussi le ***Magic City Innovation District,*** un projet cornaqué (entre autres associés) par Guy Laliberté, créateur du Cirque du Soleil, qui envisage une gentrification de 7 ha au cœur du quartier déshérité de Little Haïti... avec autorisation d'y dresser des tours de 25 étages ! Les opposants, souvent locataires de leur maison, qui craignent de se voir chasser encore plus loin, parlent, eux, de *Tragic City...*

ENVIRONNEMENT

La Floride est un État plat, constitué de ***grands espaces sauvages ponctués de plus de 30 000 lacs*** – le plus grand étant l'*Okeechobee lake* (1 900 km²), le 7e du pays, situé en plein centre de la péninsule. Ce vaste plan d'eau collecte les pluies et les redistribue vers les terres basses du sud de l'État, où s'étendent les ***immenses marais et terres humides des Everglades.*** Ces derniers sont protégés depuis 1947 par le plus vaste des parcs nationaux floridiens et le 3e des États-Unis en superficie, après ceux de *Death Valley* et *Yellowstone* (6 100 km², soit l'équivalent d'un département français). Au-delà, 175 parcs d'État font aussi résonner l'appel de la nature !
Si l'écologie n'est guère au cœur des préoccupations américaines actuelles, l'État de Floride ferait bien de s'en inquiéter, tant ses plaines littorales et ses îles coralliennes sont directement menacées par le réchauffement climatique. Quand bien même on construirait des digues, Miami, ville basse construite sur un sol calcaire, ne pourrait être protégée de la montée des eaux annoncée d'ici à la fin du siècle... En attendant, le climat continue de se détraquer et les ***ouragans*** de gagner en puissance et en récurrence : d'abord Irma en septembre 2017 (le plus puissant cyclone jamais enregistré dans l'Atlantique nord, heureusement un peu affaibli lors de son arrivée vers Miami), responsable de la destruction de 75 % des maisons en bois des Keys ; puis Michael en octobre 2018, qui a frappé de plein fouet la base du Panhandle. Depuis 2019 et l'élection au poste de gouverneur de ***Ron DeSantis,*** proche de Trump et ***climato-sceptique pur et dur,*** les expressions « réchauffement climatique » ou « élévation du niveau de la mer » ont été carrément bannis du langage administratif (certains fonctionnaires ont même été inquiétés pour les avoir employés !).

Heureusement pour le pays (et le reste du monde), le jour même de son investiture, le 20 janvier 2021, ***Joe Biden a annoncé le retour du pays dans les accords de Paris...*** Ouf !

Everglades menacés

Classé réserve de la biosphère et inscrit au Patrimoine mondial de l'Unesco, cet écosystème unique au monde couvrait, avant l'urbanisation du XXe s, une superficie totale de 11 000 km². Si, au sud du Tamiami Trail (route 41), il a largement conservé sa virginité, il n'a cessé d'être rogné aux entournures pour favoriser le développement de l'agriculture, au prix d'un assèchement des terres. À l'est, l'extension continue de Miami menace, et la pression démographique s'intensifie. La ***consommation d'eau,*** due en majeure partie à l'agriculture, est 3 fois plus élevée ici qu'en Europe – où elle n'est déjà pas faible ! Une réglementation plus stricte d'utilisation de l'eau par les particuliers a certes permis à la Floride du Sud de réduire sa consommation de 20 % (soit 8 milliards de litres d'eau par an !). Un temps classé sur la liste du Patrimoine de l'humanité en danger, les Everglades en ont été retirés suite à cet effort... puis remis en 2010. En effet, les rejets de phosphates utilisés dans la culture de la canne à sucre et le déficit en eau perdurent, perturbant les équilibres écologiques et limitant la croissance des plantes et, par voie de conséquence, des poissons et des oiseaux qui s'en nourrissent. Le taux de nidification des espèces peuplant les Everglades a été divisé par 10 par rapport aux années 1940. Et les alligators ont perdu en moyenne 20 % de leur poids ! Bref, toute la chaîne alimentaire est déséquilibrée et le plan de restauration peine à atteindre ses objectifs. Il sert d'ailleurs bien trop souvent à détourner des cours d'eau vers des terres agricoles qui en manquent...

L'emprise du monde moderne

La croissance démographique constante de la Floride ne fait qu'accentuer les problèmes de cohabitation entre l'homme et la nature. Le ***Florida Reef,*** qui forme la 3e plus longue barrière corallienne du monde (570 km), reste ainsi très menacé malgré son classement en *National Maritime Sanctuary* en 1990. Principales sources d'inquiétude, la ***pollution,*** le réchauffement et l'acidification des eaux. L'impact des millions de plaisanciers et pêcheurs qui fréquentent les récifs chaque année est important. Mais les rejets des activités terrestres sont encore plus dévastateurs, en particulier ceux de l'agriculture, dont les composants chimiques favorisent le développement des algues et l'appauvrissement des eaux en oxygène. Même constat pour les fosses septiques, dont les effluents s'infiltrent dans la table corallienne poreuse... Le constat est sévère : ***90 % des coraux ont déjà disparu.*** Les coraux durs, très exigeants en termes de propreté de l'océan, sont les 1ers à s'évaporer, un temps remplacés par des coraux mous et des éponges, plus tolérants à la turbidité des eaux.

La diversité marine est directement impactée, d'autant que les eaux floridiennes souffrent des marées vertes d'algues sargasses et des assauts du *lionfish,* une sorte de rascasse vorace originaire de la zone indo-pacifique. Une jolie mais sale bête qui dévore tout ce qui compose l'écosystème des récifs de la zone caraïbe.

Les plus grosses espèces ne sont pas indemnes. Les ***dauphins*** sont souvent blessés par les hélices des nombreux bateaux de plaisance. Tout comme les ***tortues marines,*** qui se retrouvent trop souvent au *Turtle Hospital* de Marathon (Keys), carapace brisée – même si la vitesse est très réglementée dans les chenaux afin d'enrayer ce carnage. Beaucoup de ces animaux souffrent aussi de l'ingestion de déchets plastique, confondus avec des méduses (une de leurs proies favorites) et de tumeurs favorisées par la pollution.

Notes positives

Dans ce monde qui semble aller à vau-l'eau, un animal tire son épingle du jeu : l'***alligator.*** Autrefois menacé de disparition en raison d'une chasse intensive, il a reconquis tous les marais de Floride, jusqu'aux lacs urbains et, parfois même... les égouts et canalisations. Aujourd'hui présent dans les 67 comtés de Floride, il atteint une population d'environ 1,3 million d'animaux. Cette réussite, bien sûr, ne fait pas que des heureux... Certains commencent même à parler de surpopulation. Pour gérer les inévitables conflits de territoire avec les habitants, la *Florida Fish and Wildlife Conservation Commission* accrédite des équipes de trappeurs pour supprimer les bestioles de plus de 4 pieds (1,22 m) maraudant hors des zones protégées.

L'ALLIGATOR VA DEVENIR SYMPATHIQUE

Les biologistes ont découvert que le sang d'alligator contient des globules blancs extraordinaires, capables de synthétiser une protéine qui combat virus et bactéries (dont le méchant staphylocoque doré, résistant aux antibios classiques) sans même n'avoir jamais été en contact avec eux. Ce puissant système immunitaire permet aux sauriens de cicatriser rapidement après de violents combats. Une vraie révolution en perspective, notamment pour les grands brûlés.

Autre success-story : le ***lamantin.*** Sur le point de disparaître il y a un demi-siècle, il a vu sa population rebondir grâce à la création de sanctuaires et au contrôle de la vitesse des bateaux dans les zones qu'il fréquente. On le rencontre désormais aisément le long de la Nature Coast (mais pas que).

Mentionnons aussi le beau come-back de la ***panthère de Floride.*** Au début des années 1990, il ne restait plus qu'une vingtaine de ces animaux, sous-espèce locale du puma. On en compterait aujourd'hui entre 120 et 130. Un sauvetage rendu possible au prix de croisements avec des pumas venus d'autres régions. Mais chaque année, 20 à 30 animaux meurent de collision avec des véhicules. Et l'on déplore à nouveau une baisse de la population.

GÉOGRAPHIE

La Floride forme une longue péninsule située à l'extrême sud-est des États-Unis, bordée à l'est par l'océan Atlantique et à l'ouest par le golfe du Mexique. Ses côtes, étirées sur plus de 1 900 km, ne comptent pas moins de 1 067 km de plages !

Autrefois, le territoire se réduisait pour l'essentiel à de ***vastes marécages*** envahis de moustiques. Le développement de l'agriculture et le peuplement rapide de la région entamés dans la 2de moitié du XIXe s ont engendré de sacrées transformations. Les travaux d'assainissement des zones humides, le creusement de voies navigables et la construction de digues pour lutter contre l'ensablement ont fait pousser des villes comme des champignons dès la fin de la grande récession de 1929. ***Miami*** en est la principale. Située à la pointe sud-est, au bord de l'océan, elle bénéficie d'une situation idéale sur la baie de Biscayne, qui en a fait une plaque tournante du trafic vers les Caraïbes et l'Amérique latine. À ses portes, le ***parc national des Everglades*** rappelle à la Floride son lointain passé de terres envahies par les eaux. Ici, la faune et la flore règnent encore en maîtres sur plus de 6 000 km^2.

En direction du sud s'étire le long ***archipel des Keys,*** formé de quelque 1 700 îles et îlots, en grande partie inhabités. Il est souligné, au sud, par les récifs du Florida Reef, l'un des plus grands au monde (le 3e, dit-on ici), ancré à quelques kilomètres au large. Une route mythique, l'*Overseas Highway,*

s'élance ici en mer en direction de Key West, au gré de 42 ponts. C'est le point le plus au sud des États-Unis, situé à tout juste 150 km de Cuba (plus près que Miami !).
La métropole de Miami, ***Great Miami,*** regroupe le comté de Miami-Dade ainsi qu'un chapelet d'îles important, dont ***Key Biscayne*** et Miami Beach, qui la protègent des aléas climatiques que sa situation littorale pourrait générer. La ville de Miami est divisée en de nombreux quartiers, caractérisés par la prédominance d'une certaine communauté et, parfois, une fonction particulière (quartier résidentiel ou d'affaires...).

HISTOIRE

Quelques dates

– ***Vers 5000 av. J.-C. :*** 1res traces de peuplement en Floride le long de la St Johns River.
– ***1513 :*** Ponce de León découvre la Floride pour les Espagnols.
– ***1565 :*** Pedro Menéndez de Avilés fonde San Augustín (St Augustine).
– ***1763 :*** traité de Paris, la Grande-Bretagne acquiert la Floride et rend Cuba aux Espagnols.
– ***1783 :*** 2d traité de Paris, la Grande-Bretagne reconnaît l'indépendance américaine, gagne les Bahamas et Gibraltar, et rend la Floride à l'Espagne.
– ***1785-1821 :*** accrochages frontaliers fréquents entre Espagnols et Américains.
– ***1819 :*** pour rembourser une dette de 5 millions de dollars envers les États-Unis, l'Espagne leur cède tous ses territoires à l'est du Mississippi, dont la Floride.
– ***1824 :*** le village indien de Talasi est choisi comme site de la capitale du nouvel État sous le nom de Tallahassee.
– ***1832 :*** traité de Payne's Creek ; 15 chefs séminoles cèdent leurs terres aux États-Unis et acceptent de partir vers l'ouest.
– ***1836 :*** mise en marche du 1er chemin de fer en Floride.
– ***1852 :*** la Floridienne Harriet Beecher Stowe publie *La Case de l'oncle Tom.*
– ***1861-1865 :*** guerre de Sécession.
– ***1865 :*** Abraham Lincoln proclame l'abolition de l'esclavage.
– ***1886 :*** Flagler entame la construction du *Florida East Coast Railroad.*
– ***1918 :*** début de la Prohibition en Floride.
– ***1926 :*** ouragan sur les Everglades et Miami *(The Big Blow).*
– ***1929 :*** krach de Wall Street le 24 octobre.
– ***1931 :*** Hemingway acquiert une maison à Key West.
– ***1939 :*** Al Capone se retire dans sa propriété de Palm Island à Miami.
– ***1941-1945 :*** Seconde Guerre mondiale ; les États-Unis se rangent du côté des Alliés contre les forces de l'Axe.
– ***1945 :*** la disparition d'un avion donne naissance à la légende du triangle des Bermudes.
– ***1958 :*** la sonde *Explorer 1* est lancée par la NASA, qui vient de s'établir à Cape Canaveral pour développer son programme de lancement de fusées.
– ***1959 :*** prise du pouvoir par Fidel Castro à Cuba, et exode de 300 000 Cubains pour la Floride. 1re édition des *200 Miles* de Daytona.
– ***1962 :*** crise des missiles de Cuba.
– ***1963 :*** assassinat de John F. Kennedy à Dallas le 22 novembre.
– ***1964 :*** début de la guerre du Vietnam. Martin Luther King est arrêté et emprisonné à St Augustine.
– ***1968 :*** assassinat de Martin Luther King le 4 avril.
– ***1971 :*** ouverture du parc Disneyland à Orlando.
– ***1973 :*** le comté de Miami-Dade (anciennement comté de Dade) devient officiellement bilingue (anglais et espagnol).

– ***1976 :*** la Floride est le 1er État à rétablir la peine de mort (après sa suspension provisoire en 1972).
– ***1977 :*** reconnaissance de l'éligibilité locale des homosexuels par les États-Unis.
– ***1980 :*** l'opération *Mariel* ordonnée par Fidel Castro oblige 125 000 Cubains à émigrer en Floride.
– ***1982 :*** protestant contre les autorités américaines, Key West se proclame « République Conch » pendant 1 semaine.
– ***1992 :*** l'ouragan Andrew ravage le sud de la Floride.
– ***1994 :*** nouvel afflux de Cubains en Floride.
– ***1997 :*** assassinat à Miami du styliste italien Gianni Versace.
– ***1998 :*** Jeb Bush est élu gouverneur de Floride pour le Parti républicain. Il est respectivement le fils et le frère des 2 anciens présidents George H. W. Bush et George W. Bush.
– ***2000 :*** les condamnés à mort de Floride ont désormais le choix entre l'injection létale et la chaise électrique. Lors de l'élection présidentielle, Al Gore est battu de très peu par George Bush Jr, les résultats du scrutin de Floride sont un temps suspectés d'irrégularités.
– ***2003 :*** explosion de la navette *Columbia* à son entrée dans l'atmosphère.
– ***2004 :*** George W. Bush est réélu président en novembre, face à John Kerry. 6 ouragans font plus de 40 milliards de dollars de dégâts en Floride.
– ***2005 :*** fin août, le cyclone Katrina, l'un des plus dévastateurs de l'histoire américaine, frappe le sud de la Floride mais sans conséquence dans cet État.
– ***2008 :*** une crise économique et financière sans précédent frappe les États-Unis. Le démocrate Barack Obama succède à George W. Bush et devient le 1er président noir à entrer à la Maison-Blanche.
– ***2010 :*** Barack Obama réussit à faire passer auprès du Congrès sa réforme du système de santé. En avril, une plateforme pétrolière de la *British Petroleum (BP)* sombre au large de la Louisiane et provoque l'une des plus grandes marées noires que les États-Unis aient jamais connues.
– ***2012 :*** en novembre, réélection d'Obama à l'issue de la campagne présidentielle la plus coûteuse de l'histoire.
– ***2013 :*** George Zimmerman est acquitté dans l'affaire du meurtre du jeune Noir Trayvon Martin, tué en Floride en février 2012. Le verdict du jury relance le débat sur la discrimination raciale aux États-Unis. Le 1er octobre, entrée en vigueur du 1er volet de l'*Obamacare* (assurance santé).
– ***2015 :*** au printemps, rétablissement des relations diplomatiques entre les États-Unis et Cuba après un demi-siècle d'embargo. En juin, la Cour suprême autorise le mariage homosexuel sur tout le territoire américain. Le 17 juin, à Charleston, en Caroline du Sud, 9 Afro-Américains sont abattus dans une église par un suprémationiste blanc.
– ***2016 :*** le 12 juin, tuerie revendiquée par Daech dans une boîte gay d'Orlando (49 morts). Le 8 novembre, Donald Trump remporte l'élection présidentielle face à la démocrate Hillary Clinton.
– ***2017 :*** en septembre, l'ouragan Irma dévaste la côte sud de la Floride.
– ***2018 :*** en février, fusillade dans un lycée au nord de Fort Lauderdale (17 victimes, élèves et professeurs), qui relance à nouveau le débat sur le contrôle des armes.
– ***2019 :*** le très conservateur Ron DeSantis est élu gouverneur de Floride. Proche de Trump, il est connu, entre autres, pour ses positions contre le droit à l'avortement.
– ***2020 :*** à la mi-mars, l'état d'urgence national est déclaré pour lutter contre la pandémie de Covid-19. De nombreuses manifestations marquées par le mouvement *#BlackLivesMatter* ont lieu à la suite de la mort de George Floyd, le 25 mai, à Minneapolis. La crise du coronavirus pousse à l'adoption d'un plan de relance de 2 200 milliards de dollars, financé par la dette. À la suite de l'élection présidentielle le 3 novembre 2020, le démocrate Joe Biden est déclaré vainqueur après un décompte des scrutins controversé ; sa vice-présidente, Kamala Harris, est afro-américaine et d'origine indienne.

– ***2021 :*** le 6 janvier, chauffés à blanc par leur chef qui refuse sa défaite à l'élection présidentielle, des centaines de supporters de Trump prennent d'assaut le Capitole, à Washington. Bilan de l'émeute : 4 morts. 14 jours plus tard, Joe Biden, 79 ans, devient le 46e président des États-Unis d'Amérique.

De la Floride précolombienne aux 1ers contacts

En Floride, les 1res traces retrouvées de peuplement semi-permanent datent de 5000 av. J.-C. environ, le long de la St Johns River. Le passage de tribus nomades à une société plus sédentarisée date du Ier millénaire av. J.-C.
À l'arrivée des colons européens, la Floride est habitée par près de 350 000 personnes réparties dans plus d'une centaine de tribus, dont les Apalachee (au nombre de 50 000 et organisés politiquement) et les Timucua (dont les dialectes étaient parlés par près de 150 000 individus), au nord, et les Myami, les Calusa ou les Tequesta, au sud.
Dans le prolongement de la découverte des Amériques par Christophe Colomb et Amerigo Vespucci en 1492, ***l'Espagnol Ponce de León « découvre » la Floride, le 2 avril 1513.*** La découverte ayant lieu le jour des Rameaux, la *Pascua Florida* en espagnol (« Pâques des fleurs »), le navigateur donne au nouveau territoire le nom de « Florida ». L'exploration aura lieu un peu plus tard, avec l'expédition organisée en 1528 par Pánfilo de Narváez, puis, en 1539, avec celle de l'explorateur et conquistador espagnol Hernando de Soto.
20 ans plus tard, en 1559, Tristan de Luna y Arellano fonde la 1re colonie espagnole floridienne à Pensacola (nord-ouest de la Floride), mais l'aventure ne dure finalement que 2 ans.

LA ROUTE DES DINDES

N'étant pas très fort en géographie, Christophe Colomb était persuadé d'avoir découvert l'Inde quand il débarqua en Amérique. D'où le nom de ces poules locales qu'il rapporta. Les Anglais, qui ne font jamais rien comme les autres, appellent ces bestiaux... turkey ! Ils avaient vu des volatiles similaires en Turquie.

L'arrivée des Français

En 1562, ***le Français Jean Ribaut*** est envoyé outre-Atlantique pour fonder un établissement huguenot tricolore en Amérique. Dans une baie du nord de la Floride, il fonde Charlesfort (du nom du roi de France Charles IX) et y installe une garnison avant de retourner en France. Durant son absence, la garnison se mutine et laisse le fort à l'abandon. Au printemps 1564, une armée espagnole finit par le détruire.
L'année suivante, un autre Français, ***Laudonnière,*** est chargé de construire un nouveau bastion, Fort Caroline (toujours Charles IX, du latin *Carolus*), près de l'actuelle Jacksonville. Mais l'incursion de protestants français sur le sol de Floride ne plaît définitivement pas aux « très catholiques » Espagnols, qui s'emparent du fort et en massacrent les occupants.
En 1568, le Gascon Dominique de Gourgues détruit quelques forts espagnols (dont Fort Caroline, rebaptisé San Mateo par les Espagnols), mais c'est le dernier épisode de la présence française en Floride si l'on exclut une brève occupation de Pensacola de 1719 à 1722.

Les Anglais s'en mêlent

Après l'évincement des Français, les Espagnols, dont l'établissement principal est San Augustín (futur St Augustine), doivent faire face à l'***appétit des Anglais.*** En 1585, le conflit religieux en Europe s'aggrave et entraîne l'Angleterre dans une

guerre opposant protestants et catholiques. Dès 1586, le conflit s'exporte aux Amériques. L'explorateur et corsaire anglais Francis Drake pille San Augustín.
Dans la foulée, ***l'Angleterre entame sa colonisation du Nouveau Monde.*** En 1607, 144 personnes débarquent sous le commandement de John Smith. Grâce à sa liaison avec la princesse indienne ***Pocahontas,*** le commandant comprend l'intérêt de la culture du « blé indien », ou maïs, pour l'installation durable des Anglais en Amérique. Dès lors, la colonie peut s'étendre rapidement.
Tout au long du XVIIe s, les nouveaux établissements anglais en Virginie puis en Caroline ne feront que repousser les frontières des possessions espagnoles vers le sud. En 1763, la Floride, presque dépeuplée, est finalement ***cédée aux Anglais par le 1er traité de Paris,*** à l'issue de la guerre dite « de Sept Ans » et en échange de Cuba.
L'installation des Anglais en Floride est difficile. Elle est marquée par la migration d'une importante partie d'Indiens creek, qui formeront la ***nation séminole,*** et, en 1768, par une tentative hasardeuse de peuplement dans l'actuelle ville de New Smyrna.
Durant la guerre d'Indépendance, la Floride, très peu peuplée, reste en retrait des événements. Mais elle n'échappe pas aux convoitises des Espagnols et des Français, établis sur le Mississippi, et alliés aux Américains. Au ***2^{d} traité de Paris,*** en 1783, les Espagnols récupèrent finalement le territoire au détriment des Anglais et des Américains.

La 2de domination espagnole

Durant leur 2de période de domination, les Espagnols sont peu présents en Floride. Ils l'ouvrent à l'immigration et en font une terre d'accueil pour les esclaves en fuite et pour les Indiens. Cette politique est très vite dénoncée par les États-Unis, fraîchement constitués, qui y voient une menace pour leur équilibre. À partir de 1810, ils vont donc procéder à une politique d'annexions progressives des territoires floridiens, qui débute avec l'incorporation à l'actuelle Louisiane des régions de l'Ouest en rébellion.
En 1817, les Indiens séminoles de Floride se rebellent et organisent des raids sur la Géorgie. La réponse américaine est immédiate : les troupes du général Andrew Jackson s'engagent, en plein territoire espagnol, dans une guerre punitive qui leur permet également d'occuper la quasi-totalité du territoire. En 1821, ayant perdu pratiquement toute autorité, ***les Espagnols finissent par céder la Floride aux Américains pour 5 millions de dollars.***
Andrew Jackson devient le 1er gouverneur du territoire de Floride avant d'être élu, 8 ans plus tard, à la présidence des États-Unis (fonction qu'il occupa jusqu'en 1837).

L'intégration aux États-Unis et l'expulsion des Indiens

L'annexion de la Floride aux États-Unis, son passage du statut de territoire à celui d'État, se fait en plusieurs étapes. Tout d'abord l'attribution d'une ***capitale administrative à Tallahassee,*** idéalement placée à mi-chemin entre St Augustine à l'est et Pensacola à l'ouest. Dans un 2^{d} temps, le gouvernement américain cherche à pallier le problème que lui posent les Indiens séminoles qui continuent d'accepter au sein des leurs des groupes d'esclaves en fuite. En 1832, par le traité de Payne's Landing, certains chefs séminoles acceptent d'exiler leurs tribus plus à l'ouest en échange de terres. Ceux qui font le choix de rester sont rapidement contraints à la résistance armée contre des colons qui ne veulent plus entendre parler d'eux. Cette nouvelle ***guerre séminole*** dure 7 ans, de 1835 à 1842, et se conclut par l'exil forcé de 3 000 Séminoles vers l'ouest.
Le 3 mars 1845, une fois le capitole de Tallahassee achevé, la Floride, dont la population est formée pour moitié d'esclaves noirs exploités dans les plantations, devient officiellement le ***27e État des États-Unis d'Amérique.***

La guerre de Sécession

L'aspect immoral de l'esclavage d'un homme n'est pas la vraie raison du déclenchement de la guerre de Sécession, qui opposa les États unionistes et abolitionnistes du Nord aux États séparatistes et esclavagistes du Sud, dits « confédérés ». Il s'agit d'abord pour le Nord de défendre une Union indivisible, fracturée suite à l'élection d'***Abraham Lincoln qui n'a que peu de sympathie pour la « cause noire »,*** la libération des esclaves ne s'inscrivant alors que dans le cadre du combat contre le Sud. Ce dernier déclare à ce sujet : « Mon objectif essentiel dans ce conflit est de sauver l'Union... Si je pouvais sauver l'Union sans libérer aucun esclave, je le ferais... »

Le conflit dure de 1861 à 1865, et c'est un véritable massacre (environ 630 000 morts et 400 000 blessés). 2 profonds changements dans la société américaine sont issus de cette guerre civile : le 1er est l'***abolition de l'esclavage le 18 décembre 1865,*** et le 2d sera la volonté de l'Union de représenter et de garantir une nouvelle forme de démocratie. Lincoln, le président américain dont l'élection a tout déclenché, en sort grandi et devient un héros national... avant d'être assassiné.

LA FIN D'UN MYTHE

En souvenir du roman anti-esclavagiste de Harriet B. Stowe, les Américains furent fiers de découvrir l'authentique case de l'oncle Tom. Les travaux de rénovation du site dépassèrent allègrement les 3 millions de dollars. Puis on se rendit compte qu'il ne s'agissait que d'une modeste cuisine où le héros ne vécut jamais.

État esclavagiste par excellence, la Floride est l'un des 4 membres fondateurs des États confédérés d'Amérique. Les États du Nord établirent un véritable embargo sur les principaux ports de cet important fournisseur de ressources pour l'armée confédérée. Mais, à part quelques exceptions, l'État resta néanmoins épargné par les combats. Une fois la guerre terminée, la Floride sera finalement admise à réintégrer les États-Unis en juillet 1868, et les esclaves des plantations obtiennent leur liberté, ce qui fait s'écrouler les bases de l'économie floridienne.

Mais si les Noirs américains acquirent leur liberté au sortir de la guerre, ils durent encore se battre un siècle de plus contre la ***ségrégation,*** jusqu'à conquérir, dans les années 1960, des droits civiques équivalents à ceux des Blancs. Encore aujourd'hui, l'exclusion raciale passée (et parfois présente) a pour conséquence le paupérisme et l'exclusion d'une majorité des Noirs américains.

La reconstruction

Au sortir de la guerre civile, la Floride, ruinée, reconstruit son économie en misant avec succès sur le ***développement du tourisme.*** S'appuyant sur des capitaux du Nord, les magnats des chemins de fer ***Henry Plant et Henry Flagler*** entreprennent la restauration et l'amélioration des réseaux ferroviaires et hôteliers dès la fin des années 1870. L'intérieur et autour de Tampa pour Plant, de Jacksonville à Key West pour Flagler. De son côté, l'industriel Hamilton Disson fait l'acquisition des Everglades en 1881. Il y fait creuser des canaux et y implante un système hôtelier qu'il fait relier par *steamboats* (bateaux à vapeur).

CRISE DE L'ARME

Selon la journaliste Corine Lesnes du Monde, *les civils détiennent des armes depuis la guerre de Sécession. Quand la paix revint, les gouvernements ne récupérèrent pas les winchesters comme en France en 1944. Ce furent les Indiens qui en firent les frais. La culture des armes est très forte dans les zones pauvres où la sécurité est moins évidente.*

La Floride se transforme en havre de paix pour touristes fortunés. Sa tranquillité est à peine troublée par la Première Guerre mondiale, à laquelle les États-Unis prennent part en 1917.

Les années de boom et la guerre

Au lendemain de la guerre de 1914-1918, la suprématie européenne est en déclin et les États-Unis, moyennement meurtris et très enrichis, deviennent une puissance importante sur l'échiquier mondial. Ce sont les « ***années Boom*** », caractérisées par une ***très forte croissance économique,*** notamment dans le domaine de l'immobilier. L'automobile, rendue plus accessible, permet à de nombreux Américains de partir en vacances. Et les investisseurs floridiens s'en frottent les mains, car ***de nouvelles villes sont créées*** à dessein, ***telles Miami et Palm Beach.*** Néanmoins, l'inflation galopante dans le secteur de l'immobilier entraîne une 1re crise en 1925, suivie du passage d'un violent ouragan en 1926. Les prix chutent, les faillites pleuvent... si bien que la ***Grande Dépression,*** déclenchée par le krach boursier de Wall Street en 1929, atteint moins la Floride, dont la crise est déjà bien avancée ! Celle-ci passée, les investisseurs reviennent et entreprennent la ***construction des 1ers parcs à thème,*** dont Cypress Gardens près de Winter Haven (1936) et Marineland près de St Augustine (1938). Néanmoins, l'État ne retrouvera la cote économique qu'au sortir de la guerre.

La ***Seconde Guerre mondiale,*** justement (décembre 1941-août 1945 pour les Américains), mobilise la nation entière et transforme cet État côtier en important lieu stratégique. ***La Floride accueille ainsi de nombreuses bases militaires, navales ou aériennes*** (par exemple, Jacksonville, Mayport, Cecil Field, Homestead...), et assure sa prospérité économique en servant également de base d'entraînement pour de nombreuses unités.

Tourisme, missiles, cigares et jus d'orange

Après la guerre, les bases militaires ferment peu à peu et ***la Floride redevient une destination touristique de 1er plan.*** La région exploite habilement son principal atout : le soleil ! L'équation « centaines de kilomètres de plages de sable fin + ouverture à Orlando des parcs d'attractions » (Walt Disney World Resort en 1971 et Universal au début des années 1980) achève de dynamiser le tourisme en ouvrant la région à un public plus large. Les retraités s'y plaisent et sont nombreux à s'y installer. Miami est même surnommée « la salle d'attente de Dieu »...

Le climat subtropical du Sunshine State est aussi propice à la ***culture des agrumes*** (oranges, pamplemousses, citrons, etc.) ***et du tabac,*** qui en font, grâce au développement de l'industrie agroalimentaire, le 2e producteur mondial.

La Floride fait aussi partie de la ***Sun Belt,*** la région dynamique du sud des États-Unis qui attire ingénieurs et hommes d'affaires du monde entier. Les industries de haute technologie (aérospatiale, aéronautique, etc.) s'y développent, notamment avec la ***construction du Kennedy Space Center à Cape Canaveral.*** Surnommée ***Space Coast*** (la « côte spatiale »), la zone voit le lancement des missions Apollo, qui envoient le ***1er homme sur la Lune en 1969.*** La guerre froide entre les États-Unis et l'URSS va aussi modifier le visage de la Floride avec l'***arrivée massive d'immigrés cubains*** suite au renversement du dictateur Batista par Fidel Castro en 1956 (300 000 rien que la 1re année, puis par vagues successives jusqu'à aujourd'hui...). Cette importante immigration cubaine achève de dynamiser la région. Partis de peu, ils forment aujourd'hui une communauté influente et toujours grandissante en Floride (environ 1,2 million d'individus) et s'organisent pour aider leurs familles restées à Cuba.

Yes, we can ?

En 2007, sans doute lassée des Bush et visiblement emportée par l'élan national en faveur du futur 1er président noir, ***la Floride vote Obama*** et, malgré les attentes en partie déçues, lui renouvelle sa confiance 4 ans plus tard. En 8 ans de pouvoir démocrate, elle va se faire l'écho des grands enjeux qui traversent le pays. Ce qui ne l'empêche pas, dès 2010, de se choisir pour gouverneur le républicain Rick Scott, fieffé opposé à la réforme du système de santé prônée par Obama, lequel ordonnera au cours de son mandat l'exécution de 22 prisonniers en attente dans les couloirs de la mort (rappelons que la Floride avait été le 1er État à rétablir la peine de mort dès 1976). En 2012, un jeune Afro-Américain, ***Trayvon Martin,*** est abattu par George Zimmerman. La raison ? Zimmerman avait trouvé l'adolescent suspect. Plaidant la légitime défense, il n'est même pas arrêté. Face aux manifestations qui prennent de l'ampleur, il sera finalement inculpé, puis acquitté. L'affaire fait grand bruit et donne naissance au mouvement ***#BlackLivesMatter*** (« les vies noires comptent »), dénonçant l'impunité des meurtres d'Afro-Américains.

Mais les années Obama sont aussi celles de l'ouverture. En 2015, ***les relations diplomatiques avec Cuba sont rétablies*** après 54 ans de gel. Acte historique s'il en est, le président américain se rend en personne sur l'île serrer la pogne à Raul. Quelques mois plus tard, son frère, Fidel, passe l'arme à gauche. Une page se tourne.

POURQUOI LA FLORIDE EST UN ÉTAT CLÉ

Avec ses 29 grands électeurs sur un total de 538, la Floride pèse lourd dans la balance électorale. Le plus gros des swing states (États bascule) est d'autant plus courtisé que l'afflux permanent de nouveaux habitants est susceptible de changer la donne d'une élection à une autre.

De Mickey à Donald

On attendait pour la 1re fois une femme, ***Hillary Clinton,*** mais c'est le ***milliardaire-affairiste Donald Trump*** qui, sans avoir jamais exercé de mandat politique, endosse le costume de 45e président des États-Unis. Lui-même surpris de sa victoire, il s'embarque dans une aventure politique peu banale à coups de tweets, vilipendant tous ceux qui osent s'opposer à lui. Sa méconnaissance des dossiers est évidente, sa légèreté en matière de relations internationales inquiétante, ses volte-face et ses fanfaronnades pathétiques, son manque d'empathie pour les victimes des ouragans et des fusillades à répétition troublant... Tout au long de son mandat, Trump a assuré un « show » permanent : twittant tout et n'importe quoi, mentant sans vergogne (le très sérieux *Washington Post* comptabilisera près de 2 000 mensonges « présidentiels » rien qu'au cours de sa 1re année de mandat !) et aggravant les fractures au sein d'une société américaine qui n'aura jamais apparu aussi

RETOUR À L'ENVOYEUR

Bâtie en 1927 sur 8 ha en bord de mer, la résidence de Mar-a-Lago, à Palm Beach, avait été léguée en 1973 au gouvernement américain pour en faire une retraite présidentielle. L'État la revendit pourtant à Donald Trump en 1985, qui la transforma en club privé (200 000 $ l'adhésion aujourd'hui !) et y fit aménager un golf. Pendant son mandat présidentiel, il y passait ses week-ends (aux frais du contribuable...). Il y réside désormais avec sa famille depuis son départ de la Maison-Blanche.

divisée depuis la guerre de Sécession. L'abrogation de l'***Obamacare*** est une de ses obsessions mais la fameuse réforme de santé lui résiste... Il s'efforce aussi de diminuer le rôle de l'État en tant que régulateur ou protecteur pour tout ce qui touche à la ***politique environnementale*** et annonce, avec perte et fracas, le retrait des États-Unis du traité de Paris, signé par Obama en 2015. Autre coup d'éclat : son très critiqué ***décret anti-immigration*** qui interdit à certaines nationalités l'entrée sur le territoire... Au printemps 2020, il fait face, à sa manière, à l'***épidémie de Covid-19*** qui s'abat sur le monde et frappe tout particulièrement les États-Unis. Tandis que les morts se comptent par dizaines de milliers dans le pays, le président, opposé à des restrictions qui pourraient entraver le business et la liberté individuelle, fanfaronne sans masque, incitant les Américains à faire de même... Résultat : le pays de l'Oncle Sam présente, au printemps 2022, le plus lourd bilan mondial avec près de 600 000 morts... 2020 est également marqué par la mort, le 25 mai, de ***George Floyd,*** un homme noir victime d'une énième bavure policière à caractère racial. Les images filmées de son arrestation font le tour de la planète. De grandes manifestations ont lieu partout dans le pays, réaffirmant le mouvement politique ***#BlackLivesMatter*** qui dénonce le racisme systémique envers les Noirs. Ces manifestations ont des répercussions dans le monde entier. Grande première, le policier responsable, Derek Chauvin, sera condamné pour meurtre en avril 2021.

C'est dans ce climat politique tendu que se déroule l'***élection présidentielle américaine,*** le 3 novembre 2020. La participation citoyenne est spectaculaire : le vote devient un référendum pro ou anti-Trump. Si la Floride reste fidèle au président en exercice, ***Joe Biden remporte finalement l'élection.*** Sans surprise, Donald Trump nie sa défaite en bloc, se déclare victime d'une escroquerie électorale sans aucune preuve et appelle ses électeurs à s'y opposer. Message reçu... Le 6 janvier 2021, des ***centaines d'émeutiers pro-Trump*** pénètrent de force dans l'enceinte du Capitole, à Washington. Le temps de quelques heures, l'Amérique semble sur le point de vaciller... 4 personnes, dont un policier, perdent la vie dans l'émeute, qui s'achève en fin d'après-midi avec l'intervention de la police. C'est par ces images choquantes que se termine le mandat de Donald Trump. Tout un symbole...

Joe Biden : *America is back* ?

Son élection a provoqué un grand « ouf » de soulagement chez une bonne partie des Américains (et du reste du monde !). À peine au pouvoir, ***Joe Biden*** commence par signer 2 décrets à forte teneur symbolique : le ***retour des USA dans l'accord de Paris sur le climat*** et l'obligation du port du masque dans les bâtiments fédéraux afin de lutter contre l'épidémie de Covid-19. Biden annule également l'immonde ***Muslim ban*** instauré par son prédécesseur, qui interdisait l'entrée sur le territoire américain aux ressortissants irakiens, somaliens, iraniens, libyens et soudanais. Autre victoire importante à mettre au crédit de celui que ses détracteurs surnomment *Sleepy Joe* (« Joe l'endormi ») à cause de son âge relativement avancé (il est né en 1942) : la ***campagne de vaccination contre le Covid,*** rondement menée, qui a permis de stopper l'hémorragie de décès sur le sol américain.

Sur le plan intérieur, Biden a, durant ses 100 premiers jours au pouvoir, tenté de panser les profondes plaies laissées par Trump, n'hésitant pas à parler d'un problème de « racisme systémique » aux États-Unis suite à la condamnation du policier responsable de la mort de George Floyd. En février 2022, après l'***invasion de l'Ukraine*** par l'armée russe, il marque les esprits en qualifiant Vladimir Poutine de « boucher » et réaffirme l'engagement des USA aux côtés des pays membres de l'OTAN (organisation que Trump n'a cessé de critiquer durant son mandat).

MÉDIAS

La presse écrite

À l'échelle nationale, les ***quotidiens*** les plus importants sont *The New York Times* (journal progressiste de qualité, plus d'un million d'exemplaires vendus chaque jour, près d'un million et demi le dimanche), *The Washington Post* et *Los Angeles Times* (inspiration politique plutôt libérale). Également *The Wall Street Journal* (sérieux et conservateur) et *USA Today* (très grand public et de qualité médiocre). Et encore plein de journaux locaux concentrés sur les faits divers et les manifestations culturelles, le plus lu en Floride étant *The Miami Herald.* Il y a aussi les tabloïds (appelés ainsi à cause de leur format), *Daily News* et compagnie, souvent gratuits et sans contenu de fond ; on se contente des nouvelles locales, et le reste de l'actualité n'est traité que sous forme de dépêches.

La télévision

Il existe 5 réseaux nationaux : *ABC, CBS, NBC, FOX* et *PBS* (la chaîne publique financée par l'État et les particuliers, sans pub, proposant les meilleures émissions mais pas pour autant les plus regardées). Chaque État possède pléthore de chaînes locales ou régionales. À ces réseaux hertziens vient s'ajouter le câble. Citons les chaînes d'informations en continu comme *CNN* (plutôt démocrate) et *FOX* (clairement républicaine, axée sur les *trash news* – scandales), sans compter les thématiques, dont *HBO,* qui diffuse films et séries (l'équivalent de Canal+). Le plus insupportable étant l'omniprésence de la pub : 18 mn 30 s en moyenne par heure de diffusion !

Votre TV en français : TV5MONDE la 1re chaîne culturelle francophone mondiale

Avec ses 8 chaînes généralistes, ses 2 chaînes thématiques et sa plateforme numérique TV5MONDEplus, TV5MONDE est disponible dans 211 États et offre le meilleur de la production francophone, sous-titré en 13 langues : information internationale, cinéma et séries, sport, documentaires et magazines découvertes, programmes jeunesse...
• *voyage.tv5monde.com* • ; restez connecté avec ses applications et le site • *tv5monde.com* •

Radio

Nombreuses radios locales, essentiellement musicales. On les retrouve sur la bande FM. En écoutant la radio, on retrouve la « couleur » de l'État dans lequel on est. Latino et rock en Floride, country dans le Sud... Les stations de radio portent des noms en 4 lettres, commençant soit par W (à l'est du Mississippi), soit par K (à l'ouest).
Le réseau public américain, le NPR *(National Public Radio),* propose des programmes d'une qualité supérieure.

Liberté de la presse

Aux États-Unis, la liberté de la presse, inscrite dans le marbre du ***1er amendement à la Constitution de 1787,*** a dû faire face ces dernières années à des obstacles majeurs. Lors de la cérémonie d'investiture, le nouveau président américain ***Joe Biden*** a promis de placer son mandat sous le signe de la vérité. Dans un autre discours, il insiste sur le fait qu'« une presse libre est essentielle à la bonne santé de la démocratie ». L'inquiétude demeure cependant. Force est de constater que le ***mandat de Trump*** n'a fait qu'aggraver la situation en matière de liberté de la presse, celle-ci ayant déjà été affectée par la précédente administration. Quand il était au pouvoir, Trump a fustigé la presse comme étant « l'ennemie du peuple américain » à plusieurs reprises lors d'attaques verbales contre des journalistes. Il a également tenté de restreindre l'accès à la Maison-Blanche à plusieurs rédactions, et a systématiquement qualifié de « fausses informations » les articles et reportages critiques à son égard. Il a même demandé que des autorisations d'antenne soient retirées à certains organes de presse. Cette ***violente rhétorique anti-média émanant du sommet de l'État*** s'est couplée d'une hausse des violations en matière de liberté de la presse au niveau local. Des reporters ont par ailleurs été l'objet d'agressions physiques alors qu'ils étaient en train de travailler. Les lanceurs d'alertes risquent des poursuites dans le cadre de la loi ***Espionage Act*** s'ils révèlent des informations d'intérêt public. Les journalistes ne bénéficient toujours pas d'une « ***loi bouclier*** » *(shield law)* leur permettant de protéger leurs sources. De plus, des ***fouilles prolongées*** de journalistes et de leur matériel ont encore lieu aux frontières des États-Unis et certains journalistes étrangers sont toujours interdits de voyage dans le pays en raison de leur couverture de certains sujets sensibles, comme les FARC en Colombie ou le Kurdistan.

PERSONNAGES

– ***Henry Flagler*** *(1830-1913)* **:** cet homme d'affaires averti, grand pote de Rockefeller, avec qui il fonda la Standard Oil Company, tomba sous le charme de St Augustine, où il était venu passer l'hiver, mais le niveau hôtelier et les transports ne lui convenaient pas (le *Routard* n'existait pas encore...). C'est ainsi qu'il construisit, l'année d'après, le *Ponce de León Hotel,* avec 540 chambres, ainsi qu'une ligne de chemin de fer, la *Florida East Coast Railway.* De quoi faire de Flagler l'initiateur du tourisme en Floride.

– ***Julia Tuttle*** *(1849-1898)* **:** née à Cleveland, la jeune femme rend, en 1875, visite à son père, propriétaire d'une orangeraie autour de Biscayne Bay. Le climat aidant, elle tombe instantanément sous le charme de la région. Mais il faut attendre les décès successifs de son mari et de son père (1891) pour qu'elle s'y installe définitivement. Avec l'argent de la vente de la fonderie de son mari, elle achète un terrain de 640 acres sur la rive nord de la Miami River. Rapidement, Julia décide de s'investir dans le développement de Miami et convainc Henry Flagler de relier la ville à la ligne de chemin de fer préexistante. Ce rôle lui valut le surnom de *Mother of Miami.*

– ***Ernest Hemingway*** *(1899-1961)* **:** l'un des romanciers et des nouvellistes les plus connus de la 1re moitié du XXe s. *Le soleil se lève aussi* (1926) le fait connaître, *Le Vieil Homme et la Mer* (1952) lui vaut le prix Pulitzer. En 1954, il reçoit le prix Nobel de littérature. Hemingway puise son inspiration dans ses voyages et sa vie d'aventures ; il est blessé en Italie en 1918 *(L'Adieu aux armes),* couvre la guerre d'Espagne (*Pour qui sonne le glas,* qu'il écrit dans sa maison de Key West), assiste à des corridas à Pamplona, voit la libération de Paris, s'écrase en avion en Afrique... et se suicide, comme son père.

– ***Sidney Poitier*** *(1927-2022)* **:** ce grand acteur et cinéaste est né (un peu par hasard) à Miami, dans le quartier de Coconut Grove. Après une enfance aux Bahamas, passionné par le 7e art, il émigre à New York et intègre l'American Negro Theater. Il jouera dans une cinquantaine de films, dont *Devine qui vient dîner ?* et *Dans la chaleur de la nuit* (1967), qui dénoncent tous 2 le racisme imprégnant les États-Unis. Il fut par ailleurs le 1er Afro-Américain à remporter l'oscar du meilleur acteur, en 1963, pour *Le Lys des champs,* de Homer Smith.

– ***Gianni Versace*** *(1946-1997)* **:** ce couturier italien crée à Milan, en 1978, sa marque de haute couture. Une griffe toujours luxueuse, souvent provocante, jamais discrète ! Dans les années 1980 et 1990, le succès est immense, et le couturier se lance peu à peu dans le parfum et les accessoires. Au sommet de sa gloire, le 15 juillet 1997, Gianni est assassiné par Andrew Cunanan, devant la villa qu'il occupait depuis 1992 à Miami Beach, au nº 1116 d'Ocean Drive. Décorée à l'image de son propriétaire qui souhaitait en faire une réplique de l'*Alcázar* de Christophe Colomb, la *Casa Casuarina* ne se visite pas, on l'aperçoit juste derrière les grilles. La série consacrée à cette sombre histoire (voir plus haut « Cinéma ») permet d'en avoir un bel aperçu, même fictif !

– ***Mickey Rourke*** *(né en 1952)* **:** une enfance à Miami marquée par un beau-père violent pousse le jeune Mickey à se réfugier dans la boxe. Après des études de cinéma à New York, il finit par percer en 1983 grâce à son rôle de motard dans *Rusty James,* de Coppola. Alors icône du cinéma américain, il travaille avec des réalisateurs aussi brillants que polémiques : *L'Année du Dragon,* de Michael Cimino, *9 semaines ½,* d'Adrian Lyne, *Barfly,* de Barbet Schroeder... Mais alcoolisme, violence et mauvais choix lui valent une longue traversée du désert. Ruiné, il devient boxeur professionnel, en témoigne son visage transformé par les coups et les chirurgies successives. Retour sur les écrans très remarqué en 2008, avec le rôle sur mesure d'un catcheur sur le déclin dans *The Wrestler,* de Darren Aronofsky, pour lequel il obtient le Golden Globe du meilleur acteur.

– ***Andy García*** *(né en 1956)* **:** suite au débarquement de la baie des Cochons en 1961, l'acteur et sa famille quittent La Havane pour Miami. Après de petits rôles TV, il accède à la reconnaissance en 1987 avec *Les Incorruptibles* (Brian de Palma) dans le rôle d'un inspecteur du FBI recruté pour combattre Al Capone. Essai confirmé en 1990 dans *Le Parrain 3,* de Francis Ford Coppola, pour lequel il prend la succession de Don Corleone. Ça y est, Andy García fait partie de la mafia du cinéma ! Suivent des films mineurs, puis la trilogie des *Ocean's Eleven* (2001-2007)... Fier de ses origines, il réalise 2 hommages à la culture cubaine : *Cachao* (1993), un documentaire consacré à l'inventeur du mambo, et *Adieu Cuba* (2007), une saga familiale sur fond de révolution castriste.

– ***Patricia Cornwell*** *(née en 1956)* **:** native de Miami, descendante de Harriet Beecher Stowe (l'auteure de *La Case de l'oncle Tom*), elle est, après le divorce de ses parents, élevée dans une famille d'accueil très stricte et religieuse du Tennessee. Enfance et adolescence difficiles justifient sans doute son intérêt précoce pour l'écriture. D'abord journaliste pour *The Charlotte Observer,* spécialisée dans les faits divers criminels, elle publie son 1er roman en 1990. Depuis cette date, elle a vendu plus de 100 millions de livres ! La clé de son succès : le personnage féminin récurrent de Kay Scarpetta, médecin légiste née, elle aussi, à Miami.

– ***Gloria Estefan*** *(née en 1957)* **:** née à La Havane (encore une Cubaine !), sa famille s'installe à Miami dans les années 1960. À 20 ans, Gloria rencontre son futur mari, Emilio Estefan, leader et pianiste des Miami Latin Boys. Avec l'arrivée de la chanteuse, le groupe prend le nom de Miami Sound Machine, mêlant musique latine populaire, pop et disco. Ils sortent plus de 10 albums dans les années 1980 et 1990 et connaissent un véritable succès. À partir de 1989, la *Queen of Latin Pop* se lance dans une carrière solo, carrière récompensée par 7 Grammy Awards. Elle est encore considérée comme la chanteuse latino-américaine ayant vendu le plus grand nombre d'albums, devant Shakira. Aujourd'hui, le couple possède une maison de production musicale, des entreprises en Floride et au Mexique, dont quelques restos cubains et l'hôtel *Cardozo* à Miami.

– ***Eva Mendes*** *(née en 1974)* **:** née à Miami de parents cubains, elle s'installe rapidement à Los Angeles et tente sa chance au cinéma. Après des débuts classiques (clips et séries TV) vient la superproduction *2 Fast 2 Furious* (2003). Sa carrière est lancée, tout comme son statut de sex-symbol ! Son jeu est charnel, mais pas seulement, et, surtout, ses choix de rôles sont osés et variés. Les cinéphiles la retiendront pour *La nuit nous appartient* (2007 ; James Gray), *The Spirit* (2008 ; Frank Miller), *Bad Lieutenant* (2009 ; Werner Herzog) et *Holy Motors* (2012), pour le rôle imaginé par l'esprit torturé et génial du Français Leos Carax, un personnage entre mannequin voilé et Vierge à l'Enfant... Elle a aussi participé au 1er long-métrage de son compagnon Ryan Gosling, *Lost River* (2014).

– ***Pitbull*** *(Armando Christian Pérez ; né en 1981)* **:** né à Miami, Pitbull est un des rappeurs les mieux payés du monde. Son 1er album, *M.I.A.M.I. (Money Is A Major Issue),* sorti en 2004, est inspiré par ses origines cubaines comme le suivant, *El Mariel,* une référence aux bateaux transportant les réfugiés cubains dans les années 1980. En 2010, il connaît un succès planétaire avec le tube *Give me Everything* et, 4 ans plus tard, c'est lui qui est choisi par la FIFA pour interpréter l'hymne officiel de la Coupe du monde de foot à Rio. Mordu de foot et très investi dans le club de Miami, l'artiste-entrepreneur s'est vu remettre les clés de la ville par le maire, lors de sa fête d'anniversaire en 2015. Il est propriétaire de plusieurs restaurants en Floride.

– Enfin, impossible d'en établir la liste exhaustive, mais d'innombrables célébrités ont choisi le soleil de Miami pour vivre à l'année, comme ***Shakira, Matt Damon, Jennifer Lopez, Lenny Kravitz, les Iglesias père et fils, Iggy Pop*** ou encore le rappeur français ***Booba.***

POPULATION

La Floride est le ***3e État le plus peuplé des États-Unis*** après la Californie et le Texas, juste devant New York. Parmi ses 22 millions d'habitants, la grande majorité se concentre dans les villes, et plus particulièrement les villes côtières du Sud-Est, où l'agglomération de Miami compte plus de 6 millions d'habitants, ce qui en fait la 7e zone urbaine des États-Unis. Suivent les métropoles de Tampa-St Petersburg (3,2 millions), d'Orlando-Kissimmee (2,6 millions) et de Jacksonville (1,5 million).

Les ***deux tiers de la population sont originaires d'un autre État*** et plus d'un Floridien sur 5 est né hors des États-Unis (plus de 50 % à Miami !). La Floride est aussi l'État où les plus de 65 ans sont les plus nombreux : ils représentent plus de 20 % de la population (et jusqu'à 58 % dans le comté de Sumter !).

Les ***Hispaniques*** forment la principale minorité, avec plus de 26 % de la population globale de l'État, jusqu'à près de 70 % à Miami. Une majorité d'entre eux est ***d'origine cubaine,*** dont nombre de *balseros,* des immigrants ayant fui le régime castriste sur des radeaux ou des bateaux de fortune. On trouve aussi un nombre important de ***Centre-Américains*** (Mexicains, Honduriens, Nicaraguayens), ***Portoricains et Sud-Américains.*** Les Noirs américains (17 %) se trouvent plutôt dans le nord de l'État et les zones rurales, ainsi que dans la région de Miami, où la ***communauté haïtienne*** atteint environ 400 000 personnes.

LES SÉMINOLES, UN PEUPLE INVAINCU

Originaire de Floride, la nation séminole est composée d'Indiens, mais aussi d'Afro-Américains de Géorgie (les Séminoles noirs). Tandis que 3 000 Séminoles étaient déportés, 500 d'entre eux combattirent l'armée fédérale autour des Everglades, causant la mort de 1 500 soldats américains. Aucun traité de paix ne leur ayant été proposé, ils ne se sont jamais rendus au gouvernement. Aujourd'hui, ils disposent de la souveraineté sur leurs terres, et leur économie est fondée sur le tabac, le tourisme et le jeu.

Les descendants des ***peuples amérindiens*** ont, eux, presque disparu. Tout juste compte-t-on 2 500 Séminoles et Miccosukees, installés pour la plupart aux abords du Tamiami Trail (route 41), sur 7 réserves où l'on trouve... autant de casinos ! Bref, l'État tout entier est une grande terre d'accueil, un ***véritable melting-pot.*** « Plus un kaléidoscope qu'une communauté ! » disait l'ex-gouverneur Buddy MacKay.

Miami, la ville la plus inégale d'Amérique

Miami a beau brasser du béton à tour de bras et favoriser le développement des start-up, elle n'en demeure pas moins, avec Atlanta, la ville des États-Unis où les inégalités sont les plus grandes. Fer de lance du développement touristique, immobilier et bancaire aux yeux des étrangers, Miami peine à fournir des emplois pérennes et une vie décente à une partie de ses habitants. La raison ? Mis à part *American Airlines* et le croisiériste *Carnival Cruise,* elle ne possède ***pas de grandes entreprises.*** Résultat, ***le revenu médian des ménages est inférieur de près de 10 % à la moyenne nationale,*** tandis que, dans l'hôtellerie et le bâtiment, c'est carrément la misère... Si *Magic City* a sorti de son chapeau une petite dizaine de milliardaires (dans l'immobilier surtout), elle caracole en tête dans le classement des ménages les plus endettés et connaît d'énormes inégalités, ne serait-ce qu'au niveau de l'espérance de vie : 86 ans pour ses habitants les plus aisés et 71 ans pour les plus défavorisés, alors que seulement 3,5 km séparent les résidences des uns et des autres.

RELIGIONS ET CROYANCES

Pour comprendre l'importance de la religion aux États-Unis, il faut la replacer dans son contexte historique. Tout a commencé avec l'***implantation des 1ers colons, pour qui l'Amérique du Nord représentait un nouveau monde – au sens littéral du terme – et dans lequel ils allaient enfin pouvoir pratiquer leur religion sans être persécutés.*** En effet, les conséquences de la réforme protestante au début du XVIe s s'étaient traduites par une mise au ban, voire une persécution, des non-conformistes, et c'est en partie pour fuir la vindicte des autorités que les candidats à l'émigration optèrent pour le grand voyage. L'Amérique leur offrait un espoir de survie et la possibilité de réaliser leurs objectifs religieux. C'est donc dans cet état d'esprit que débarquèrent les 1ers colons du *Mayflower* en 1620.
L'Amérique du Nord devint donc un refuge pour nombre de communautés persécutées dans l'Ancien Monde. Le ***Massachusetts*** accueillit des ***puritains*** et des ***calvinistes.*** La ***Virginie,*** identifiée à l'origine avec la nouvelle Église d'Angleterre, reçut par la suite ***baptistes*** et ***calvinistes.*** Le ***Maryland*** devint terre des ***catholiques.*** L'***État de New York*** et la ***Pennsylvanie*** accueillirent ***William Penn et ses quakers,*** ainsi que des ***luthériens et divers protestants allemands*** (les amish d'aujourd'hui). Le pays grandit, et, sous l'influence de nouveaux flux d'émigrants, le paysage religieux se modifia. Au XIXe s, l'arrivée massive d'Irlandais augmenta considérablement le poids de la ***communauté catholique*** ; tendance qui s'accentua avec l'arrivée d'Espagnols, d'Italiens, de Grecs et de Polonais. En provenance d'Europe de l'Est, une partie de la ***diaspora juive*** débarqua à son tour. Ce n'est qu'au milieu des années 1960 que la ***communauté musulmane*** s'étoffa, grâce notamment à l'afflux de « cerveaux » en provenance du Pakistan, d'Inde, du Bangladesh, du Liban ou de Syrie. Parallèlement aux obédiences conventionnelles se développèrent de ***nombreuses sectes et Églises dissidentes*** permettant à chaque Américain d'embrasser le corpus dogmatique le plus proche de ses aspirations. Dans son analyse de la société américaine, Tocqueville précise que cette pluralité de l'offre religieuse a sans doute permis à l'Amérique de ne jamais tomber dans l'opposition entre le spirituel et le politique. Ainsi la notion de secte ne revêt pas le même sens qu'en Europe.
Si l'Amérique ne s'est pas dotée dès le départ d'une religion d'État, c'est en partie en raison du grand nombre de ces sectes protestantes qui gouvernaient les idées de l'époque, et dont aucune n'était prédominante. La devise nationale des États-Unis, *E pluribus Unum* (« de plusieurs, un »), en est l'expression même.

Séparation de l'Église et de l'État

C'est en ***Virginie,*** où l'Église anglicane était la religion établie, que s'est jouée la bataille décisive de la ***séparation de l'Église et de l'État.*** Cette victoire occupe une place fondamentale dans l'histoire des États-Unis. À la ratification du ***1er amendement de la Constitution américaine en 1791,*** soit 15 ans après la Déclaration d'indépendance, les privilèges de toutes les Églises anglicanes (à l'exception du Maryland) avaient été abolis. En protégeant le libre exercice de la religion tout en interdisant l'établissement d'une religion officielle, le 1er amendement de la Constitution américaine fait des États-Unis le pays le plus religieux de la planète. Et quand bien même aujourd'hui les jeunes adultes, les fameux *millenials,* reconnaissent être bien moins religieux que leurs parents ou grands-parents, 9 Américains sur 10 confient croire en Dieu en avouant que la religion occupe une place importante dans leur quotidien. Ce ***sentiment d'être investi d'une mission divine,*** en partie dû au puritanisme enraciné dans le calvinisme, n'a jamais cessé d'émailler les discours politiques des présidents américains. Pas étonnant que Bush, protestant méthodiste, ait appelé à une croisade contre « l'axe du Mal » au lendemain du *September Eleven.* Quant à ***Donald Trump,*** il a été le 1er président des États-Unis à s'entourer d'autant de conseillers religieux, s'inscrivant ainsi dans la droite ligne de Ronald Reagan, lequel, durant ses 8 ans de mandat, aurait mené selon ses termes « une politique guidée par Dieu ».

Incontournable religion

Aujourd'hui, ***les Américains continuent d'accorder un rôle essentiel à la religion*** dans la vie sociale et politique de leur pays. Depuis l'école où les élèves prêtent serment au drapeau « sous les auspices de Dieu » au serment du président sur la Bible, la religion s'immisce dans tous les aspects de la vie civile, comme les grands sujets de société tels l'avortement ou l'homosexualité (même si, en juin 2015, la Cour suprême a autorisé le mariage homosexuel sur tout le territoire). La radio, la télévision et surtout Internet sont devenus les composants majeurs de l'outil religieux. L'explosion de la visibilité permet aux sectes, même mineures, de s'épanouir. ***La population est en prise directe et permanente avec le contenu religieux.*** À titre d'exemple, chaque semaine, le nombre d'Américains célébrant un office religieux est supérieur à celui assistant à une rencontre sportive. Une grande majorité d'Américains est affiliée à une paroisse, et le choix de résidence est le plus souvent assujetti à l'emplacement d'un lieu de culte. Le moindre bled compte toute une tripotée d'églises (souvent alignées côte à côte) se concurrençant les unes et les autres à coups de slogans publicitaires (jusqu'au basique mais efficace *« our god is the best »* !), et pour cause, toutes vivent des dons de leurs fidèles. Le ***phénomène des « megachurches »*** est un exemple probant de l'instrumentalisation de la religion au service des idéaux libéraux. Dans son étude de la société américaine au début du XXe s, Max Weber, l'un des fondateurs de la sociologie moderne, soulignait déjà le rapport étroit entre l'éthique protestante et le capitalisme. Ces ***établissements conceptuels du « tout religieux »*** dépassent largement le cadre du simple lieu de culte. On y trouve des garderies, des bibliothèques, des salles de spectacle et même des terrains de sport. Tout a été pensé pour le confort intellectuel du croyant, ce qui incite les familles à venir y passer leur temps libre.

UNE TRADITION BIEN ANCRÉE

L'usage de la Bible pour prêter serment n'est pas spécifié dans la Constitution américaine. Si les présidents américains le font depuis plus de 2 siècles, c'est uniquement par mimétisme. George Washington, 1er président de l'histoire des États-Unis, a imposé ce geste et aurait même embrassé sa Bible une fois l'acte accompli. 2 présidents ont dérogé à cette tradition : Quincy Adams et Theodore Roosevelt, qui prêta serment un peu à l'arrache suite à l'assassinat de McKinley, son prédécesseur. Et Trump ? Pas moins de 2 Bibles pour lui, tout comme Obama !

Les religions en quelques chiffres

Les États-Unis forment donc un ***véritable patchwork de religions.*** Sur les 77,2 % d'Américains qui se déclarent croyants, on compte environ 46,6 % de protestants,

20,8 % de catholiques, 1,9 % de juifs, 1,6 % de mormons, 0,9 % de musulmans et 0,7 % d'hindous et de bouddhistes. Chaque année, de nombreux Hispaniques, d'obédience catholique, embrassent une ***Église évangélique comme le pentecôtisme.*** Ces Églises ont connu une croissance importante depuis les années 1970.

SITE INSCRIT AU PATRIMOINE MONDIAL DE L'UNESCO

Organisation des Nations Unies pour l'éducation, la science et la culture

En coopération avec le Centre du patrimoine mondial

Pour figurer sur la liste du Patrimoine mondial, les sites doivent avoir une valeur universelle exceptionnelle et satisfaire à au moins un des 10 critères de sélection. La protection, la gestion, l'authenticité et l'intégrité des biens sont également des considérations importantes.

Le patrimoine est l'héritage du passé dont nous profitons aujourd'hui et que nous transmettons aux générations à venir. Nos patrimoines culturel et naturel sont 2 sources irremplaçables de vie et d'inspiration. Ces sites appartiennent à tous les peuples du monde, sans tenir compte du territoire sur lequel ils sont situés. Pour plus d'informations : ● *whc.unesco.org* ●

Un seul site inscrit en Floride : le ***parc national des Everglades*** (1979), qui figure également sur la liste du ***Patrimoine mondial en péril,*** en raison de la dégradation continue de son écosystème.

SPORTS ET LOISIRS

En Floride, comme partout aux États-Unis, on ne plaisante pas avec le sport ! ***Base-ball, hockey sur glace, football américain*** et ***basket-ball,*** chaque sport américain emblématique est ici bien représenté : les *Florida Marlins* à la batte, les *Florida Panthers* à la crosse, les *Miami Dolphins* sous leur casque grillagé, et les *Miami Heat* et *Orlando Magic* au panier. Le ***soccer*** gagne aussi du terrain, les équipes de football de Miami attirant de grands noms internationaux : l'Anglais David Beckham est devenu l'un des propriétaires de l'Inter Miami et l'Italien Paolo Maldini a investi dans la création du Miami FC. Ne pas oublier non plus le ***golf,*** orgueil de la Floride, qui crie haut et fort avoir le plus grand nombre de terrains au kilomètre carré, avec des émissions de télé en boucle sur les compétitions qui s'y déroulent quotidiennement. Ni le ***tennis*** – les meilleurs tennismen mondiaux se réunissant en mars à Key Biscayne à l'occasion des Masters de Miami –, ni le ***jai alai,*** une variante de la pelote basque typiquement floridienne qui serait, selon les fans, le sport le plus rapide au monde... Enfin, le ***catch*** est très populaire en Floride. Le camp d'entraînement de la célèbre franchise WWE se trouve d'ailleurs à Orlando, et la région compte de nombreuses écoles réputées.

DU PAIN ET DES JEUX

En 2020, en pleine crise du coronavirus, les combats de catch de la WWE obtiennent le statut de « services essentiels » en Floride, sur décision du gouverneur Ron DeSantis. Un statut réservé jusque-là aux hôpitaux, aux pompiers, aux pharmaciens et aux supermarchés ! Les matchs reprennent donc immédiatement, mais sans public. Une décision critiquée par plusieurs maires de Floride et jugée d'autant plus suspecte que le PDG de la WWE et sa femme, Vince et Linda McMahon, étaient des proches de Donald Trump...

les ROUTARDS sur la FRANCE 2023-2024

(dates de parution sur • routard.com •)

Découpage de la FRANCE par le ROUTARD

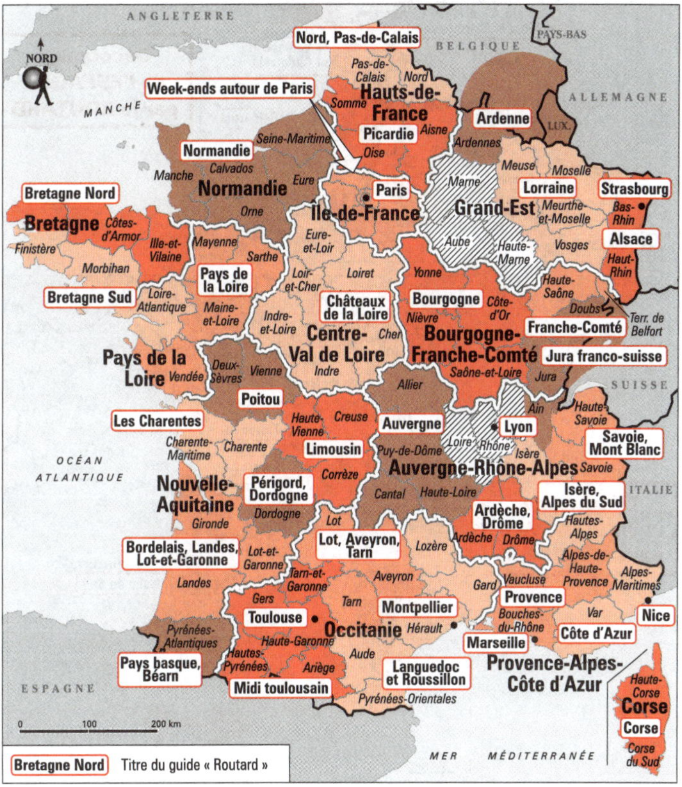

Autres guides sur la France

- Nos meilleurs campings en France
- Nos meilleures chambres d'hôtes en France

Autres guides sur Paris

- Paris
- Paris balades
- Restos et bistrots de Paris
- Le Routard des amoureux à Paris
- Week-ends autour de Paris

Le Routard à vélo

- EuroVelo6
- La Bourgogne du Sud à vélo
- La Flow Vélo
- La Loire à Vélo
- La Vélo Francette
- La Vélodyssée (Roscoff-Hendaye)
- Le Canal des 2 mers à vélo
- Paris Île-de-France à vélo
- ViaRhôna
- Les plus belles escapades à vélo en France

les ROUTARDS sur l'ÉTRANGER 2023-2024

(dates de parution sur • *routard.com* •)

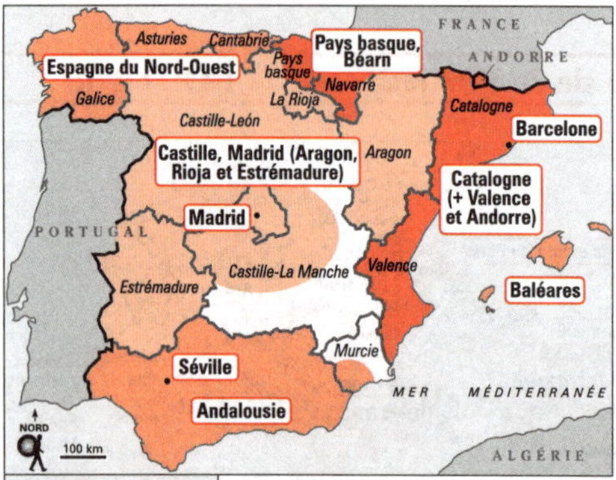

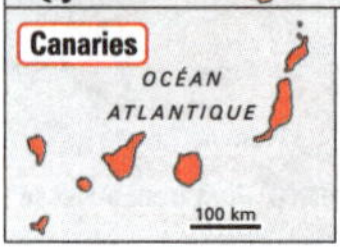

Découpage de l'ESPAGNE par le ROUTARD

Découpage de l'ITALIE par le ROUTARD

Autres pays européens

- Allemagne
- Angleterre, Pays de Galles
- Autriche
- Belgique
- Bulgarie
- Crète
- Croatie
- Danemark, Suède
- Écosse
- Finlande
- Grèce continentale
- Hongrie
- Îles grecques et Athènes
- Irlande
- Islande
- Madère
- Malte
- Norvège
- Pays baltes : Tallinn, Riga, Vilnius
- Pologne
- Portugal
- République tchèque, Slovaquie
- Roumanie
- Suisse

Villes européennes

- Amsterdam
- Berlin
- Bruxelles
- Budapest
- Copenhague
- Dublin
- Lisbonne
- Londres
- Moscou
- Naples
- Porto
- Prague
- Saint-Pétersbourg
- Stockholm
- Vienne

les ROUTARDS sur l'ÉTRANGER 2023-2024

(dates de parution sur • routard.com •)

Découpage des ÉTATS-UNIS par le ROUTARD

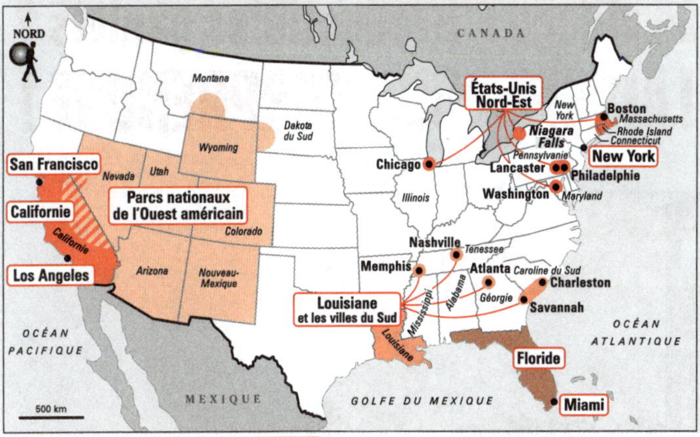

Autres pays d'Amérique

- Argentine
- Brésil
- Canada Ouest
- Chili et île de Pâques
- Colombie
- Costa Rica
- Équateur et les îles Galápagos
- Guatemala, Belize
- Mexique
- Montréal
- Pérou, Bolivie
- Québec et Ontario

Asie et Océanie

- Australie côtes est et nord + Red Centre
- Bali, Lombok
- Bangkok
- Birmanie (Myanmar)
- Cambodge, Laos
- Chine
- Hong Kong, Macao, Canton
- Inde du Nord
- Inde du Sud
- Israël et Palestine
- Istanbul
- Jordanie
- Malaisie, Singapour
- Népal
- Shanghai
- Sri Lanka (Ceylan)
- Thaïlande
- Tokyo, Kyoto et environs
- Turquie
- Vietnam

Afrique

- Afrique du Sud
- Égypte
- Kenya, Tanzanie et Zanzibar
- Maroc
- Marrakech
- Sénégal
- Tunisie

Îles Caraïbes et océan Indien

- Cuba
- Guadeloupe, Saint-Martin, Saint-Barth
- Île Maurice, Rodrigues
- Madagascar
- Martinique
- République dominicaine (Saint-Domingue)
- Réunion

Guides de conversation

- Allemand
- Anglais
- Arabe du Maghreb
- Arabe du Proche-Orient
- Chinois
- Croate
- Espagnol
- Grec
- Italien
- Japonais
- Portugais
- Russe
- G'palémo (conversation par l'image)

Livres-photos/Livres-cadeaux

- 50 voyages à faire dans sa vie (**nouveauté**)
- 52 escapades nature en France
- 52 villes coups de cœur en Europe (city trips)
- 52 week-ends coups de cœur en France
- 120 coins secrets en Europe
- 1 200 coups de cœur en France
- 1 200 coups de cœur dans le monde
- Cahier de vacances du Routard
- Expériences et micro-aventures en France (**nouveauté**)
- La France de Stéphane Bern
- La France à vélo (**nouveauté**)
- Nos plus belles balades et randos en France
- Road Trips Monde
- Road Trips en France
- Sacré : les 100 plus beaux sites de la planète
- Voyages
- Voyages : États-Unis
- Voyages : France
- Voyages : Italie

INDEX GÉNÉRAL

INDEX GÉNÉRAL

LISTE DES CARTES ET PLANS

« OSONS LE PAS DE CÔTÉ »

Le surtourisme ? Tous concernés. Et pourtant, à l'écart des grands flux touristiques, il existe plein de pépites méconnues, souvent oubliées des circuits trop encombrés. Ici un site ignoré ; là un quartier secret ; plus loin un village caché au charme discret, avec un troquet d'une autre époque… Il existe une infinité de lieux peinards que l'on a envie de mettre en avant avec ce pictogramme. Un vagabondage enfin calme favorisé aussi par les **visites aux heures creuses.** Vive le *slow trip* !

#osonslepasdecote

IMPORTANT : DERNIÈRE MINUTE

Entre deux parutions du *Routard,* des événements fortuits (conditions sanitaires, catastrophes naturelles mais aussi formalités, taux de change, conditions d'accès aux sites, fermetures inopinées, etc.) peuvent modifier vos projets de voyage. Pour éviter les déconvenues, nous vous recommandons de consulter la rubrique « Guide » par pays de notre site ● ***routard.com*** ● et plus particulièrement les dernières ***Actus voyageurs.***

Remarque importante aux hôteliers et restaurateurs

Les enquêteurs du *Routard* travaillent dans le plus strict anonymat. Aucune réduction, aucun avantage quelconque, aucune rétribution n'est jamais demandé en contrepartie. Face aux aigrefins, la loi autorise les hôteliers et restaurateurs à porter plainte.

Avis aux lecteurs

Le Routard, ce n'est pas comme le bon vin, il vieillit mal. On ne veut pas pousser à la consommation, mais évitez de partir avec une édition ancienne. Les modifications sont souvent importantes.
Les réductions accordées à nos lecteurs ne sont jamais demandées par nos rédacteurs afin de préserver leur indépendance. Les hôteliers et restaurateurs sont sollicités par une société de mailing, totalement indépendante de la rédaction, qui reste donc libre de ses choix. De même pour les autocollants et plaques émaillées.

Avec routard.com, choisissez, organisez, réservez et partagez vos voyages !

✓ Rejoignez la plus grande communauté francophone de voyageurs : **plusieurs millions d'internautes.**

✓ Échangez avec les routarnautes : forums, photos, avis d'hôtels.

✓ Retrouvez aussi toutes les informations actualisées pour choisir et préparer vos voyages : près de 300 guides destinations, une centaine de dossiers pratiques et un magazine en ligne pour découvrir tous les secrets de votre destination.

✓ Enfin, comparez les offres pour organiser et réserver votre voyage au meilleur prix.

Les **Routards** *parlent aux* **Routards**

Faites-nous part de vos expériences, de vos découvertes, de vos tuyaux et de vos coups de cœur. Aidez-nous à remettre l'ouvrage à jour. Indiquez-nous les renseignements périmés. Faites profiter les autres de vos adresses nouvelles, combines géniales... On adresse un exemplaire gratuit de la prochaine édition à ceux qui nous envoient les meilleurs courriers, pour la qualité et la pertinence des informations.
Quelques conseils cependant :
– Envoyez-nous votre courrier le plus tôt possible afin que l'on puisse insérer vos tuyaux sur la prochaine édition.
– N'oubliez pas de préciser l'ouvrage que vous désirez recevoir, ainsi que votre adresse postale.
– Vérifiez que vos remarques concernent l'édition en cours et notez les pages du guide concernées par vos observations.
– Quand vous indiquez des hôtels ou des restaurants, pensez à signaler leur adresse précise et, pour les grandes villes, les moyens de transport pour y aller. Si vous le pouvez, joignez la carte de visite de l'hôtel ou du resto décrit.
En tout état de cause, merci pour vos nombreux mails.

122, rue du Moulin-des-Prés, 75013 Paris

• *guide@routard.com* • *routard.com* •

Édité par Hachette Livre (58, rue Jean-Bleuzen, CS 70007, 92178 Vanves Cedex, France)
Photocomposé par Luminess SAS (561, rue Saint-Léonard – CS 40003 – 53101 Mayenne Cedex, France)
Imprimé par Lego SPA Plant (via Galileo Galilei, 11, 38015 Lavis, Italie)
Achevé d'imprimer : septembre 2022
Collection n° 13 - Édition n° 01
48/7036/9
I.S.B.N. 978-2-01-720607-1
Dépôt légal : septembre 2022

PAPIER À BASE DE FIBRES CERTIFIÉES